2017年河北大学一流大学建设应用经济学项目资助出版

本书由河北大学高层次创新人才科研启动经费项目
"东亚贸易投资合作中的区域公共产品供给研究"
（项目编号：8012605）资助

东亚经济合作中的
区域公共产品供给研究

——以贸易投资合作为例

马学礼◎著

人民出版社

策划编辑:郑海燕
封面设计:汪　阳
责任校对:周晓东

图书在版编目(CIP)数据

东亚经济合作中的区域公共产品供给研究:以贸易投资合作为例/
　马学礼 著. —北京:人民出版社,2018.8
ISBN 978－7－01－019570－4

Ⅰ.①东…　Ⅱ.①马…　Ⅲ.①公共物品-供给制-区域经济合作-国际
　使用-研究-东亚　Ⅳ.①F20

中国版本图书馆 CIP 数据核字(2018)第 165317 号

东亚经济合作中的区域公共产品供给研究
DONGYA JINGJI HEZUO ZHONG DE QUYU GONGGONG CHANPIN GONGJI YANJIU
——以贸易投资合作为例

马学礼　著

人民出版社 出版发行
(100706　北京市东城区隆福寺街 99 号)

北京中科印刷有限公司印刷　新华书店经销

2018 年 8 月第 1 版　2018 年 8 月北京第 1 次印刷
开本:710 毫米×1000 毫米 1/16　印张:15.5
字数:200 千字

ISBN 978－7－01－019570－4　定价:65.00 元

邮购地址 100706　北京市东城区隆福寺街 99 号
人民东方图书销售中心　电话 (010)65250042　65289539

目　　录

绪　　论

　　经济全球化与经济区域化是当今世界的两大潮流,前者以多边合作机制为基础,以统一的世界市场和全球经济规则为标志,以促进生产要素和商品服务在全球范围内的自由流动为目标;后者则以诸边合作机制为基础,以统一的区域内部市场和区域经济规则为标志,以促进生产要素和商品服务在区域内部的自由流动为目标。20世纪90年代以来,与经济全球化相伴生,新区域主义浪潮在世界各地兴起,它突破了传统区域经济合作的一系列假定,赋予其新的形式和特征,大国之间的竞争也日益演变为区域经济合作组织之间的竞争。从东亚来看,自90年代以来,该地区的区域经济合作也蓬勃发展起来,但其进程却一直处于理想与现实之间,因此是一个充满矛盾的进程,本书仅是对这一进程作技术性解释。

　　区域经济合作原本是国际经济学的研究内容,但由于未能考虑到政治因素的重要性,因而难以刻画其全貌。事实上,各国在制定区域经济合作战略时不仅要权衡经济得失,也要权衡政治得失;不仅要遵循市场逻辑,也要遵循权力逻辑。可见,区域经济合作不仅是一个国际经济问题,更是一个国际政治问题,因而是一个国际政治经济学问题,而区域公共产品理论正是国际政治经济学解读区域经济合作的新视角。

　　依循这一思路,本书首先从供给的角度完善了区域公共产品理论的分析框架;其次,鉴于东亚区域经济合作的"危机驱动型"特点,将东亚区域公共产品的供给进程分为亚洲金融危机后的起步期（1997—2009年）和全球金融危机后的深化期（2009年至今）两大阶段，分阶段地考察了东亚区域公共产品供给中的收益、成本和域外国家参与等问题，并对其发展前景进行了判断。本书旨在解释三个问题：第一，思考区内外博弈约束下区域公共产品得到有效供给的条件；第二，分析东亚区域公共产品供给在两个阶段的不同效果及其成因；第三，考察地区实力格局转换背景下区域公共产品供给的前景及其影响因素。

近些年来，世界经济进入了一个相对缓和与经济动荡并存的时期，面对深度经济一体化的大趋势，东亚各主要经济体纷纷进行战略调整，合作格局正在发生巨大的变化。未来东亚区域经济合作将走向何方？东亚主要国家如何在协调本国利益和地区共同利益的基础上进一步推进本地区的深度经济一体化？特别是对东亚这样一个现实矛盾异常复杂的地区而言，如何实现商品和要素流动更加顺畅化、体制衔接更加兼容化、政策协调更加紧密化？这些都是摆在我们面前的重大课题。

第一节　东亚区域经济合作的相关研究

东亚区域经济合作是个历久弥新的"老"话题，国内外学者已经进行了充分的、全方位的探讨，相关文献数量极多、涉及面极广、内容极丰富，但限于研究范围，本书仅关注东亚区域经济合作的进程、困境和前景等方面的研究。

首先，对东亚区域经济合作进程的研究，这也包含了对其特征的研究。一般认为，东亚的区域经济一体化进程以20世纪90年代末的亚洲金融危机为起点，但也有很多研究显示：最晚在80年代中期，东亚就已经形成并持续发展着一种"市场驱动的、事实上的、贸易和投资相结

合的经济一体化"。① 全毅（2010）概括了东亚区域经济合作的三个历
史阶段，即从"功能性一体化"（"雁形模式"）到"准制度性一体化"（亚
太经济合作组织，简称"APEC"）再到"初级制度性一体化"（"10+3"模
式）；②张伯伟、彭支伟等（2014）在经济全球化的视角下系统总结了东
亚经济发展模式，详细考察了东亚地区分工体系的演进及其对东亚区
域经济合作的影响，并分领域（贸易、货币金融、劳动力市场）对东亚制
度性区域经济合作的进展、现状和前景进行了深入分析；③王钰等
（2015）将东亚区域经济合作的分析置于地区产品内分工网络的形成
与变迁进程中，并通过对东亚区域经济合作的历史与现状的分析探索
东亚经济一体化的新出路。④ 特别需要指出，张蕴岭、沈铭辉（2010）主
编的《东亚、亚太区域合作模式与利益博弈》是对东亚和亚太区域经济
合作进行全面系统研究的上乘之作，该书不仅探讨了东亚主要经济体
的自由贸易区战略，并且梳理了它们在贸易投资和货币金融等领域的
合作，还对东盟、日本、美国、中国等经济体在区域经济合作中的利益博
弈进行了深入考察。⑤

　　其次，对东亚区域经济合作困境的研究。东亚经济一体化进程
并非一帆风顺，而是一个充满矛盾与冲突、妥协与合作的复杂进程，
其困境不仅表现在一体化进展缓慢，而且表现在合作无法深化，学术

　　① 如日本跨国公司通过边际产业转移形成的"雁形模式"，虽然没有正式的制度安排（如
FTA），但东亚不同国家和地区确实建立起了区域性的一体化生产网络，这是一种"事实上的一
体化"，相应理论也被称为区域经济一体化理论的"东亚范式"。参见许坚：《东亚区域经济一体
化研究》，南京大学 2010 年博士学位论文，第 65 — 90 页；Shujiro Urata, "The Shift from
'Market-led' to 'Institution-led' Regional Economic Integration in East Asia in the late 1990s",
Research Institute of Economy, Trade and Industry（RIETI）Discussion Paper No.04012, April 2002.
　　② 全毅：《东亚区域合作的模式与路径选择》，《和平与发展》2010 年第 3 期。
　　③ 张伯伟、彭支伟等主编：《全球视角下的东亚经济合作研究》，南开大学出版社 2014 年
版，第 71 — 130 页。
　　④ 王珏等：《区域经济一体化：东亚地区的实践》，科学出版社 2015 年版，第 170 — 187 页。
　　⑤ 张蕴岭、沈铭辉主编：《东亚、亚太区域合作模式与利益博弈》，经济管理出版社 2010 年
版，第 136 — 166 页。

界将困境的成因大多归因于东亚地区独特的政治经济条件和域外大国的影响。肖长培(2008)通过把非传统收益因素加入"轮轴—辐条理论"(Hub and Spoke Theory)的方法,对东亚经济一体化困境进行了探讨,他认为,东亚区域经济一体化的制约条件主要是区内发展不平衡、对区外资金和市场的依赖,而民族主义情感、利益集团干扰和区域认同意识薄弱等则从政治文化层次加深了东亚经济一体化的困境,这一看法涵盖了国内大多数文献对东亚经济一体化困境成因的分析。① 范斯聪(2015)论述了东亚经济一体化困境的表现及原因,在他看来,这种困境可以由核心国家缺失和外部压力共存、政治安全困境、区域认同困境三类因素解释。② 彭述华(2007)以主导权问题为切入口、以权力与制度作为核心变量,探讨了东亚经济一体化进程中权力关系的作用,他认为,东亚经济一体化不但存在一个严肃的主导权困境问题,而且面临创设合适的合作机制的问题,两者互为因果。③ 此外,探讨东亚经济一体化无法避开美国因素,这可以说是学术界的共识:崔戈(2010)指出,美国并不希望东亚出现类似于"法德核心式"的经济同盟,东亚各国也认识到美国在东亚地区无法回避的影响力,因而努力将其融入到一体化进程当中;④宋国友(2004)则从美国对东亚区域经济合作的态度进行考察,他认为,东亚经济一体化进程将会削弱美国在东亚的平衡作用、同盟体系和贸易政策有效性,同时他还注意到,如果坚持以地缘政治为东亚政策的基点,美国将无力应对这一进程,2009 年之后美国推出跨太平洋伙伴关系协定

---

① 肖长培:《东亚经济一体化发展模式与路径研究》,厦门大学 2008 年博士学位论文,第 92—114 页。

② 范斯聪:《东亚经济一体化的困境与出路——国际比较的视角》,人民出版社 2015 年版,第 33—99 页。

③ 彭述华:《东亚经济一体化主导问题研究》,复旦大学 2007 年博士学位论文,第 36—80 页。

④ 崔戈:《美国对东亚经济一体化进程的影响》,《国际论坛》2010 年第 2 期。

（Trans-Pacific Partnership Agreement，TPP）证明了这一看法的前瞻性。①

　　最后，对于东亚区域经济合作前景的探讨也较为充分。一般认为，东亚经济一体化的前景应当是"东亚共同体"，不仅各国官方大多以此作为外交态度，学术界此前也对此抱有信心，但实践证明：在东亚地区构建统一经济区的难度非常之大。郑先武（2007）从"开放性""民主性""经济驱动""东盟主导"和"权力平衡"五个侧面对"东亚共同体"概念进行了分析，最终得出结论——"东亚共同体只能是一个'虚幻的愿景'"。② 温祁平（2014）构建了效用可转移的合作博弈模型，将政治因素纳入各国开展区域经济合作的决策变量，研究显示，"政治门槛"的存在阻碍了以东盟为核心的"轮轴—辐条"结构向"统一多边"结构的转变。③ 诚然，从短期来看，东亚虽然尚不具备构建统一的区域经济一体化组织的条件，但这并不意味着东亚经济一体进程就此停滞或濒临极限，这主要源于东亚地区生产网络的作用④：东亚经济一体化的基本驱动力是地区生产网络的形成和发展⑤，这是一种微观经济主体的自组织行为，也就是说，市场力量是东亚经济一体化的原生动力，各国政府的政策起到了协同推进的作用；所以，从长期来看，政府与市场的双重驱动力将共同推动东亚区域经济合作向深度一体化方向发展。

---

① 宋国友：《东亚区域贸易协定的发展与美国霸权的变迁》，《世界经济与政治》2004年第7期。

② 郑先武：《"东亚共同体"的虚幻愿景》，《东南亚之窗》2007年第1期；郑先武：《"东亚共同体"愿景的虚幻性析论》，《现代国际关系》2007年第4期。

③ 温祁平：《东亚区域经济一体化的结构及其演变》，南开大学2014年博士学位论文，第74—111页。

④ 刘中伟：《东亚生产网络、全球价值链整合与东亚区域合作的新走向》，《当代亚太》2014年第4期。

⑤ Aminian N.，Fung K.C.，Ng F.，"Integration of Markets vs.Integration by Agreements"，*World Bank Policy Research Working Paper*，2008.

第二节　区域公共产品理论的相关研究

公共产品理论是经济学研究的重要内容,而区域公共产品之所以强调"区域"是从范围上来讲的,它是介于国内公共产品和全球公共产品之间的一种特殊类型的国际公共产品。西方学者早在 20 世纪末就注意到国际公共产品理论在地区层面的应用。1999 年,凯瑟琳·格文(Catherine Gwin)和马可罗·费罗尼(Mark Ferroni)从对外援助的角度分析了区域公共产品的特点;①2000 年,瑞典专家帕特里克·斯塔尔格林(Patrik Stalgren)在《区域公共产品与国际发展合作的未来》一文中提出,在反贫困问题上应充分重视区域公共产品供给的作用,该文实际上将传统意义上的国际公共产品分析推广到区域层次,从而进一步开拓了国际公共产品研究的新局面;②坎布尔(Kanbur)、桑德勒(Sandler)和莫里森(Morrison)将区域公共产品与区域经济合作结合起来,提出了区分国际公共产品的两种方法,即按照利益空间划分和按照公共产品总量划分,其中桑德勒对区域公共产品进行了理论建构,分析了不同层次公共产品供给的影响因素和供给机制。③ 特别需要指出的是,2002 年由安东尼·埃斯特瓦多道尔(Antoni Estevadeordal)等主编、美洲开发银行出版的《区域公共产品:从理论到实践》一书是区域公共产品研究的重要文献,该书汇集了各国学者在该领域的最新研究成果,关注点是通过提供区域公共产品促进区域发展,并以若干具体合作项目

---

① 胡望舒、寇铁军:《区域性国际公共产品研究评述》,《地方财政研究》2016 年第 9 期。

② Patrik Stalgren, *Regional Public Goods and the Future of International Development Cooperation*: *A Review of the Literature on Regional Public Goods*, Ministry for Foreign Affairs of Sweden Expert Group on Development Issues, Working Paper, No.2, 2002.

③ Ravi Kanbur, Todd Sandler, Kevin Morrison, *The Future of Development Assistance*: *Common Pools and International Public Goods*, Staff General Research Papers Archive 1629, Iowa State University Department of Economics 1999.

检验了该理论的适用性。①

　　国内对于区域公共产品的研究起步也较早,并出现了较为集中的科研团队。樊勇明(2008、2010)最早向国内引入了"区域公共产品"理论,他认为,区域公共产品是国际政治经济学的最新发展,也是对区域合作进行理论解释的一种新尝试;②此后,国内研究区域公共产品的理论成果大量涌现。2009 年,由张建新主编的《国际公共产品与地区合作》论文集出版,该论文集汇集了我国学者当时研究区域公共产品的主要成果,探讨了全球不同地区的区域公共产品供给(即"欧盟的经验""美洲的实践"和"东亚的探索"),涵盖了区域经济合作的主要领域,并提出了诸多具有重要意义的观点。③ 贺平(2009、2012)从多个侧面对日本的区域公共产品供给战略进行了剖析,他认为,在不同阶段提供不同形态的区域公共产品成为日本实现地区战略的核心途径之一,通过多年实践,日本实现了供给机制的转变和供给模式的优化;从更一般意义上讲,积极参与区域公共产品的联合供给一直是大国区域经济合作战略的重要组成部分。④ 不过,在该项研究中,20 世纪六七十年代兴起直到 90 年代衰落的"雁形模式"也被认为是区域公共产品⑤,但"雁形模式"本身是日本跨国公司通过私人对外直接投资形成的地区产业梯度分工,这种区域分工形式是否具有公共产品属性,似乎还可以

　　① [西]安东尼·埃斯特瓦多道尔、[美]布莱恩·弗朗兹、[美]谭·罗伯特·阮:《区域公共产品:从理论到实践》,张建新、黄河、杨国庆等译,上海人民出版社 2010 年版。
　　② 樊勇明:《区域性国际公共产品——解析区域合作的另一个理论视点》,《世界经济与政治》2008 年第 1 期;樊勇明:《从国际公共产品到区域公共产品——区域合作理论的新增长点》,《世界经济与政治》2010 年第 1 期。
　　③ 张建新:《国际公共产品与地区合作》,上海人民出版社 2009 年版,第 99—261 页。
　　④ 贺平:《日本的东亚合作战略评析——区域性公共产品的视角》,《当代亚太》2009 年第 5 期;贺平:《区域性公共产品与东亚的功能性合作——日本的实践及其启示》,《世界经济与政治》2012 年第 1 期;贺平:《区域性公共产品、功能性合作与日本的东亚外交》,《外交评论:外交学院学报》2012 年第 6 期。
　　⑤ 贺平:《从雁形发展模式到经济合作伙伴关系——日本的东亚合作构想与地区公共产品的有效供给》,《复旦国际关系评论》2009 年第 1 期。

再探讨。不过,这也提醒我们,以区域公共产品理论分析区域经济合作的关键在于对区域公共产品的性质和内容进行明确界定。

值得注意的是,区域公共产品研究的落脚点一直是"供给",比如王玉主发表的《区域公共产品供给与东亚合作主导权问题的超越》一文就直接定位于区域公共产品的供给问题,该文分析了区域公共产品供给与区域合作主导权之间的内在联系,并且至少有两项理论突破:其一,阐述了区域公共产品供给与区域合作主导权之间的密切联系,即区域公共产品供给的特征直接决定了区域合作主导权的特征;其二,论证了区域公共产品的层次性,即区域经济一体化的不同阶段需要不同形态、不同层次的区域公共产品。[1] 此外,陈文理(2005)对区域公共产品做了较为初步的界定和分类;[2]张春(2014)注意到了国际公共产品的竞争性供给趋势,并以其为理论基础对亚太地区的二元格局进行了剖析;[3]黄河（2010、2011）[4]、曲博（2009）[5]、陈霞（2010）[6]、史伟成(2011)[7]、张英英（2012）[8]、孙云飞（2015）[9]、苑基荣（2015）[10]、高程

[1] 王玉主:《区域公共产品供给与东亚合作主导权问题的超越》,《当代亚太》2011 年第 6 期。

[2] 陈文理:《区域公共产品的界定及分类模型》,《广东行政学院学报》2005 年第 2 期。

[3] 张春:《国际公共产品的供应竞争及其出路——亚太地区二元格局与中美新型大国关系建构》,《当代亚太》2014 年第 6 期。

[4] 黄河:《区域公共产品与区域合作:解决 GMS 国家环境问题的新视角》,《国际观察》2010 年第 2 期;黄河:《区域性公共产品:东亚区域合作的新动力》,《南京师大学报》(社会科学版)2010 年第 3 期;黄河、吴雪:《环境与国际关系:一种区域性国际公共产品的视角》,《国际展望》2011 年第 2 期。

[5] 曲博:《国家政策偏好与地区公共产品供给不足——以东亚货币合作为例》,《复旦国际关系评论》2009 年第 1 期。

[6] 陈霞:《区域公共产品与东亚卫生合作(2002—2009)》,复旦大学 2010 年博士学位论文,第 125—143 页。

[7] 史伟成:《区域性公共产品与东亚外汇储备库建设》,复旦大学 2011 年博士学位论文,第 113—142 页。

[8] 张英英:《东亚制度性区域公共产品供给模式与路径构建》,山东大学 2012 年硕士学位论文,第 33—44 页。

[9] 孙云飞:《从"搭便车"到"被搭便车":中国供应地区安全公共产品的选择》,《太平洋学报》2015 年第 9 期。

[10] 苑基荣:《东亚公共产品供应模式、问题与中国选择》,《国际观察》2015 年第 3 期。

(2010、2012)①分别探讨了东亚地区的区域环境合作、区域货币合作、区域卫生合作、区域外汇储备库建设、区域安全建设、地区秩序变迁等问题中的区域公共产品供给问题，并提出了合理的政策建议。特别需要提出并致以感谢的是，庞珣的《国际公共产品中集体行动困境的克服》一文是国际公共产品理论研究的重要文献，该文以博弈论为分析工具，从集体行动困境的视角分析了国际公共产品供给的实现条件；②尽管该文没有具体到区域公共产品层次，但其分析工具、分析思路和主要结论都可以应用到区域公共产品的理论建构中，该文是本书理论灵感和分析方法的重要来源。

　　国内对于东亚区域经济一体化和区域公共产品的研究都已经很充分，但仍有进一步研究的必要性，主要体现在以下两点：

　　第一，国内对东亚区域公共产品供给的研究大多集中在单个问题，如安全问题、外汇储备库、环境合作等，从整体上把握东亚区域公共产品供给特点的文献还不多见；分析思路上也大多从成本—收益分析、域外国家参与等单一角度切入，缺乏对某一领域的全面完整分析。此外，以区域公共产品理论为工具对东亚地区合作的概括性研究大多集中在地区安全问题上，对东亚区域经济合作的系统性研究较为少见。

　　第二，区域公共产品理论的分析框架尚有完善的空间。樊勇明等学者（2014）已经对区域公共产品理论进行了系统性的建构，具有高度的理论性、概括性和适应性，但正如理论建构者所承认的，这种重构是基于一国之内中央政府和地方政府提供国内公共产品的思路，演绎出在全球公共产品供给不足的情况下，需要区域公共产品来

---

　　① 高程：《区域合作模式形成的历史根源和政治逻辑——以欧洲和美洲为分析样本》，《世界经济与政治》2010 年第 10 期；高程：《区域公共产品供求关系与地区秩序及其变迁——以东亚秩序的演化路径为案例》，《世界经济与政治》2012 年第 11 期。

　　② 庞珣：《国际公共产品中集体行动困境的克服》，《世界经济与政治》2012 年第 7 期。

补充和完善的理论框架。① 实际上,在无政府状态的国际社会中,区域公共产品供给必有其不同于国内公共产品供给的独特之处,因此仍有完善空间。

① 樊勇明、钱亚平、饶云燕:《区域国际公共产品与东亚合作》,上海人民出版社 2014 年版,第 8 页。

第一章 区域经济合作的相关概念与理论解释

第一节 区域经济合作的相关概念

一、"区域"与"东亚":概念的界定

"Region"一般被译为"区域"或"地区","区域"的概念界定及层次划分对区域经济合作的研究至关重要,正如拉西特所言:"不同的定义和不同的标准经常会产生不同的地区,找不到两个分析家完全赞同的一个标准",可遗憾的是,学术界在这一问题上并没有形成一致的观点。在已有研究中,主要有两种划分方法:按自然地理特征划分和按社会经济特征来划分。持自然地理特征论的人认为,所谓"区域"就是由自然地理上毗连的几个国家组成的,自然条件上的同质性决定了这些国家的集合体可以作为单一的"区域"存在,例如"东亚"就是亚洲大陆的东部及沿海诸岛屿,包括东北亚与东南亚两个次区域,"亚太"则是指东亚和太平洋地区。[①] 持社会经济特征论的人认为,"区域"不应是地壳运动造成的,而是一系列国际政治经济"块化""集团化"运动的结

---

① 耿协峰:《新地区主义与亚太地区结构变动》,北京大学出版社 2003 年版,第 31 页。

果[①]，例如第二次世界大战前的东亚多以"远东"代之，第二次世界大战后的东亚各国分属不同阵营，很难称其为真正的"东亚"，直到20世纪后期东亚经济崛起，特别是新区域主义浪潮兴起后，各国才在地缘政治与地缘经济的相互作用下形成了现在的"东亚"概念。

目前的研究者大多受自然地理特征论的影响，笔者也无法摆脱这种思维习惯的影响，但也要认识到：在科学技术迅速发展、交通物流日益便利和经济全球化迅猛推进的今天，按照严格的自然地理特征划分将受到越来越多的挑战；[②]理解区域经济合作的核心原则应是经济上的相互依存和集团化趋势。然而，完全按照社会经济特征划分的方法也有缺陷，因为按照社会经济的同质性乃至区域认同意识划分将会受政治经济结构变迁的影响，毕竟"边界总是服从于政治重建"，但这可能导致"区域"概念的泛化，比如"金砖国家"也常被称为一个"区域"，尽管它们在地理上并不相连。

实际上，"Region"应指涵盖地理方位、社会文化、政治经济关系等原则的"次体系"，是国际体系的"子系统"。[③] 当然，在具体研究中，"区域"的涵盖范围主要依研究目的和研究主题来确定；本书的研究主题是东亚地区主要国家或国家集团的博弈对区域经济关系整合的影响，并重点关注核心经济体的作用，基于此，本书对"东亚区域"的理解可以归纳为三点：

第一，东亚不仅仅是一个自然地理范畴，更主要的是一个政治经济范畴。[④] 在已有研究中，"东亚"的内涵并不明确，如杨贵言、陈峰君、张

① Tom Nierop, Macro-regions and the Global Institutional Network, 1950-1980, *Political Geography Quarterly*, Vol.8, No.1, 1989.

② 贺平:《跨区域主义:基于意愿联盟的规制融合》,《复旦国际关系评论》2014年第2期;贺平:《新型跨区域主义的重要一环:日本—欧盟EPA/FTA初探》,《日本学刊》2014年第2期。

③ Cantori, Louis J., and Steven Spiegel, "The International Relations of Regions", in R.A. Falk and S.H. Mendlovitz(eds.), *Regional Politics and World Order*, San Francisco:W.H.Freeman, 1973, p.335.

④ 姜运仓:《东亚区域经济合作研究》,中共中央党校2005年博士学位论文,第16—21页。

蕴岭等都提出了颇有启发性的观点。① 笔者采取张蕴岭的看法："东亚"概念最早被日本用于给武装侵略他国提供合法性，即"大东亚共荣圈"，第二次世界大战后美国从全球战略角度也使用过"东亚"，但真正促成当代"东亚"概念形成的是五个前后相续的事件：1985 年"广场协议""亚洲四小龙"的崛起、1997 年亚洲金融危机、1999 年"10+3"领导人非正式会议和 2001 年"东亚展望小组"向领导人会议提交最终报告。② 可以看出，"东亚"是区域内各国互动和国际政治经济格局演变的结果。

第二，东亚合作的开放性决定了"东亚"是一个动态演化的范畴。在不同的历史阶段，东亚经济一体化都有不同的成员加入，经济相互依存的内容也不断向纵深方向拓展，因此在不同的历史时期，东亚经济一体化涉及的地理范围不尽相同，要以发展的眼光和动态的视角来看待。亚洲金融危机后，东亚各国官方在《东亚合作声明》中第一次集体性地使用"东亚"概念，"东亚展望小组"的最终研究报告明确提出东亚合作的长期目标是"走向东亚共同体③，在此阶段，"东亚"指的就是东北亚 3 国（即中日韩）和东南亚 10 国（即东盟）。但随着 2008 年全球金融危机的蔓延和国际经济格局的巨大变动，"东亚"已经不再局限于中日韩和东盟（"10+3"），澳大利亚、印度和新西兰等国家也参与到东亚经济合作的进程当中，本书将以动态的眼光来考察东亚区域经济合作。

第三，"东亚"地区核心经济体的范围基本稳定。伴随着世界政治经济格局的深刻转变，东亚地区出现了更为复杂、更多层次的互动，其经济一体化也被赋予了新的含义和内容，在此阶段，我们的关注点是核

---

①　杨贵言：《东亚概念辨析》，《当代亚太》2002 年第 2 期；陈峰君：《亚太在世界安全战略中的地位》，《国际政治研究》2002 年第 3 期。

②　张蕴岭：《东亚地区合作的进程及前瞻》，《求是》2002 年第 24 期。

③　张蕴岭：《在理想与现实之间——我对东亚合作的研究、参与和思考》，中国社会科学出版社 2015 年版，第 27—32 页。

心国家区域经济合作战略的转变。不可否认，尽管"东亚"的地域范围泛化了，但它仍然以"10+3"为"内核"，特别是中国经济的发展不仅改变着中国，也改变着东亚地区乃至全球的实力格局。①

二、"区域经济合作"与"区域经济一体化"的关系

"区域经济合作"（Regional Economic Cooperation）是本书的核心概念，其范围的界定直接关系到研究内容。按照主体不同，经济合作（Economic Cooperation）有广义与狭义之分，从狭义上来讲是指两个或两个以上国家在政府间层次上达成某种程度的排他性协议，最后建成经济综合体的过程，其主体是以追求国家利益最大化为目标的主权国家政府等政治行为体；从广义上来讲，经济合作除狭义的内容外，还包括国家间的具体经济交往，比如直接投资、贸易往来、劳务输出、承包工程等，其主体是以追求自身利润最大化为目标的跨国公司等市场行为体。② 本书取第一种含义，即政府间层次上的狭义理解。

1."区域经济合作"的内涵

"区域经济合作"的定义并不十分清晰，有人将其界定为在多种因素促动下，由主权国家政府出面签订合作协议、搭建合作框架、创建经济组织，其特点在于让渡部分国家主权或部分经济领域的管辖权，被出让的国家主权或管辖权将由合作参与方共同行使；③也有人认为，区域经济合作是主权国家政府以获取区域内规模经济效应和经济互补效应为宗旨，以促进产品、服务和生产要素的自由有序流动为目的，建立跨国性区域经济组织的活动。④

---

① 张蕴岭：《在理想与现实之间——我对东亚合作的研究、参与和思考》，中国社会科学出版社2015年版，前言。
② 姜运仓：《东亚区域经济合作研究》，中共中央党校2005年博士学位论文，第9—10页。
③ 傅梅冰：《国际区域经济合作》，人民出版社1993年版，第1页。
④ 王佳佳：《中国对外区域经济合作的战略目标和模式选择》，中国社会科学院2002年硕士学位论文，第1页。

综合已有研究,我们可以按照约束力的不同将"区域经济合作"的形式划分为三种:功能性合作和制度性合作,还有一种是介于两者之间的准制度性合作;①其中,功能性合作是以民间(企业、地方政府和非政府组织等)为主体、以互相谋取经济利益为目的、通过市场力量自发形成的合作形态,由于中央政府只是偶尔介入,因此是一种对主权国家没有任何法定约束力的"无形的合作";制度性经济合作是以各主权国家的中央政府为主导力量、建立在双边或多边协定基础上、以国家利益最大化为目的、有着长远发展目标的的合作形态,也被称为"有形的合作";准制度性合作是介于功能性合作与制度性合作之间的过渡型区域合作形态,其特点是由各国的中央政府出面但不具有约束力、以"软制度"为特征但又绝非一盘散沙、需要通过各成员国的自愿行动来达成目标,典型的如 APEC。②

需要注意的是,虽然区域经济合作并不必然是制度性的,但是要使合作持久化、深入化和全面化,就必然要求一定程度的制度保障,这样能够发出政策连续性的信号、增强区域内部的凝聚力和对外讨价还价的能力。因此,人们更关心的是区域内各国政府通过签订相应协定、建立相应合作机制、制定具有约束力的规则来消除经济活动障碍的制度性合作。③

2. "区域经济一体化"的内涵

本书出现了一个与区域经济合作极为相似相关的概念,即"区域经济一体化"。这一术语的含义也是争议颇多,"从最低层次看,如果两个国家之间存在贸易关系,就可被认为存在经济一体化;从最高层次

---

① 值得注意的是,国际关系领域的研究者对功能性经济合作和制度性经济合作的定义不同于经济学领域,他们是以对主权国家政府的约束力来定义的。参见姜运仓:《东亚区域经济合作研究》,中共中央党校 2005 年博士学位论文,第 10 页。

② 陆建人、王旭辉:《东亚经济合作的进展及其对地区经济增长的影响》,《当代亚太》2005 年第 2 期。

③ 姬广坡:《论经济一体化的逻辑构成》,《财贸经济》1999 年第 9 期。

看,'经济一体化'是指不同国家间经济的完全融合"①。1961 年,在综合了"过程论"与"状态论"的基础上,巴拉萨(Balassa)提出"经济一体化既是指采取旨在消除各国之间差别待遇措施的过程,又是国家间差别待遇消失的一种状态"的定义,相应的区域经济组织将经历自由贸易区、关税同盟、共同市场、货币联盟和经济联盟等几个形式。

巴拉萨的定义被广泛接受,并成为区域经济一体化研究的圭臬。按照西方主流教科书的观点,国际经济一体化的本义在于两个或更多的经济体之间消除经济边界,既指产品、服务和要素等市场的一体化,也指经济政策的统一化,其基本意义是实际或潜在竞争的增加,提高资源利用的效率,实现各经济体之间相互联系、相互依赖、融为一体的过程和状态;②而最大限度实现此目标的必要条件包括:在一体化区域内,消除阻碍货物与生产要素自由流动的一切障碍及集团成员间以国籍为依据的政策歧视。③

区域经济合作的重要成果是签订区域贸易协定(Regional Trade Agreement,RTA)。2007 年,世界贸易组织(WTO)将向其申报的不同类型的区域经济一体化协定统称为"区域贸易协定",并将其划分为四种不同类型,分别为:特惠贸易安排(Preferential Trade Agreement,PTA)、自由贸易协定(Free Trade Agreement,FTA)、关税同盟(Customs Union,CU)和包括服务贸易自由化在内的经济一体化协定(Economic Integration Agreement,EIA)。在统计中,FTA 和 CU 是 EIA 的基础,EIA 是 FTA 或者 CU 的延伸内容;在现实中,很多自由贸易协定在协议内容上可能并非完全的自由贸易,而很多冠之以或常用的 RTA 概念实际上

---

① 约翰·伊特韦尔等:《新帕尔格雷夫经济学大辞典》(第二卷),经济科学出版社 1992 年版,第 135—147 页。

② [荷]佩克斯曼:《欧洲一体化:方法与经济分析》(第二版),吴弦、陈新译,中国社会科学出版社 2006 年版,第 4—6 页。

③ [英]彼得·罗布森:《国际一体化经济学》,戴炳然译,上海译文出版社 2001 年版,第 2 页。

也是 FTA 与 EIA 的综合体,如东盟与中国、韩国、印度、澳新(西兰)签订的 RTA 就是 FTA 与 EIA 的"混合型协定",而东盟内部所签订的 RTA 却是仅包括货物贸易的 FTA。为了研究上的方便,本书一般不对 RTA 与 FTA 加以严格区分,只有在必要时才予以说明。

表 1.1　东亚国家部分已签订 RTA 的内容与类型

成员方	内容	类型
东盟—澳新(西兰)	货物贸易和服务贸易	FTA & EIA
东盟—中国	货物贸易和服务贸易	FTA & EIA
东盟—印度	货物贸易和服务贸易	FTA & EIA
东盟—韩国	货物贸易和服务贸易	FTA & EIA
东盟—日本	货物贸易	FTA
东盟内部	货物贸易	FTA
日本—澳大利亚	货物贸易和服务贸易	FTA & EIA
日本—印度尼西亚	货物贸易和服务贸易	FTA & EIA
日本—马来西亚	货物贸易和服务贸易	FTA & EIA
日本—墨西哥	货物贸易和服务贸易	FTA & EIA
日本—秘鲁	货物贸易和服务贸易	FTA & EIA
日本—菲律宾	货物贸易和服务贸易	FTA & EIA
日本—新加坡	货物贸易和服务贸易	FTA & EIA
日本—泰国	货物贸易和服务贸易	FTA & EIA
日本—越南	货物贸易和服务贸易	FTA & EIA
韩国—澳大利亚	货物贸易和服务贸易	FTA & EIA
韩国—智利	货物贸易和服务贸易	FTA & EIA
韩国—印度	货物贸易和服务贸易	FTA & EIA
韩国—新加坡	货物贸易和服务贸易	FTA & EIA
韩国—土耳其	货物贸易	FTA
韩国—美国	货物贸易和服务贸易	FTA & EIA
中国—哥斯达黎加	货物贸易和服务贸易	FTA & EIA
中国—新西兰	货物贸易和服务贸易	FTA & EIA
中国—新加坡	货物贸易和服务贸易	FTA & EIA

资料来源:根据 WTO RTA 数据库整理得到。

3.区域经济合作与区域经济一体化之间的关系

虽然也有不少学者论及两者的区别①,但更多的是作为相同概念来使用,本书将"区域经济合作"视为"区域经济一体化"的同义词,尽管它们之间也存在差异,但共同点远多于差异,且共同之处是本质性的,差异之处是技术性的。

第一,区域经济合作与区域经济一体化是"点"与"线"的关系,前者阶段性地反映了后者,是对后者的细化,而后者更具有持续性和目的性,两者存在阶段性对应的特点②,具体而言:本书中出现的"区域经济合作"是指区域内各国谋求以构建区域内多边合作框架或机制来促进本地区经济繁荣,进而以区域经济一体化为理想目标的客观进程和经济外交实践。③ 相对区域经济一体化的发源地欧盟而言,东亚经济一体化正处于起始阶段,因此本书中出现的"东亚经济合作"主要是指东亚各国为实现本地区制度性经济一体化的最终目标而在各个经济领域进行的合作,两者并无本质区别。

第二,区域经济一体化是一种具有法律约束力、自由化程度较高的区域经济合作形式。区域经济合作也致力于贸易投资便利化、自由化,但并不区分自由化程度的高低,所有取消成员国之间的贸易壁垒、促进商品、服务、资本、技术和人员的自由流动的政策措施都可以称为"区域经济合作",但只有具备了一定的法律约束力且自由化程度由低到高发展时,我们才可以称为"区域经济一体化"。④ 一般来讲,区域经济合作也遵循由低度自由化到高度自由化的发展顺序,所

---

① 张斌:《货币一体化理论及对东亚货币一体化的理论探讨》,中国社会科学院研究生院2001年博士学位论文,第6—9页;陈光武:《东亚区域经济一体化研究》,吉林大学2009年博士学位论文,第12—22页;李恒:《东亚区域合作:双边自由贸易协定网还是区域经济一体化?》,《当代亚太》2005年第1期。

② 范斯聪:《东亚经济一体化的困境与出路——国际比较的视角》,人民出版社2015年版,第4—5页。

③ 金熙德:《东亚合作的进展、问题与展望》,《世界经济与政治》2009年第1期。

④ 张鸿:《区域经济一体化与东亚经济合作》,人民出版社2006年版,第59页。

以,区域经济合作的推进过程也就可以视之为区域经济一体化的演进历程。

三、区域经济合作的四个基本特征

1. 区域利益优先

传统的区域经济一体化强调排他性,一是所属区域以外的国家不能融入到一体化组织当中,二是对内消除壁垒,对外保持甚至构筑壁垒,以增强同外部的竞争力[①],而"新区域主义"浪潮则强调"开放的区域主义",不主张经济孤立政策。但无论排他还是开放,区域经济合作都奉行区域利益优先的原则,只不过各国在追求区内经济整合的同时,还追求广泛的域外经济联系。"东亚展望小组"的报告提出,要"把东亚从一个由各个国家组成的地区,发展成一个共同应对挑战,具有共同志向和目标的相互信任的共同体"[②],该提议立即得到了"10+3"领导人的一致认同,并将建设东亚自由贸易区(East Asia Free Trade Area, EAFTA)优先于 APEC 的茂物目标(2020 年)。

2. 政府主导

国际政治经济学的行为主体包括国家与市场,但一般强调的都是国家公权力对经济的影响,即强调政府之间的博弈对市场力量的影响。区域经济一体化进程尽管有非政府组织、国际机构等其他行为主体的参与,但其取得阶段性成果是通过政府间谈判以正式缔结条约或协定的形式来确定的,因而具有一定程度的法律强制力。此外,随着合作水平的提升和合作动力的增强,各国间的合作协议也会逐渐增强其约束力,很多时候各国也乐于以约束性的条约规范其他成员国的行为,同时

---

① 王珏等:《区域经济一体化:东亚地区的实践》,科学出版社 2015 年版,第 1—6 页。

② 张蕴岭:《在理想与现实之间——我对东亚合作的研究、参与和思考》,中国社会科学出版社 2015 年版,第 27—32 页。

锁定自身国内的改革进程。

3. 制度引导

既然我们将区域经济合作的进程界定为政府间的经济外交行为，那么就有必要区分不同区域经济合作形式对主权国家的约束程度，即制度化的水平问题。就已有的合作实践来看，无论是自由贸易区、关税同盟、共同市场、经济联盟还是完全的经济一体化，都有一定的制度作为引导，而且区域经济一体化发展阶段越高，制度化色彩就越浓厚。衡量区域经济合作制度化水平高低的指标是正式化、集中化和授权化[①]，三者呈递进关系，区域经济一体化的起步阶段往往以非制度性合作为主要内容，但是伴随着区域经济一体化的发展，非制度性合作就会逐渐转变为制度化合作。

4. 国家权力的自我限制

国家权力的自我限制对区域经济一体化和区域经济合作都是至关重要的，因为只有这样才能够建立一个拥有实际权力的、相对独立的区域经济组织，使得区域内部能够建立统一的法律秩序，确保本区域经济组织的宗旨和各项措施得到贯彻执行。[②] 当区域经济合作由非正式向正式过渡的阶段，主权国家政府对自身的权力进行一定的自我限制；当区域经济合作由集中化向授权化发展，或由较低程度的授权化向较高程度的授权化发展时，主权国家政府需要对自身权力进行较大程度的自我限制，甚至需要让渡部分国家经济主权，这一点在欧盟的发展过程中表现得尤为明显。

综合以上分析，本书对东亚区域经济合作所作的界定如下：

第一，本书拟用"东亚区域"的称谓来说明东亚经济合作的地域性，主要指东北亚 3 国（中日韩）和东南亚 10 国（东盟）。但近些年，印

---

① 田野：《国际制度的形式选择——一个基于国家间交易成本的模型》，《经济研究》2005年第 7 期。

② 王珏等：《区域经济一体化：东亚地区的实践》，科学出版社 2015 年版，第 1—4 页。

度、澳大利亚、新西兰也加入了东亚经济合作进程,"10+3"已经扩大为"10+6",区域经济合作语境中的"东亚"已经不再是严格地理意义上的"东亚",故将其视为一个动态概念是有益的。

第二,本书拟将"(东亚)区域经济合作"视为"(东亚)区域经济一体化"的同义词,尽管它们之间也存在差异,但共同点是主要的,区域经济合作是对区域经济一体化的具体化,并为区域经济一体化目标的最终实现奠定基础;而区域经济一体化更具有持续性和目的性,是对区域经济合作理想目标的刻画。

第三,本书拟将"区域经济合作"限定为政府间行为,"东亚经济合作"(或"东亚区域经济合作")并非泛指东亚地区内任何时期、任何形态的合作,而是特指20世纪90年代后期正式启动、东亚各国为谋求本地区繁荣与发展、以制度性经济合作为主要形态,进而以区域经济一体化为理想目标而展开的经济外交实践;尽管跨国公司等市场主体以贸易投资为主要内容的经济行为不属于本书的主题,但它们导致的各国经济深度融合是区域经济合作的重要基础,也就是产生了对政府间制度性经济合作的需求。

此外,区域货币金融合作是东亚区域经济合作的亮点和重要组成部分,但考虑到货币金融合作尚处于初期构建阶段①,特别是考虑到货币金融合作与贸易投资合作的"双轨"特点,前者未能从后者的制度安排中获得更多的动力支撑②,因此本书未将货币金融领域的区域公共产品,如双边货币互换及其多边化、亚洲债券市场建设等纳入考察范围,仅考察贸易投资领域的区域公共产品供给。

---

① 有些学者认为,东亚货币金融合作的实质性发展并不深入,特别是制度化建设和合作机制所起的作用仍然还是象征性的,实际成效有待进一步观察。参见张蕴岭:《在理想与现实之间——我对东亚合作的研究、参与和思考》,中国社会科学出版社2015年版,第169页。

② 富景筠:《一体化次序视角下的东亚合作》,《世界经济与政治》2012年第6期。

第二节　区域经济合作的理论解释

一、国际经济学的解释

在国际经济学研究中,比较具有代表性的理论解释有"旧区域主义"的关税同盟理论、共同市场理论、政策一体化理论,"新区域主义"的非传统收益理论、轮轴—辐条理论、多维视角的经济一体化理论。[①]

长期以来,关税同盟理论一直是区域经济一体化的核心理论,也是区域经济一体化的基本形式。1950 年,维纳(Viner)出版的《关税同盟问题》一书标志着区域经济一体化理论的初步形成,该书认为,"关税同盟可以在成员国之间实现自由贸易,但同时对非成员国实行了差别待遇的保护贸易,因此它的建立并不一定意味着世界福利的增加",为了说明该观点,维纳创造性地提出了贸易创造和贸易转移的概念,其后很多经济学家的分析都借用了这两个概念。继维纳之后,库伯(Cooper)、马塞尔(Massell)、约翰逊(Johnson)、米德(Meade)、科登(Corden)、芒德尔(Mundel)和巴拉萨(Balassa)等学者都按照维纳的理论提出各自的分析框架,并对其假设和前提进行了部分修正和完善[②]:其中,库伯和马塞尔利用公共产品分析对关税同盟理论进行了扩充,他们认为,政府可能出于经济因素考虑而保护国内市场,但政府也会为此付出代价[③];约翰逊认为,由于公共产品的存在,建立关税同盟可能比个别最优的非歧视性关税保护措施更能有效地满足对公共产品的偏好,在禁止政府补贴或其他财政转移支付的条件下,关税同盟是提供公

---

① 张彬等:《国际区域经济一体化比较研究》,人民出版社 2010 年版,第 58—68 页。

② 李光辉:《东北亚区域经济一体化战略研究——基于东亚区域经济合作框架的思考》,中国商务出版社 2011 年版,第 31—37 页。

③ C.A.Cooper, and B.F.Massell, "Toward a General Theory of Customs Unions for Developing Countries", *Journal of Political Economy*, Vol.73, No.5, 1965.

共产品的最优方式。① 共同市场理论和大市场理论的代表人物是西托夫斯基(Scitovsky)和德纽(Deniau),他们认为,当区域经济一体化从关税同盟发展到共同市场后,不仅实现了产品市场的一体化,而且实现了要素市场的一体化,从而形成一种超越国界的大市场,其核心思想是市场扩大后的规模经济效应。经济同盟的核心内容是政策一体化理论,即各国不仅实现了产品市场和生产要素市场的一体化,而且还实现了政策的协调和统一;巴拉萨通过对产业政策、货币政策、社会政策、财政政策和汇率政策对成员国的影响进行了分析,他认为,各国的政策差异程度不可避免地给贸易量和生产要素流动带来负面影响,产生资源配置上的扭曲,只有政策一体化才能使各成员国的资源得到有效配置。

　　传统区域主义的理论关注点主要是区域贸易协定对各成员国或第三国福利的影响及其对经济全球化的影响(即"垫脚石—绊脚石"理论),其理论渊源仍然是"维纳经济学"。"维纳范式"的理论内核是:区域经济一体化主要受政策驱动,因此仅仅是政府作为单一行为体在宏观层面消除贸易壁垒和市场壁垒的行为,这源于欧洲的一体化实践。第二次世界大战的区域经济一体化最早起源于欧洲,在当时的政治经济环境下,如何将不同的国家整合成一个更大的经济实体取决于各国政治家的抉择,诚如周八骏所言,区域经济一体化"无论何种形式或阶段之实现,都有赖于各国政府当局的政策措施和制度行为",因此,从一开始,区域经济一体化理论就不仅具有欧洲色彩,而且具有浓厚的制度决定论色彩,侧重于政策和制度驱动的一体化,形成了所谓的"巴拉萨标准"。② 巴拉萨将区域经济一体化进程简化为五个阶段:自由贸易区、关税同盟、共同市场、货币联盟和经济联盟,这五个阶段正是几种主要经济政策——关税政策、贸易政策、市场政策、货币政策和财政政

---

① Johnson, Harry G., "An Economic Theory of Protectionism, Tariff Bargaining, and the Formation of Customs Unions", *Journal of Political Economy* Vol.73, No.3, 1965.

② 许坚:《东亚区域经济一体化研究》,南京大学 2010 年博士学位论文,第 11—13 页。

策——的统一化过程。① 实践证明,这些关注政府宏观政策的理论对旧区域主义解释力较强,但对于新区域主义解释力不足。

20世纪80年代中期以后,新一波区域主义浪潮兴起,区域经济一体化的理论探索也呈现出多元化特征,突破了原有的理论假设,形成了许多更为丰富的解释框架。② 比较有代表性的是新理论非传统收益理论和轮轴—辐条理论。非传统收益的区域经济一体化理论侧重于大国与小国的差异、政治因素与经济因素的互动。第一,主权国家,尤其是大国参与区域经济合作的动机是多重的,已经不能完全用经济因素进行解释,政治考虑常常成为区域经济合作的前提条件和主要动机,政治条款也越来越多地出现在区域贸易协定条款中,如劳工条款、知识产权保护、环境保护、非法移民、民主制度、打击恐怖主义等问题越来越成为区域贸易协定谈判中的重要组成部分。③ 第二,新区域主义时代,大国与小国参与区域经济合作的目标函数存在差异,大国力争区域经济合作主导权的目标并不仅仅是为了获得区域经济整合的内部收益(如传统贸易收益),更重要的是为了获得区域经济整合的外部收益,最重要的是对国际经济规则的制定权、解释权和在全球经济治理中的话语权。④ 轮轴—辐条理论产生于20世纪90年代,此一时期,许多国家参加了两个以上的区域贸易协定,不同自贸区的成员国相互交叉重叠,在全球范围内形成了自贸区的网络结构,在这一体系中,轮轴国处于中心地位,将在贸易和投资两方面获得特殊优惠,福利增加得更多,而辐条

---

① [英]彼得·罗布森:《国际一体化经济学》,戴炳然译,上海译文出版社2001年版,第2—3页。
② 杨权:《新地区主义范式及其对东亚经济一体化的解释》,《世界经济研究》2005年第4期。
③ 李向阳:《全球化时代的区域经济合作》,《世界经济》2002年第5期;李向阳:《东北亚区域经济合作的非传统收益》,《国际经济评论》2005年第5期;李向阳:《区域经济合作中的小国战略》,《当代亚太》2008年第3期。
④ 李向阳:《新区域主义与大国战略》,《国际经济评论》2003年第7期。

国处于明显劣势,随着辐条国数量的增加,单个辐条国的总体福利水平将下降。此外,最佳货币区理论的代表人物是罗伯特·蒙代尔,探讨的主题是各国在高度一体化的情况下如何实现内外经济平衡;财政联邦主义则探讨的是如何实现各成员国间的财政政策协调。① 总之,在新区域主义的理论中,各国政府的区域经济合作战略已经不能用简单的经济因素来解释,政治因素同样发挥重要作用。②

二、国际政治学的解释

国际政治学对于区域经济一体化的探索被放在地区主义研究的大框架之内,代表性理论包括早期的联邦主义、功能主义、多元主义,中期的新功能主义、国家中心主义范式、国内政治范式;现在的超国家主义范式、新联邦主义、自由政府间主义等;其中,最具代表性也最具政策启示意义的当属功能主义与新功能主义两个理论。

在地区主义的早期研究中,对欧洲一体化实践具有最重要影响的莫过于大卫·米特兰尼(David Mitrany)的功能主义,其理论内核可以被简单地概括为"多米诺效应"(Domino Effect)。米特兰尼认为,作为一种功能组织,区域一体化的形成和发展是一种自然的扩展过程,具体言之:为了解决相互关系和相互依赖中造成的各种问题,就产生了对国际制度的理性需要,而当人们认识到国际制度或一体化组织在解决问题时所带来的极大好处,就会产生对具有更大能力的一体化组织的需求,至少能产生对具有某一特定功能的一体化组织的需求,也就是"外溢"(Spill-Over)效应,而这一过程本身就意味着更广泛的社会和经济一体化。③ 也正如保罗·霍夫曼(Paul G.Hoffman)认为的,一旦在低政

---

① 肖欢容:《地区主义理论的历史演进》,中国社会科学院2002年博士学位论文,第28—35页。

② 李向阳:《新区域主义与大国战略》,《国际经济评论》2003年第7期。

③ 肖欢容:《地区主义理论的历史演进》,中国社会科学院2002年博士学位论文,第35—42页。

治的经济领域形成一体化行动的习惯,在必要的时候会自然而然地将合作领域扩展到政治领域乃至军事领域;其假设前提是,经济问题与政治问题是不可分离的,即使短期内仅仅局限在经济领域的合作,但长时间看必将影响其他领域的行动,最终形成完全的政治经济一体化组织,这是一个合作需求逐渐升级和地区制度不断演化的过程。但值得注意的是,功能主义,包括欧洲早期的地区主义理论都并非针对欧洲的一体化实践提出来的,第一个真正意义上的欧洲地区主义理论是美国学术界对欧洲一体化进行解释的新功能主义。

新功能主义源于功能主义,但又有其自身的特点。新旧功能主义的相同点是对"外溢效应"的重视,不同点是新功能主义将"外溢"概念扩大化了,行为主体也转变为精英集团和政府。新功能主义认为,国家间的经济关系和政治关系是可以相对区分开来的,欧洲一体化的动力在于精英集团(包括政党、行政人员和利益集团),其机制是政府被说服将它们的效忠、期望和政治活动转移到一个拥有高于现存国家管辖权的新中心,各国行为体集团的渐进式互动,而非"全面理性的计划"赋予一体化进程动力;但反过来讲,一体化进程使主权国家政府的管辖权日益缩小,最终必然导致主权的让渡,各国政府不得不调整自身的行为以适应新的政治环境,创造新的政府间行为规范,这种共同行为规范必然与超国家的治理紧密相连,超国家权威诞生后成为新一支推动地区主义的力量。[①] 哈斯还简明扼要地概括了地区一体化的动力机制,即学习、外溢和效忠转移的三阶段假说,其中,"外溢"是新功能主义的核心概念,被赋予解释区域一体化绝大部分问题的功能,包括功能外溢、政治外溢和地理外溢三类。

从欧洲地区主义理论演变的历程来看,无论是联邦主义、超国家主义还是功能主义、新功能主义,都意在阐明区域一体化两条可能的实现

---

① 肖欢容:《地区主义理论的历史演进》,中国社会科学院 2002 年博士学位论文,第49—58页。

路径：一条是功能性合作的路径，各国通过生产贸易、交通通信、稀缺资源管理、货币金融合作、环境保护、公共卫生等特定领域技术化的合作，实现各国"将其效忠、期望和政治活动转移到一个新的、更大的中心"的目的，即通过技术进程"自下而上"地推动和加固政治进程；①另一条是制度性建设的路径，各国通过签订具有法律效力的条约，明确界定各成员方的权利与义务关系，建立稳定的组织机构和强有力的争端解决机制，各国以让渡部分经济主权的代价实现多层次的经济社会整合②，最终达到区域一体化的目的，即通过政治进程"自上而下"地带动和保障经济整合。因此，从理论上讲，各国既可以通过非政治化或低政治化的功能性合作推动制度性建设，也可以通过政治化甚至高政治化的制度性建设带动功能性合作；在现实中，各国往往采取"双管齐下"的混合型模式，在功能性合作达到一定程度后必然要求制度性建设予以保障，而制度性建设也需要不断深化的功能性合作提供持久动力。尽管功能主义与新功能主义有种种缺陷，但相对于其他地区主义理论，这两种理论的解释力和影响力都比较大，成为此后地区主义研究的主要理论源泉，新功能主义更是在 20 世纪 80 年代后得到复兴，成为解释特定功能领域一体化的重要学说。

三、国际政治经济学的解释

国际经济学对区域经济合作的研究大多着眼于经济福利的得失，探讨怎样的区域经济组织形式能够最大限度地增加成员国的经济福利，很少关注这些问题背后的政治因素和区域经济一体化的政治后果；国际政治学过于注重国际权力结构等宏观层面的因素，对各国参与区

---

① 肖欢容：《地区主义理论的历史演进》，中国社会科学院 2002 年博士学位论文，第 75—105 页。

② Ernst B. Haas，"International Integration：The European and the Universal Process"，*International Organization*，Vol.15，No.3，1961.

域经济合作的成本—收益权衡等微观层面的分析不够;而国际政治经济学关注的是国家与市场的互动关系,该领域的学者主要研究区域经济合作所出现的国际政治经济环境,重点探讨权力结构、经济依赖关系与区域经济合作的因果关系。

查尔斯·金德尔伯格(Charles P. Kindleberger)、斯蒂芬·克拉斯纳(Stephen D. Krasner)和罗伯特·吉尔平(Robert Gilpin)等新现实主义的代表人物认为,国际体系中的权力分配格局决定了一个自由开放的世界经济体系需要一个具有压倒性经济实力的霸权国来维系,此即"霸权稳定论"。霸权国实力的兴衰与区域主义浪潮之间的关系成为该学派研究的兴趣点,这包括两个方面:第一,霸权国的相对衰落与区域主义浪潮是否有必然的因果关系;第二,一个存在主导国的地区是否比不存在主导国的地区更容易实现区域经济合作。对于第一个问题,有的人认为霸权国衰落将导致全球经济相对的封闭化,这将促使各国展开区域层面的经济合作;[1]也有的学者认为,霸权国的相对衰落与自由贸易协定之间并没有必然联系,因为霸权国兴盛时 FTA 依然兴起和发展。[2] 对于第二个问题,一般都认为,区域经济合作在有绝对优势地位国家的区域权力结构下更容易产生,但新现实主义并未说明其中的因果机制。[3]

罗伯特·基欧汉(Robert O. Keohane)、约瑟夫·奈(Joseph S. Nye)等新自由制度主义的代表人物认为,霸权国并非国际合作得以展开的必要条件,在复合相互依赖日益加深的今天,国际制度为国际合作提供了保障,并以此发展出"国际制度论"。自由贸易区等区域合作安排本

---

① Mansfield E D., "The Proliferation of Preferential Trading Agreements", *Journal of Conflict Resolution*, Vol.42, No.5, 1998.

② 张玉环、李巍:《自由贸易协定的政治经济学研究述评》,《国际政治研究》2014 年第 2 期。

③ Joseph M. Grieco, "Systemic Sources of Variation in Regional Institutionalization in Western Europe, East Asia and the Americas", in Edward D. Mansield and Helen V. Milner eds., *The Political Economy of Regionalism*, New York: Cloumbia University Press, 1997, pp.164−187.

质上也是一种国际制度,其功能自然受到制度设计的影响,学者们关注的重点是组织成员国多寡对区域经济合作制度效果的影响,有的学者从欧洲一体化的经验出发,认为区域贸易协定中成员国的数目会直接影响区域一体化程度,数目较少且拥有共同经济偏好的主导国是区域经济合作顺利进行的必要条件;[1]也有的学者专注于区域经济制度的具体设计,并把合法的制度归纳为三大特征:明确、正式且有约束力,存在支配、诠释和应用它们的第二级规则,存在争端解决方式。[2]

发展中国家的一些学者运用马克思主义政治经济学方法研究区域经济合作,比较著名的是"中心—外围"理论和依附论。他们认为,发达国家与发展中国家之间的关系是剥削与被剥削的"支配—依附"关系,发展中国家要实现真正的经济发展就必须进行彻底的制度变革和结构变革,摆脱对发达国家的依附,里斯·塞泽尔基的"综合发展战略理论"在吸收了"中心—外围"论和依附论的基础上,提出区域经济一体化是发展中国家的一种发展战略,是发展中国家集体自力更生的手段,而不是简单地从贸易、投资等层面来思考区域经济一体化的效应。该理论为我们进一步探讨发展中国家的区域经济一体化问题提供了参考框架。[3]

还有些国际政治经济学者从国家主义、社会联盟等层次展开分析,这与前面所述的体系层面分析共同构成了所谓的"体系—国家—社会"三分法。国家主义视角下的区域经济合作强调国家本身的战略考量和国内政治制度结构对区域经济合作战略的影响;社会联盟理论强

---

[1]　Helen V. Milner and Edward D. Mansfield,"The New Wave of Regionalism",*International Organization*,Vol.53,No.3,1999.

[2]　迈尔斯·卡勒:《合法性有地区限制吗?》,参见王正毅、迈尔斯·卡勒、高木诚一郎主编:《亚洲区域合作的政治经济分析:制度建设、安全合作与经济增长》,上海人民出版社2007年版,第110—123页。

[3]　李光辉:《东北亚区域经济一体化战略研究——基于东亚区域经济合作框架的思考》,中国商务出版社2011年版,第31—37页。

调私人行为体、利益集团对国家对外政策的影响,他们认为国家只是一个各利益相关方博弈的平台。① 总之,国际政治经济学研究区域经济合作的文献相当丰富,不一一介绍。②

第三节　理解区域经济合作的新视角: 区域公共产品理论

不同于"霸权稳定论"和"国际制度论"等宏观理论,区域公共产品原本是国际关系微观层次的分析工具,是为了使国际公共产品理论更适用于区域问题研究而进一步划分的结果,目前已经成为国际政治经济学研究区域合作的新视角。③

一、区域公共产品的理论渊源

区域公共产品(Regional Public Goods,也称"区域性公共产品"或"区域国际公共产品")是公共产品理论在国际问题研究领域的最新应用,其含义是指"那些仅仅在某一特定区域内供给和消费而非遍及全球范围的国际公共产品",其基本特征是联合提供、集体决策、成本合理分摊、利益共同分享,外部性的存在决定了域外大国参与的必然性。④

①　张玉环、李巍:《自由贸易协定的政治经济学研究述评》,《国际政治研究》2014 年第 2 期。
②　具体参考白云真:《区域主义与国际政治经济学》,《教学与研究》2011 年第 2 期;张玉环、李巍:《自由贸易协定的政治经济学研究述评》,《国际政治研究》2014 年第 2 期。
③　樊勇明、钱亚平、饶芸燕:《区域国际公共产品与东亚合作》,上海人民出版社 2014 年版,第 2 页;李志斐:《水问题与国际关系:区域公共产品视角的分析》,《外交评论》2013 年第 2 期;黄河:《区域公共产品与区域合作:解决 GMS 国家环境问题的新视角》,《国际观察》2010 年第 2 期;韦红、魏智:《中国—东盟救灾区域公共产品供给研究》,《东南亚研究》2014 年第 3 期;孙灿、钮维敢、钮则圳:《区域公共产品视角下的粮食安全与国际关系》,《北华大学学报(社会科学版)》2014 年第 1 期;胡爱清:《区域公共产品视角下的东盟旅游合作研究》,《东南亚纵横》2015 年第 4 期。
④　樊勇明:《从国际公共产品到区域性公共产品——区域合作理论的新增长点》,《世界经济与政治》2010 年第 1 期;樊勇明、钱亚平、饶芸燕:《区域国际公共产品与东亚合作》,上海人民出版社 2014 年版,第 2 页。

　　首先,区域公共产品起源于公共产品理论,是公共产品理论的新应用。公共产品是公共经济学的理论核心,从经济学角度对公共产品进行的经典分析来自萨缪尔森(Paul A. Samuelson),他认为:如果一种物品的消费不会导致其他人对该种物品消费的减少,那么这种物品就是公共产品。[①] 据此定义,可以概括出公共产品的三个基本特征:效用的不可分割性、消费的非竞争性、受益的非排他性;同时具备这三个特征的公共产品就是纯粹公共产品(仅占全部公共产品之极小部分),部分具备这三个特征的就是准公共产品(构成全部公共产品之大部分)。但是,很多学者认为这一分析并未把握住根本,因为以非竞争性、非排他性等经济技术特点来判断什么是公共产品,混淆了公共产品产生的根本性原因与外在表现形式的关系。[②] 从本质上看,公共产品是满足社会共同需要的产物,深刻体现了人类生活的社会性,其背后是生产关系及社会制度。[③] 简单地说,公共产品与私人产品相对立,私人产品与个人利益、个人行动相联系,公共产品与共同利益、集体行动相联系,当一些人拥有共同利益且无法经由纯粹的个人行动实现时,就必须通过集体行动、形成集团甚至通过建立一定的组织来实现,而满足了共同利益就意味着已经向这一集团提供了一件公共产品。[④] 因此,共同利益是实现公共产品有效供给的首要条件,我们可以称为区域公共产品理论的"第一前提"。[⑤]

---

　　① Samuelson P. A., "The Pure Theory of Public Expenditure", *The Review of Economics and Statistics*, Vol.36, No.4, 1954.

　　② 秦颖:《论公共产品的本质——兼论公共产品理论的局限性》,《经济学家》2006年第3期。

　　③ 庞绍堂:《公共物品论——概念的解析延拓》,《公共管理高层论坛》2007年第1期。

　　④ 奥尔森:《集体行动的逻辑》,格致出版社、上海三联书店、上海人民出版社2014年版,第7—12页。

　　⑤ 区域公共产品理论就是要揭示在无政府状态下如何实现区域内各国共同利益的问题。当然,公共产品理论中的相当一部分变量在区域合作层次也失去了意义,如课税等强制手段就不再具有现实性,因为要达成区域合作、实现区域共同利益主要是依靠各国的自愿和互惠。

其次,区域公共产品是国际公共产品的新形态。国际公共产品最早由奥尔森使用,最初的关注点是国际合作的激励问题。一般来说,国际公共产品是指成本和收益超越一国范围的公共产品,其成本分担对象和受益对象是以国家或国家集团划分,受益的地域范围往往超过一国界限甚至可能覆盖全球。国际公共产品可以分为两大类,即全球公共产品和区域公共产品;①但是,由于"搭便车"的不可避免性,全球公共产品将供给不足。更严重的是,作为全球公共产品的主要供给方,霸主国力量的相对衰落,其对全球公共产品的"私物化"倾向越来越明显,也就是利用主要供给方的地位"寻租",并以此作为"反衰落"的战略手段。在此背景下,各国开始寻求以区域公共产品弥补全球公共产品的供给不足,并以此增强自身在全球公共产品供给与消费中的权力。② 因此,区域公共产品是对全球公共产品的有效补充和合理完善,这种补充性是区域公共产品理论的"第二前提"。

最后,区域公共产品理论是国际政治经济学的新发展。按照世界观划分,国际政治经济学可以分为新自由制度主义、新现实主义和新马克思主义三大学派,前两者是西方国际政治经济学的主流,而它们的理论支柱——霸权稳定论和国际制度论都与国际公共产品有着直接关系,正如有学者所指出的,"国际政治经济学就是对国际公共产品生产与提供的成本—收益分析"③。霸权稳定论的理论内核是:一个开放和自由的世界经济体系之所以需要一个居主宰地位的霸权国,是因为该霸权国能以压倒性的经济剩余向国际社会提供公共产品,霸权国由此取得的收益是其他国家对其主导的国际秩序的认同,由此付出的成本

. ① 也有学者提出区域间公共产品的概念,以此解释区域间合作现象,并把它归于国际公共产品的一种。参见郑先武:《区域间主义与国际公共产品供给》,《复旦国际关系评论》2009 年第 1 期。

② 樊勇明:《区域性国际公共产品——解释区域合作的另一个理论观点》,《世界经济与政治》2008 年第 1 期。

③ 王子昌:《国际政治经济学新论》,时事出版社 2010 年版,第 1—15 页。

是允许其他国家"搭便车"。① 新自由制度主义理论在批判霸权稳定论的基础上提出国际体制论,其理论内核是:当国家间的交往发展到复合相互依赖时,就可以建立一系列国际机制来管理这种关系,这种国际制度本身就是一种国际公共产品;其政策含义是:即使没有霸权的存在,各国也能通过国际体制实现集体行动,因为这种国际体制尽管有种种不足,但总归能促进自身利益,并或多或少地增进共同利益。② 可以看出,无论是新现实主义还是新自由制度主义,都将国际公共产品视为其理论体系的重要组成部分,区域公共产品理论正是这种思路在区域层次上的应用。

二、区域公共产品的理论脉络

仅具备"思路"而没有完善的分析框架是缺乏解释力的,区域公共产品理论吸收了霸权稳定论和国际制度论的理论内核,使区域合作问题在国际公共产品理论中得到了充分的解释,从而日益引起国内外学术界的关注。区域公共产品的理论脉络可以概括如下:

首先,区域公共产品的现实需求源于区域内各国对共同利益的追求,落脚点在于区域内各国如何联合起来实现有效供给。区域合作首先是一种区域内各国的集体行动,是区域内各国追求共同目标、增进共同利益的行为。在公共经济学中,当某些产品不能由市场来供给,或者市场供给效率比较低下时,就只能由政府等公共部门来满足,区域公共产品理论诞生的背景是区域内各国面临的各领域问题的复杂化,当某些带有区域性特征的公共问题交织在一起从而单个国家无法解决时,各国就开始寻求通过区域合作来进行解决;就经济领域而言,当区域内各国在经济上越来越呈现相互依存状态、越来越被紧密地编

---

① 吴志成、李金潼:《国际公共产品供给的中国视角与实践》,《政治学研究》2014 年第 5 期。
② 李滨:《国际政治经济学》,南京大学出版社 2008 年版,第 37 页。

制进"区域经济之网"的时候,共同的经济利益就产生并且不断拓展,区域经济合作的基础越来越巩固,这是区域公共产品赖以产生的最重要条件。

其次,有效实现区域公共产品供给还要有合理的成本分担机制和收益分配机制。区域公共产品不同于其他类型公共产品之处就在于,区域公共产品的覆盖范围比较小,各国从中得到的收益和必须付出的成本都比较清晰,因此能够有效避免"搭便车"现象;更重要的是,从目前的区域合作状况来讲,一般不存在具有压倒性优势的大国,即使一些大国占据主导地位,主导性大国也往往无法取得为所欲为的特权(如法国与德国在重大问题上不得不听取其他欧洲国家的意见,美国在北美自由贸易区谈判中也不得不照顾加拿大和墨西哥的利益)。因此,区域公共产品可以有效避免被某个大国"私物化"。当然,这些都并不意味着各国在供给中绝对平均地分担成本和绝对平均地分配收益。①

最后,有效实现区域公共产品供给还需要积极应对域外国家的参与。实践表明,区域合作不仅是本地区的事务,与本地区有着直接或间接利益关系的国家也会采取局部或全面的参与措施。因此,在各国与各地区之间的复合相互依赖关系日益紧密的今天,区域公共产品供给既不可能完全将外部性内在化,也不可能完全排除域外因素的干扰,域外大国参与区域公共产品供给有其必然性。例如:作为享有全球战略利益的霸权国,美国一直对欧洲、东亚、南美洲等全球各地区的区域经济合作抱有强烈的警惕态度,特别是当这些地区的区域公共产品供给对美国主导的全球公共产品供给产生冲击的时候。因此,凡是能够有效开展区域合作的地区大多妥善处理了与美国霸权及供给的全球公共产品关系。

---

① 樊勇明、薄思胜:《区域公共产品理论与实践——解读区域合作新视点》,上海人民出版社 2011 年版,第 8 页。

三、区域公共产品理论的局限性

区域公共产品理论的局限在于无法将更深层次的结构性因素纳入分析框架,只能作为外生变量对其进行处理,最主要的就是地区产业分工结构和地区政治权力结构。分工是"政治经济学一切范畴的范畴",地区产业分工结构既是区域经济一体化的经济基础,也决定了区域公共产品供给中的共同经济利益。在区域生产网络迅速发展的东亚,地区产业分工结构直接决定了区域内各国的需求类型,其升级决定了区域内各国需求的升级。地区政治权力结构是区域经济一体化出现和发展的客观政治环境,限制着区域经济一体化发展的速度和限度,它不仅决定了区域公共产品供给中的共同政治利益,而且在很大程度上决定了区域公共产品的主导供给方。

但是,作为技术性的分析工具,区域公共产品理论无法将地区产业分工结构和地区政治权力结构纳入分析框架,本书的处理方法是,将地区产业分工结构作为区域公共产品需求的来源,也就是区域公共产品需求得以产生的基础,而将地区政治权力结构具体化为对成本分担能力和收益获取能力,以此表明各个国家在区域合作当中实力地位的不平衡性。

第二章　区域经济合作的公共
产品理论分析框架

　　要以公共产品理论分析区域经济合作,需要回答三个基本问题:第一,区域经济合作与区域公共产品的关系是什么? 第二,是否存在这样一种可供分析的"区域公共产品"? 其内容是什么? 第三,如何使区域公共产品理论中的概念和范畴适用于现实问题的分析? 更深层次的问题是方法论问题:经济学在分析个体行为选择时,最基本、最常用的方法就是成本—收益分析;但是,区域经济合作不仅仅是个经济问题,还涉及许多非经济因素,因此区域公共产品供给不仅需要考虑经济成本和经济收益,还需要考虑非经济成本和非经济收益。因此,我们还需要重点解释两个问题:第一,在国家层面上,各国参与区域公共产品供给的动力机制是什么? 第二,在国际层面上,实现区域公共产品联合供给的条件是什么?

第一节　区域经济合作与区域公共产品的关系

一、区域经济合作的必要性:区域公共产品需求的产生

　　一般认为,"公共产品"之所以是"公共",是因为其消费不是一个人,而是一个集体,具有非竞争性和非排他性,前者指一个人消费某物品时并不能妨碍另一个人同时消费,后者指不能有效排除不付费者对

该物品的消费,即使做到也会成本高昂;其理论含义是:在到达"拥挤点"之前,公共产品的边际生产成本和边际拥挤成本为零。① 这一分析源自萨缪尔森②,但是有时代的局限性,正如有论者所指出的:由于统计工具、核算方法和科学技术的进步,绝对意义上边际生产成本为零的公共产品几乎不存在,以前不可排他的公共产品也能有效实现排他,但纵观世界各国提供的公共产品,不仅范围上并没有缩小,内容上还有所扩充。③ 这说明了:非竞争性和非排他性仅是对公共产品的技术性阐释,并非理解公共产品的天然出发点,理解公共产品需要从共同利益及其引致的合作需求出发。

从本书语境出发,国际合作首先是一种国际集体行动,国际合作既可以被看作是国际集体行动的结果,也可以被理解为国际集体行动的形式,而各行为体对集体行动的需求就可以用来解释合作的起源和必要性。在现实中,纯粹的私人利益可通过个人的、没有组织的行动来增进,而且通常更为有效;但是当人们面临公共问题时,个人的、没有组织的行动或者根本无力解决,或者不能充分解决。此时,集体的、有组织的行动必要性就凸显出来了;而且,尽管组织有时也能服务于私人利益,但它的主要功能还是解决公共问题,也就是服务于公共利益。按照奥尔森的定义,解决了公共问题、实现了共同利益,就等于提供了一件公共产品。④ 但是,从严格意义上讲,公共问题的解决、公共利益的实

---

① 尽管有时需要"排队"(因拥挤所致),但"排队"并不能取消公共产品消费的平等性和开放性。参见庞绍堂:《公共物品论——概念的解析延拓》,《公共管理高层论坛》2007 年第 1 期。

② 其社会背景是 20 世纪中叶凯恩斯主义受到了自由主义经济学派的极力反对,萨缪尔森所代表的"新古典综合派"出于维护国家干预主义的立场,论证在没有国家干预的情况下至少公共产品无法得到供给。参见秦颖:《论公共产品的本质——兼论公共产品理论的局限性》,《经济学家》2006 年第 3 期。

③ 秦颖:《论公共产品的本质——兼论公共产品理论的局限性》,《经济学家》2006 年第 3 期。

④ [美]奥尔森:《集体行动的逻辑》,陈郁、郭宇峰、李崇新译,上海人民出版社 2014 年版,第 11—12 页。

现也可以由个人单独行动达成,特别是当该行为体具有利他主义精神或者追求更为广泛的利益时。因此,区域公共产品理论的逻辑应当如图 2.1 所示。

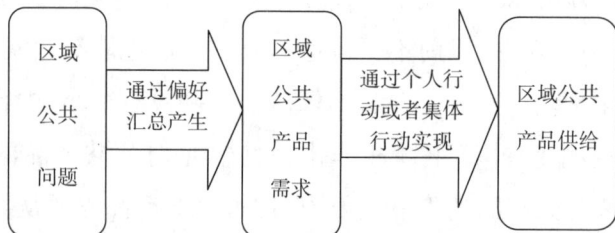

图 2.1　区域公共产品的理论逻辑

照此逻辑,区域公共产品的需求就是区内国家针对面临的区域公共问题(如金融动荡、环境污染、气候变暖、传染病蔓延等)、基于各国发展水平和价值排序、在汇总了各国偏好的基础上形成的。① 根据约瑟夫·奈的看法,区域经济合作的起源来自"内""外"两个方面:内部的动因出自对共同利益的期望,外部的动因源自对整个区域的威胁;如果将应对外部威胁也算作共同利益的话,那么大多数区域经济合作最起码的条件就是区域共同利益的形成,并且这种共同利益是可以预期和估测的。②

因此,区域经济合作源于区域内各国针对面临的公共问题、基于共同利益而采取单独行动或集体行动的需求,在区域内各国越来越相互依存的情况下,共同利益生成并不断拓展,但要实现这种共同利益,就需要区域合作才能完成,于是出现了这样一种情况:"作为政策协调过程的结果,一个国家所实行的政策被相应的国家看成有助于实现它们

---

① 与之对应,国内公共产品需求就是一个国家针对国内公共问题,基于自身发展水平和价值排序,在汇总个人偏好的基础上形成的;国际公共产品需求是各国为了应对越来越严重的、具有跨国影响的公共问题,在汇总了各国偏好的基础上形成的。

② 张建新:《国际公共产品理论:地区一体化的新视角》,《复旦国际关系评论》2009 年第 1 期。

自己政策的目标"。①

二、区域经济合作的实现：区域公共产品的有效供给

从公共产品理论来看，区域合作的实现问题就是区域公共产品的有效供给问题，区域经济一体化的制约因素就在于"搭便车"导致的区域公共产品供给不足。② 首先，区域公共产品是区域经济合作的结果。奥尔森在其名著《集体行动的逻辑》一书中认为，"实现了任一公共目标或满足了任一公共利益就意味着已经向那一集团提供了一件公共产品，而'公共利益'这一名词本身就说明这个集团中没有人能被排除在外"；正如他所强调的，"几乎所有的集团和组织都服务于其成员的共同利益，组织的实质之一正在于向集团内成员提供了不可分的、共同的利益，提供公共产品因之成为所有组织的基本功能"③，而国际政治经济学的新自由制度主义认为，成员间达成的合作机制本身就是一件公共产品。基于以上分析，我们可以将区域经济合作的进程视为各国为了实现共同利益有效供给区域公共产品的过程，从单个国家视角看，积极扮演区域公共产品供给方的角色也是获取地区事务话语权的重要工具。④

其次，供给区域公共产品是促进区域经济合作的有效途径。区域经济合作与区域公共产品供给之间的关系不是单向的，有效供给区域公共产品也是推动区域经济合作效率的基本方式和有效途径，因此，在

---

① Keohane R.O., Nye J.S., *Power and Interdependence：World Politics in Transition*, Boston：Little, Brown, 1977, pp.8-32.

② 张建新：《国际公共产品理论：地区一体化的新视角》，《复旦国际关系评论》2009 年第 1 期。

③ [美]奥尔森：《集体行动的逻辑》，陈郁、郭宇峰、李崇新译，上海人民出版社 2014 年版，第 12 页。

④ 贺平：《区域性公共产品与东亚的功能性合作——日本的实践及其启示》，《世界经济与政治》2012 年第 1 期。

区域经济合作中,如何供给区域公共产品是事关合作成败的重大问题。在国际社会无政府条件下,超国家层次的公共产品主要有两种获取途径:要么单个国家(如霸权国)独自提供,要么各国联合提供,后者日益成为国际公共产品供给的主渠道,其原因在于:一方面,单个国家提供公共产品将面临"边际成本递增、边际收益递减"的困境,且无法避免他国"搭便车",这会导致其供给意愿和供给能力下降,因此必然是供给不足;另一方面,独自供给的国家有着将国际公共产品"私物化"的天然倾向,特别是当供给国相对衰落时,该国越来越倾向于将公共产品"私物化"来"反衰落",因此,独自供给模式越来越不可行。严格地讲,联合供给未必是各国自愿的选择,根据拉西特和斯塔尔的看法,要获得区域公共产品至少有六种策略可以选择①,并不一定采取自愿合作方式,例如:地区大国可以通过高压政策强迫所有成员参与供给;但是,在区域经济合作进程中,地区大国很难使用强制手段,因为其成本大于收益,是不经济的,所以地区大国不能不对域内其他国家的核心利益予以尊重。② 于是,通过一定的合作平台促使各国自愿联合提供区域公共产品便成为促进区域经济合作的主要途径。

三、区域经济合作的升级:区域公共产品的优质化

随着区域合作的深入发展,原有区域公共产品将不再适用于新形势,因此有必要对区域公共产品进行"优质化",这使得区域公共产品呈现出一种"成长性"。根据新功能主义的"外溢"理论,随着区域组织内部合作惯性的形成,各国的偏好和区域共同利益也会产生变化,原来看似"高质量"的区域公共产品现在看来可能是"低质量"的,因此区域

---

① [美]布鲁斯·拉西特、哈维·斯塔尔:《世界政治》,王玉珍等译,华夏出版社2001年版,第380—382页。

② 樊勇明:《区域性国际公共产品——解析区域合作的另一个理论视点》,《世界经济与政治》2008年第1期。

公共产品就需要不断优化以满足新的需求,这是各国向更高层次的共同目标迈进、获取更大规模共同利益的题中应有之义。

从欧洲的区域经济一体化实践看,欧盟从产生到发展再到壮大的过程可以说是欧洲区域公共产品不断"优质化"的过程:第二次世界大战使欧洲各国均遭到极大破坏,为了重建经济,各国不得不互相帮助,此为共同的经济需求,"冷战"使欧洲分裂为两大部分,衰落的欧洲各国意识到唯有团结起来才能有效地对外防御,此为共同的政治需求①,两方面共同作用催生了欧洲煤钢联营;20 世纪 70 年代初,当布雷顿森林体系瓦解、国际金融市场动荡不安时,欧共体各国意识到只有推进货币一体化才能防止美国转嫁危机从而维护自身利益,于是在1979 年决定成立欧洲货币体系;"冷战"结束后,欧洲各国在面临美日的经济压力时更加认识到团结一致的重要性,此后成立了欧洲经济联盟以统一协调和监管各国政策。历史证明,随着区域合作内容的深入和升级,欧洲区域公共产品的需求也随之演变,而欧盟各国提供的区域公共产品也不断"升级",从而保证了欧洲经济一体化的顺利推进。

第二节　区域公共产品的逻辑内涵

一、"区域"的逻辑内涵:供给主体与供给模式的界定

区域公共产品理论是国际公共产品理论在区域层面的拓展和延伸,这一概念提出的时代背景是:"冷战"结束后,原本局限于美国及其西方盟国体系内的国际公共产品被不恰当地夸张为"全球性国际

---

① 河泰庆:《欧洲煤钢联营及其对东北亚经济一体化的启示》,《东北亚论坛》2004 年第2 期。

公共产品"①,在"一超多强"的国际格局下,这些"全球性国际公共产品"又被美国严重"私物化"并且供给严重不足,因此学术界对国际公共产品理论进行改造和重构,提出"区域公共产品"概念。

我们关心的是,什么样的国际公共产品才能称为"区域公共产品"?从字面来看,作为限定词的"区域"是对国际公共产品范围的界定,是介于国内范围和全球范围之间的一种公共产品类型。目前,学术界对"区域公共产品"的定义虽存分歧但更大程度上是共识,即"那些仅仅在某一特定区域内供给和消费而非遍及全球范围的国际公共产品就是区域公共产品"②,而"根据所要解决问题衍生出的溢出效应,其范围可以从相邻国家到一个大洲甚至一个半球"③;也就是说,"区域公共产品的受益者不只一个国家,但又不会扩展到全世界所有国家"④。因此,区域公共产品的供给主体应当是区域内国家,供给决策也应当由区域内各国作出,其影响范围也是区域性而非全球性的。并且,客观地看,区域公共产品或多或少地存在"区域壁垒"问题,当然,壁垒的程度因合作形式而异。⑤ 因此,区域公共产品与全球公共产品是有本质区

---

① "全球公共产品"是受益范围扩展至全球的国际公共产品。根据联合国报告,目前全球公共领域需要集中供给的公共产品包括基本人权、对国家主权的尊重、全球安全、全球和平、全球公共卫生、跨国通信与运输体系、协调跨国的制度基础设施、知识集中管理、全球公地集中管理、多边谈判国际论坛的有效性等。United Nations(General Assembly), *Road Map towards the Implementation of the United Nations Millennium Declaration*, *56th Session*, A/56/150 Report, 2001 年 9 月 6 日。

② 樊勇明:《从国际公共产品到区域性公共产品——区域合作理论的新增长点》,《世界经济与政治》2010 年第 1 期。

③ Marco Ferroni, "Regional Public Goods: The Comparative Edge of Regional Development Banks", Paper Delivered to a Conference on Financing for Development: Regional Challenges and the Regional Development Banks at the Institute for International Economics, February 19, 2002.

④ [西]安东尼·埃斯特瓦多道尔、[美]布莱恩·弗朗兹、[美]谭·罗伯特·阮:《区域公共产品:从理论到实践》,张建新、黄河、杨国庆等译,上海人民出版社 2010 年版,第 13 页。

⑤ 黄河曾提出"区域间公共产品"(Inter-region Public Goods)概念,他认为,这是一种居于全球公共产品和区域公共产品之间的国际公共产品,其特点在于能够破解区域公共产品供给的"区域壁垒"问题,当然,这并非本书的研究主题。参见黄河:《公共产品视角下的"一带一路"》,《世界经济与政治》2015 年第 6 期。

别的,这种区别表现在提供者、供给决策方、影响范围、产品内容、"免费搭车"现象、被私物化风险等方面,具体内容见表2.1。

表 2.1　全球公共产品和区域公共产品的比较

特征	全球公共产品	区域公共产品
提供者	霸权国单独供给或主导供给	大国单独供给或区域合作供给
供给决策	霸权国作出	区域内国家作出
影响范围	全球性	区域性
产品内容	广泛性	针对性
"免费搭车"现象	严重且无法避免	有效缓解但无法绝对消除
被私物化风险	高	低

资料来源:樊勇明:《区域性国际公共产品——解释区域合作的另一个理论观点》,《世界经济与政治》2008 年第 1 期,笔者有所修改。

与供给主体范围直接相关的另一个问题是供给模式的界定:区域公共产品是由区内大国单独供给还是由区域各国联合供给? 如果是前者,我们可以称为"区域大国单独供给模式",其决策由大国单方面作出,成本由该国独自承担,而收益则由区内各国共同分享;如果是后者,我们可以称为"区域国家联合供给模式",其决策由区域内各国协商作出,成本由区内各参与国共同承担,收益也由区内各国共同分享。[1] 两种供给模式的主要区别见表2.2。具体而言:

表 2.2　区域公共产品供给模式的对比

特征	单独供给模式	联合供给模式
供给主体	区域大国	区内各成员国
供给决策	大国单方面作出	各国协商制定

---

[1] 关于区域公共产品"供给模式"并无统一定义,在划分标准上也不存在共识,相关文献可参考李俊久:《区域性公共产品理论:一个文献综述》,《经济视角》2013 年第 10 期;李俊久、陈佳鑫:《中国在东北亚经济合作中的地位与作用——区域性公共产品的视角》,《吉林师范大学学报》(人文社会科学版)2014 年第 2 期;樊勇明、钱亚平、饶芸燕:《区域国际公共产品与东亚合作》,上海人民出版社 2014 年版。

续表

特征	单独供给模式	联合供给模式
成本承担	由一国独自承担	由各国共同分担
收益分配	由区域内各国共同分享	
供给量及其决定因素	达不到最优供给量,取决于单个国家的实力消长	更为接近最优供给量,取决于各成员国的贡献量
前景	长期来看不可持续	具有可持续性

资料来源:笔者根据李俊久、陈佳鑫:《中国在东北亚经济合作中的地位与作用——区域性公共产品的视角》,《吉林师范大学学报》(人文社会科学版)2014年第2期;李俊久:《区域性公共产品理论:一个文献综述》,《经济视角》2013年第10期;樊勇明、钱亚平、饶芸燕:《区域国际公共产品与东亚合作》,上海人民出版社2014年版,第60—62页;庞珣:《国际公共产品中集体行动困境的克服》,《世界经济与政治》2012年第7期;孙云飞、刘昌明:《不完全生产者:美国在东亚安全公共产品供应中的角色》,《教学与研究》2014年第11期等文献整理得到。

从理论上讲,存在一个或几个强国在某些特定环境下自愿承担区域公共产品的全部或大部分成本的情况,如果某一成员具有利他主义精神,或者追求更广泛的利益,那么该成员将愿意为之承担巨额成本,区域公共产品亦可由此生产出来。这样做需要满足"能力"和"意愿"两个条件:此公共产品对该国有巨大价值,因此该国愿意为此付出高额成本;该国实力足够强大,拥有庞大的经济剩余,对供给成本不敏感,因此有能力为此承担高额成本;但是因为"搭便车"的存在,这一供给量往往不是最优供给量。相比之下,由各国在区域合作框架内,确定分摊比例共同承担成本的"区域国家联合供给模式"更为可取,也更为接近最优供给量,因此,"联合供给模式"是更为现实和更加可持续的选择。

从东亚地区来看,日本原是"区域大国单独供给模式"的主要实践者,作为本地区经济实力曾经最强大的国家,日本曾长期主导区域公共产品供给,并以之作为开拓亚洲外交的核心途径和基本方式;[①]但是近些年来,日本综合国力下降使其逐渐失去了单独供给的能力,区域公共

---

① 贺平:《日本的东亚合作战略评析——区域性公共产品的视角》,《当代亚太》2009年第5期。

问题日益增多更加凸显了"单独供给模式"的不足,日本也不得不转向"联合供给模式"。由此看出,虽然单个国家可以独自向某一地区提供大量区域公共产品,但从地区现实和长远发展来看,任一国家都不具备长期单独供给区域公共产品的实力,联合供给区域公共产品是大多数区域合作的现实选择。

另一个问题是,霸权国在区域公共产品供给中承担什么角色?不可否认,在第二次世界大战相当长一段时间内,美国各方面的实力都居于压倒性地位,它确实成了许多区域公共产品的主要供给者,尤其是在安全领域。但我们仍有必要认为,霸权国在区域公共产品供给中的角色不是"完全"意义上的供给者。① 这种"不完全性"体现在:其一,霸权国提供的所谓"区域公共产品"往往是其提供的全球公共产品的"副产品",是其全球霸权在区域层面的延伸,而非霸权国有针对性地提供;其二,即使有针对性,霸权国所供给的"区域公共产品"不过是正外部性所带来的积极效应,甚至仅仅是为盟国提供的"私人产品",远非霸权国主动地提供;其三,即使有主动性,霸权国提供的"区域公共产品"极易因其战略调整而"变质",即由"公共益品"变为"公共害品"。② 更具实质性意义的是,伴随着自身实力的相对衰落和区域合作的兴起,霸权国供给区域公共产品的能力和意愿日渐降低,而霸权国将其私物化的倾向越来越引起区内国家的反感,区域各国必然联合供给区域公共产品作为补充,此时理论意义上的"不完全供给者"变成实际意义上的"不完全供给者"。

基于此,我们可以得出以下两条结论:

第一,从霸权国角度看,霸权国即便对某一特定区域实现了公共产

---

① 孙云飞、刘昌明:《不完全生产者:美国在东亚安全公共产品供应中的角色》,《教学与研究》2014年第11期。

② "公共益品"才是通常意义上的"公共产品"。参见孙云飞、刘昌明:《不完全生产者:美国在东亚安全公共产品供应中的角色》,《教学与研究》2014年第11期。

品供给,也是区域公共产品的"不完全供给者",它供给的要么是为其盟国使用的私人产品,要么是其提供的全球公共产品在区域层次的延伸。

第二,从区域内国家角度看,区域合作的最终目标就是区域内国家能够实现独立自主地供给区域公共产品,以补充供给量不足并被私物化的全球公共产品,区域合作的绩效可以用区域公共产品供给的独立性和有效性加以衡量。

二、"公共"的逻辑内涵:产品公共性的三维判断标准

区域公共产品的定义决定了其囊括范围是非常广阔的,在旧区域主义时代,区域公共产品具有很强的排他性(如欧洲煤钢共同体),新区域主义所主张的开放性使得区域公共产品的外延大大扩展了[①],那么,究竟什么是私人产品? 什么又是公共产品? 经济学中将私人产品定义为"在消费上具有竞争性和排他性的产品",而公共产品则被定义为"具有相反消费特征的产品",即具有非竞争性和非排他性的产品。但正如上文所述,这一定义具有局限性,因此,有必要对"公共产品"的定义进行拓展。2003 年,联合国开发计划署研究中心组织编写的《全球化之道——全球公共产品的提供与管理》一书对此做了有益的探索[②],本书主要参考该项研究成果,但也作了相应修正,以提高其解释力。

在《全球化之道》一书中,考尔、门多萨等(2003)认为,在绝大多数情况下,某一产品的公共性与私人性是社会建构的产物,是各行为主体互动的结果,要将一件产品牢牢地锁定在公共领域当中需要付出长时

---

① 很多研究成果还将本属于一国内政的范畴,比如人权、市场经济制度、民主政治等视为公共产品。本书将采取狭义的定义,而非这种广泛的界定。

② Inge Kaul and Ronald U. Mendoza,"Advancing the Concept of Public Goods",*in* "*Providing Global Public Goods: Managing Globalization*",New York: The United Nations Development Programme, 2003,pp.78–110.

间、锲而不舍的努力;①他们从参与特征、收益特征和消费特征出发,构建了一个"公共性三角结构",以此作为判定某件产品是否成为以及在多大程度上成为公共产品的判定标准:

(1)参与特征:决策制定的公共性,即决定产品的生产量、产品的形态,以及如何将产品分配给相关人等。

(2)收益特征:收益分配的公共性,即不同的群体所获得的收益程度。

(3)消费特征:消费的公共性,即公共产品消费在个人与群体之间的非排他性和非竞争性。②

该三角结构表明,若要保证某一件产品消费上的公共性(非竞争性和非排他性),最基本的两点就是决策制定符合平等性原则,而且净收益要在各个不同人群之间实现公平分配,如此一来,我们便将以消费公共性为主要指标的单一判定标准扩展为"决策—消费—分配"三维判定标准,它们之间的关系可以用三角形结构来概括,而理想公共产品的"公共性三角结构"就是一个等边三角形(见图2.2)。

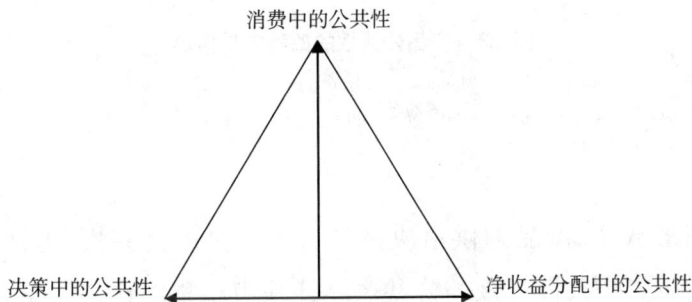

图2.2 理想的公共性三角结构

资料来源:英吉·考尔、罗纳德·U.门多萨:《促进公共产品概念的发展》,载英吉·考尔主编:《全球化之道——全球公共产品的提供与管理》,张春波、高静译,人民出版社2006年版,第83页。

---

① 英吉·考尔、罗纳德·U.门多萨:《促进公共产品概念的发展》,载英吉·考尔主编:《全球化之道——全球公共产品的提供与管理》,张春波、高静译,人民出版社2006年版,第70—77页。

② 消费的公共性不同于收益分配上的公共性,消费的公共性关系到一种产品是否具有消费上的非排他性和非竞争性,而收益分配上的公共性则关系到消费者如何从产品中获取收益。

但正如纯粹的公共产品在现实生活中很少见一样,等边的公共性三角结构也仅是一种理想状态,大多数国际公共产品都不符合"三边完全相等"的条件,因此,需要对这一结构做进一步的扩展,常见的是以下四种状态(见图2.3)。

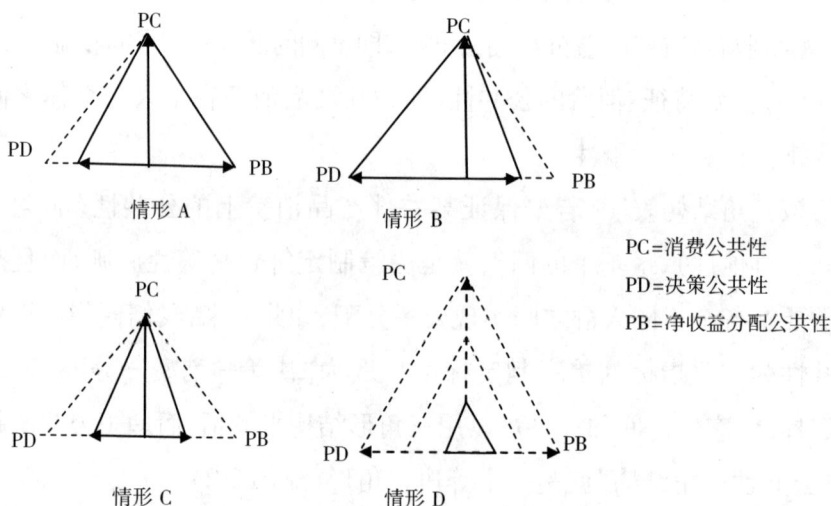

PC=消费公共性
PD=决策公共性
PB=净收益分配公共性

图2.3 产品公共性的四种常见情形

资料来源:Inge Kaul and Ronald U. Mendoza,"Advancing the Concept of Public Goods",in "Providing Global Public Goods:Managing Globalization",New York:The United Nations Development Programme,2003,pp.78-110.

在情形 A 中,产品的供给决策具有不完全的公共性,但消费和净收益分配具有公共性。该类公共产品往往由小集团作出决策,极端情况是大国单方面作出决策,但其消费具有非排他性和非竞争性,净收益也可以为其他国家共同分享。例如:七国集团主要通货的稳定性就是这一类国际公共产品,它们的货币保持稳定以及为此进行的货币政策协调属于小集团决策,但是可以促进国际货币体系和国际金融体系的稳定性。

在情形 B 中,产品的净收益分配不具有完全的公共性,但其消费和正式的决策具有公共性。该类公共产品往往由全体成员国作出决策,对它们的消费也具有非排他性和非竞争性,但是实力弱小国家的影响力有限,在净收益分配当中并不占据优势,因而只是形式上的公平。例如:在多边贸易体制(WTO)中,每一个成员国都有投票权和消费权,但是从乌拉圭回合的主要协议来看,其成本和收益明显是不平衡的,发展中国家高估了改革后的市场准入效应而低估了遵循协议带来的代价,大部分净收益都为发达国家所获取。[①]

在情形 C 中,产品的消费具备公共性,但决策制定和净收益分配都不具有公共性。该类公共产品往往是由小集团作出决策和获取净收益,但这并不能排除其他国家的消费,也不具有竞争性。例如:在国际金融组织(如 IMF、巴塞尔委员会等)中,老牌工业化国家和私人市场行为体的决策权优于发展中国家,七国集团或十国集团占有最多的投票权,它们共同商定国际金融市场上的规则标准,然后全方位地推广至发展中国家,发达国家"分割了"最大部分的净收益。[②]

在情形 D 中,产品的决策制定、消费和净收益分配都仅具有一定程度的公共性(即实线部分的三角形),但其具有不断增长的外部效应,这使其具有越来越大、越来越广泛的影响力。例如:本书所研究的区域公共产品就具有这样的特征,从全球视角来看,区域公共产品仅在特定地区具有公共性,但该地区成员的集体行动赋予其他国家收益或强加其他国家成本。

---

① 罗纳德·U. 门多萨:《多边贸易体制:为所有人共享的全球公共产品?》,载英吉·考尔主编:《全球化之道——全球公共产品的提供与管理》,张春波、高静译,人民出版社 2006 年版,第 390—395 页。

② 史黛芬妮·格里菲斯—琼斯:《作为一种全球公共产品的国际金融稳定与市场效率》,载英吉·考尔主编:《全球化之道——全球公共产品的提供与管理》,张春波、高静译,人民出版社 2006 年版,第 366—380 页。

可以看出,"公共产品"这一概念具有高度弹性,囊括的范围也是"广阔无边"的。实际上,在无政府的国际社会中,没有哪一件产品是绝对公共性的,或仅在一定条件下具有公共性,因此有必要对其种类、形态和内容加以明确界定。

三、"产品"的逻辑内涵:供给客体形态与内容的界定

证明区域公共产品的存在是我们对区域经济合作进行公共产品分析的前提,但已有成果对区域公共产品的形态与内容并没有统一标准①,本部分首先分析国际公共产品的主要形态,进而重点说明几种常见的区域公共产品种类的划分标准。

按照产品形态,国际公共产品可以分为自然共享品、人为共享品和条件。自然共享品是自然环境、自然资源等非人为创造的公共产品,它们往往面临着过度使用的危险,即陷入哈丁所言的"公地悲剧",如公海的渔业资源就面临着过度捕捞的风险;人为共享品是人为创造出来的公共产品,如基础研究、科学知识、跨国基础设施、地区消费市场、互联网等;条件指的是具有公共产品性质的政策结果,如和平、健康、金融稳定、自由贸易、环境可持续性、平等和公正等。

表2.3 国际公共产品的三种形态

产品形态	公共性特征	例子
自然共享品(自然存在的公共产品)	免费但有管理的获取。这些产品在原始状态下具有典型的竞争性与非排他性;有的被赋予一种社会形式,成为有管理的可供资源;但通常它们都可供所有人消费,尽管大多数时候只能以有限的方式进行消费	空气、臭氧层、公海、跨国森林资源

---

① 孔繁斌:《公共性的再生产——多中心治理的合作机制建构》,江苏人民出版社2012年版,第94页。

续表

产品形态	公共性特征	例子
人为共享品（人为创造出来的公共产品）	免费获取。这些产品可供任何人享用，具有非竞争性，很难将他人排除在外，尽管商业价值非常有限，但对人们的日常生活和政治经济活动非常重要	非商业知识
	有限获取。这些产品可能存在于公共领域，但对它的使用却存在限制，至少在短时期内是如此，原因在于要为私人生产者提供激励以促进经济增长和经济效率	专利知识
	更具包容性的获取。这些产品大多具有网络化特征，其使用和拓展必然会带来"额外的"收益或积极的外部效应	多边贸易体制等国际制度、国际经济规则等
条件（具有公共产品性质的政策结果）	关键性私人产品的普及。国家和国际社会为了全人类而作出的种种努力	发展基础教育、健康保健及食品安全
	成本与收益的不可分割性。此类产品是不可分割的，从而形成各个国家以及群体之间相互依赖的核心，一般具有技术上的非排他性，因此实际具备了包容性和公共性	世界和平、金融稳定、环境的可持续性

资料来源：英吉・考尔、罗纳德・U.门多萨：《促进公共产品概念的发展》，载英吉・考尔主编：《全球化之道——全球公共产品的提供与管理》，张春波、高静译，人民出版社 2006 年版，第 90 页；笔者进行了一定的修改和补充。

本书主要研究人为创造出来的国际公共产品，而且重点研究依靠国际合作提供的人为共享品。根据已有成果，这些公共产品可以按照竞争性与排他性的程度供给方式、产品性质、产生领域和生产阶段进行划分：

按照竞争性与排他性的程度，可以分为纯粹公共产品、俱乐部产品、公共资源和联产品，这是最传统的分类。纯粹公共产品是严格满足非竞争性与非排他性，但在现实中很少见，大多数是非纯粹公共产品。俱乐部产品是仅限于内部"会员"消费的产品，具有排他性，但"会员"

消费时具有非竞争性;①公共资源是无法有效排他但消费具有竞争性的产品;联产品的特征是用同一种投入产出两种及以上不同用途的产品②,其间接外部性多于直接外部性,如维和行动、湖泊净化等。

按照供给方式,区域公共产品可以分为简单累加(Summation)、最优环节(Best Shot)、最弱环节(Weakest Link)和加权总和(Weighted Sum)四种。③ 其中,简单累加是指区域公共产品的总水平等于各方贡献的总和,供给成本由各方平均分配;最优环节是指区域公共产品的总体供给层次由最大贡献者决定的"强者供给"方式;最弱环节是指区域公共产品的实际有效供给水平由最小贡献者决定,类似于"短板效应";加权总和是指公共产品的总体水平等于各国贡献乘以不同的权重相加之和。④ 在实践中,区域公共产品的完全平均分配或完全由单方面供给的案例较为少见,简单累加、最优环节、最弱环节和加权总和是最为常见的供给方式。

表 2.4　区域公共产品的技术性分类

供给方式	纯粹公共产品	非纯粹公共产品	俱乐部产品	联产品
简单累加	净化湖泊	艾滋病人的治疗	跨国公园	保护雨林
加权总和	防止艾滋病扩散	减少酸雨	跨国电网	消灭跨国恐怖主义威胁
最弱环节	执行国际金融标准	防止传染病爆发	机场辐轴网络	减少自然灾害

---

① 张建新:《国际公共产品理论:地区一体化的新视角》,《复旦国际关系评论》2009 年第 1 期。

② 樊勇明、钱亚平、饶芸燕:《区域国际公共产品与东亚合作》,上海人民出版社 2014 年版,第 66—67 页。

③ 也有的文献将其称为"聚合技术",并细分为六种,分别是简单累加、最优环节、次优环节(Better Link)、最弱环节、较弱环节(Weaker Link)和加权总和。参见李俊久:《区域性公共产品理论:一个文献综述》,《经济视角》2013 年第 10 期。

④ 樊勇明、薄思胜:《区域公共产品理论与实践》,上海人民出版社 2011 年版,第 10—11 页。

续表

供给方式	纯粹公共产品	非纯粹公共产品	俱乐部产品	联产品
较弱环节	防治农业病虫害蔓延	保持消毒	运输基础设施	互联网接入
最优环节	防治疾病	农业研究成果	卫星发射设施	地区维和
次优环节	寻找疾病的治疗方法	搜集政治不稳定情报	防治有害生物的设施	生物多样性

注:非纯粹公共产品包括俱乐部产品和联产品,但为了突出后两者,因此单列出来。
资料来源:安东尼·埃斯特瓦多里尔·布莱恩·弗朗兹·谭·罗伯特·阮主编:《区域性公共产品:从理论到实践》,张建新、黄河、杨国庆等译,上海人民出版社2010年版,第21页。

　　按照产品性质,可以分为物质性公共产品和制度性公共产品,前者指物质的、有形的公共产品,后者指制度、组织、机制和默契等非物质的、无形的公共产品,它们往往是相辅相成、相互促进的关系。实际上,任何公共产品都可以视为一定的实物载体和一定的制度形式的统一体,即是物质性与制度性的双重复合体,其现实含义是:任何公共产品都必须首先具备一定的"使用价值",即必须能满足某一现实需求,否则就没有提供的必要了;但在生产与消费过程中需要对各方的"权—责—利"关系予以规范,这就产生了对制度规则的需求。我们认为,要想使特定领域的合作可持续并深入地发展,就需要将物质性公共产品的供给和消费制度化,毕竟这是确定各方利益格局的强有力工具,是规范各方在供给与消费行为的准则,也是维系合作、促进合作深化的重要保证。[①]

　　按照产生领域,可以分为政治安全类公共产品、贸易投资类公共产品、货币金融类公共产品、开发援助类公共产品等。曼瑟尔·奥尔森(Mancur Lloyd Olson)、查尔斯·金德尔伯格(Charles P. Kindleberger)和罗伯特·吉尔平(Robert Gilpin)都依照产生领域对国际公共产品作

---

　　① 　樊勇明、钱亚平、饶芸燕:《区域国际公共产品与东亚合作》,上海人民出版社2014年版,第3页。

出过界定①,最有影响的是吉尔平的观点,他延续了奥尔森和金德尔伯格的基调,认为最重要的国际公共产品有四个:自由的国际贸易体系、稳定的国际货币体系、可靠的国际安全体系和有效的国际援助体系。当然,由于每一个大领域都可以细分为很多子领域,因此还可以再细分为其他子类型。

按照生产阶段,可以分为中间公共产品和最终公共产品。类似于私人产品,公共产品可以根据其在生产过程中的不同阶段进行区分,可以直接用来消费的公共产品就是最终公共产品,例如统一的地区大市场、健康的生活环境;而为了生产这些最终公共产品,需要投入一些私人产品或公共产品,投入的公共产品就是中间公共产品。例如:为了得到统一的地区消费市场就需要创建自贸区;为了得到清洁的空气和稳定的环境就需要签订不同层次的国际协定,等等。当然,一种公共产品在某些人看来是最终公共产品,而在另一些人看来则是中间公共产品;从某些角度看已经是最终区域公共产品而从另一种角度看可能只是中间区域公共产品。例如:我们可以将地区统一市场看作是自由贸易区的最终公共产品,但对于地区共同体而言只是中间公共产品。

---

① 奥尔森是最早使用"国际公共产品"这一概念的学者,他将国际公共产品分为三大类,分别是:(1)经济类,具体包括稳定的国际货币金融体系、完善的国际自由贸易体制、国际宏观经济政策协调、标准化的度量衡;(2)安全类,具体包括国际安全保障体系以及公海的自由航行;(3)援助类,主要是国际经济援助体系。奥尔森的这一界定得到了大部分学者的认同,金德尔伯格也列举了几项具有典型意义的国际公共产品,包括:(1)开放的吸纳过剩商品的市场;(2)稳定且得到有效监管的汇率体系;(3)宏观经济政策协调机制;(4)危机时的最后贷款者。参见 Olson M. Increasing the Incentives for International Cooperation, *International Organization*, Vol.25, No.4, 1971; Kindleberger C.P., Dominance and Leadership in the International Economy: Exploitation, Public Goods, and Free Rides, *International Studies Quarterly*, Vol.25, No.2, 1981; Kindleberger C.P. International Public Goods without International Government, *American Economic Review*, 1986; Charles Kindleberger, Wolfram Fischer, The World in Depression 1929–1939, *Journal of Political Economy*, Vol.26, No.4, 1973。

表 2.5　国际公共产品的分类标准、种类和特征

分类标准	种类	特征	例子
排他性与竞争性	纯公共产品	非排他性、非竞争性	治理全球气候变暖
	俱乐部产品	排他性、非竞争性	区域经济组织、国际通讯卫星、跨国公园、导弹防御系统
	公共资源	非排他性、竞争性	海洋渔业资源、跨国森林资源、跨国水资源
	联产品	间接外部性多于直接外部性	维和行动、湖泊净化
供给方式	简单累加	总水平等于各方贡献的总和,供给成本由各方平均分配	保护雨林、治理环境、预防传染病、跨境桥梁与管线
	最优环节	总体供给层次由最大贡献者决定的"强者供给"方式	提高农业生产技术、保护生物多样性、地区维和、卫星发射设施
	最弱环节	实际有效供给水平由最小贡献者决定,类似于"短板效应"	保护水资源、交通基础设施、互联网接入、防止疾病跨境肆虐
	加权总和	在总体计量的基础上对参与国各自承担的成本赋予相应权重	区域外汇储备库、减少污染、建设跨国电网、消灭跨国恐怖主义威胁、防止艾滋病扩散
产品性质	物质性公共产品	通过功能性合作提供的物质的、有形的公共产品,大多不具有法律约束力	完善交通网、促进人员交流、防治新型流感、保护森林等
	制度性公共产品	通过制度性合作提供的非物质的、无形的公共产品,大多具有法律约束力	促成合作的制度、组织、机制和默契等
产生领域	政治安全类公共产品	在政治安全领域的合作	东亚峰会、地区论坛、区域安全协调机制、湄公河安全航行联合执法、国际军事同盟、六方会谈
	贸易投资类公共产品	在贸易投资领域的合作	自由贸易区、区域消费市场、区域贸易投资便利化
	货币金融类公共产品	在货币金融领域的合作	双边及区域货币互换、区域汇率稳定机制、区域外汇储备库
	开发援助类公共产品	在开发援助领域的合作	环境保护、能源开发、信息技术、发展援助、疾病防治

续表

分类标准	种类	特征	例子
生产阶段	最终公共产品	可以直接用来消费的公共产品	清洁的空气,稳定的环境
	中间公共产品	为生产最终公共产品而投入的公共产品	《京都议定书》等国际协定、保护能源和森林的管理制度等

资料来源:安东尼·埃斯特瓦多道尔、布莱恩·弗朗兹、谭·罗伯特·阮主编:《区域性公共产品:从理论到实践》,张建新、黄河、杨国庆等译,上海人民出版社 2010 年版,第 90 页;李增刚:《全球公共产品:定义、分类及其供给》,《经济评论》2006 年第 1 期;樊勇明、薄思胜:《区域公共产品理论与实践》,上海人民出版社 2011 年版;樊勇明、钱亚平、饶芸燕:《区域国际公共产品与东亚合作》,上海人民出版社 2014 年版;贺平:《区域性公共产品与东亚的功能性合作——日本的实践及其启示》,《世界经济与政治》2012 年第 1 期;黄河:《公共产品视角下的"一带一路"》,《世界经济与政治》2015 年第 6 期。

第三节　对贸易投资领域区域
公共产品的界定

美国著名学者罗伯特·吉尔平对国际公共产品的定义被广为接受,即"最重要的国际公共产品是自由开放的国际贸易体系、稳定的国际货币体系、可靠的国际安全体系和有效的国际援助体系",而樊勇明等也认为,这些国际公共产品从形态来看都是无形的制度。本书借鉴罗伯特·吉尔平的经典定义并将其拓展到区域层次,同时结合国内学者的研究成果,将考察对象集中在贸易投资领域,并将贸易类区域公共产品定义为以区域贸易合作机制为内容的区域贸易体系,将投资类区域公共产品定义为以区域投资合作机制为内容的区域投资体系,两者也可以并称为"区域贸易投资体系"。

一、贸易类区域公共产品的界定

贸易类区域公共产品的本质是区域贸易体系,其实际内容是区域贸易合作机制,其宗旨是商品和服务的自由流动,其建设方式既可以是制度化的区域贸易协定(RTA)谈判[1]，也可以是合作论坛、自愿行动、功能性合作等非制度化方式，具体到东亚地区，考虑到东亚区域贸易体系建设的进程性，以其为目标的地区双边 FTA 网络也可以被视为其阶段性表现形式，因此，区域贸易体系的特征是：

第一，其内容是覆盖两个或两个以上国家的区域贸易合作机制，如区域双边自由贸易合作、区域多边自由贸易合作等。

第二，其规划和建设涉及区域内多个国家的合作，如商谈自由贸易区(FTA)、协调相关法律政策、制定贸易争端解决机制、实现贸易便利化和功能性合作等。

第三，其宗旨是通过构建贸易自由化的机制安排来消除成员国之间阻碍产品和服务自由流动的贸易壁垒，包括制度障碍和非制度障碍(如自然障碍)。

第四，其目标(即最终产品)是对各国相对分割的产品和服务市场进行整合，实现区域贸易一体化，最终建立统一的区域消费市场。

贸易是国与国之间最古老的经济交往形式，关税是最原始的阻碍国家间商品流动的制度障碍，要促成地区大市场的建设就要互相削减关税，因此构建自由贸易区是区域贸易合作机制建设的主流方式；但随着全球关税水平已经大幅降低，继续削减的空间有限，非关税壁垒、政策协调问题、内部经济体制等因素日益突出。因此，区域贸易合作进程不仅包括以制度化的自由贸易区等方式，而且包括一切为了去除阻碍商品和服务自由流动障碍的合作机制，如贸易便利化、双多边合作论坛、单边行动等，它们可以统称为"区域贸易合作机制"。

---

① 2007 年，WTO 将向其申报的不同类型的区域经济一体化组织统称为区域贸易协定，即RTA，并将其分为四种不同类型，分别为：关税同盟、自由贸易协定、针对发展中国家的局部的自由贸易协定和服务贸易的经济一体化协定。参见张彬等：《国际区域经济一体化比较研究》，人民出版社 2010 年版，第 12 页。

二、投资类区域公共产品的界定

投资类区域公共产品的本质是区域投资体系,其实际内容是区域投资合作机制,其宗旨是资本的自由(有序)流动,其建设方式既可以是将投资条款、投资协议纳入区域贸易协定(RTA),也可以是单独的区域投资协定(RIA),还可以是投资便利化等非制度化方式。值得注意的是,在"东亚展望小组"和"东亚研究小组"的最终报告中,东亚各国确有构建东亚投资区的设想①,但此后各国将合作重点放在了货物贸易领域的谈判上,投资协议只是自由贸易协定的一部分,这充实了自贸区的内容,使其不单单是自由"贸易",但为了突出投资合作的作用,笔者将其单列出来。区域投资体系的特征是:

第一,其内容是覆盖两个或两个以上国家的区域投资合作机制,如区域双边投资合作、区域多边投资合作等。

第二,其规划和实施涉及区域内多个国家的合作,如相互放开投资准入、制定与投资相关的规则、协调与投资相关的法律政策、制定投资争端解决机制等。

第三,其宗旨是通过构建促进、保护、便利投资的机制安排来消除成员国之间阻碍和影响资本自由流动的投资壁垒,包括制度障碍和其他障碍(如自然障碍)。

第四,其目标(即最终产品)是对各国相对分割的投资市场进行整合,实现区域生产和投资一体化,最终建立公平、公正、透明的区域投资市场。

对于发展中国家和发展中地区来讲,外国直接投资在经济增长的作用至关重要,在市场经济条件下,投资决策是由企业根据利润最大化原则作出的,跨国公司在东道国的投资不完全取决于其所在地区是否存在投资合作机制;但不可否认的是,签署双边或多边的区域投资协定

---

① 张蕴岭教授以其亲身经历对这一进程做了详细介绍,具体请参见张蕴岭:《在理想与现实之间——我对东亚合作的研究、参与和思考》,中国社会科学出版社2015年版,第27—48页。

可以视为一种域内各国加强团结、维持地区开放稳定的信号,可以给予投资者更强的信心,从而吸引区内外资本的投资。问题还在于,全球范围的多边投资协定并未形成,区域层次的投资协定也不是独立存在的,而是"寄生"于区域贸易协定(RTA)当中,这更凸显出区域投资合作的重要性。从内容看,区域投资合作主要包括四项内容:投资保护、投资促进、投资便利化和投资自由化;从建设方式看,区域投资合作不仅包括以制度化的自贸区(FTA)建设拓宽投资准入、创建一个非歧视的投资准入制度,而且包括一切为了去除阻碍资本流动障碍的合作机制,如投资便利化、相互认证制度、标准一致化、投资合作论坛等非制度化合作,它们可以统称为"区域投资合作机制"。

表 2.6　本书对贸易类区域公共产品和投资类区域公共产品的界定

	贸易类区域公共产品	投资类区域公共产品
本质	区域贸易体系	区域投资体系
内容与形态	区域贸易合作机制	区域投资合作机制
手段*	签署区域贸易协定(RTA)、建设自由贸易区(FTA)等制度化合作方式,召开双/多边合作论坛、自愿行动、功能性合作等非制度化合作方式	
宗旨	贸易自由化,通过构建贸易合作机制来消除成员国之间阻碍产品和服务自由流动的贸易壁垒	投资自由化,通过构建促进、保护、便利投资的合作机制来消除成员国之间阻碍和影响资本自由流动的投资壁垒
目标	以贸易一体化、生产和投资一体化为特征的区域统一市场	

注:*区域贸易协定(RTA)和自由贸易区(FTA)建设往往同时包括货物贸易、服务贸易和投资三大领域,这也是本书将贸易类区域公共产品和投资类区域公共产品合并研究的原因之一。
资料来源:笔者整理得到。

第四节　各国参与区域公共产品供给的动力与约束

一、收益分享:区域公共产品供给的根本动力

从理论上讲,各国联合供给区域公共产品的驱动力来自区域内部,

区内各国对区域公共产品的预期收益才是推动区域公共产品供给从构想走向实践的根本动力。需要说明的是,正如政治经济学中的"生产决定消费"一样,各国在区域公共产品供给获得的收益并非来自消费,而是源于"生产",消费只是实现了该收益。概而言之,各国供给区域公共产品的预期收益至少有三组划分方法:

按照利益产生的领域,可以划分为经济收益、规则收益和政治收益。[1] 第一,经济收益。传统的区域经济一体化理论认为各国签订区域贸易协定(RTA)的主要动机是获得贸易创造等传统经济收益,新区域主义浪潮使区域经济一体化的非传统经济收益受到重视。[2] 传统经济收益主要包括贸易收益(贸易量增加和贸易条件改善等)、吸引投资与经济增长效应、增强竞争和规模经济等[3],各国通过合作减少区域各成员之间阻碍商品、服务和生产要素自由流动的障碍,以内部整合的方式增加总体经济福利;[4]非传统经济收益主要包括保持政策的连贯性、向外部世界发出信号、为小国提供保险、提高成员国对外讨价还价的能力、建立协调机制等。

第二,规则收益。规则就是约束或激励行为主体的规范,而所谓"国际经济规则"就是在国际范围内约束国际经济行为主体活动的规范,是国家、个人、企业之间从事国际经济活动时需要共同遵守的行为准则。在当今的全球经济竞争中,最重要的是对国际经济规则的话语权、制定权和解释权的竞争,国与国之间的经济竞争越来越由单纯的福利得失转变为对国际经济规则主导权的争夺,谁主导规则制定,谁将在

---

① 苏庆义:《厘清加入 FTA 的成本和收益》,中国社会科学院世界经济与政治研究所 IGI(国际问题研究)系列讨论稿 No.201549,2015 年 12 月 24 日。笔者对区域经济合作收益与成本的分析主要参考该文,但也做了一些修改。

② 李向阳:《东北亚区域经济合作的非传统收益》,《国际经济评论》2005 年第 5 期。

③ 全毅主编:《十字路口的东亚区域合作——东亚经济合作新思维》,经济科学出版社2011 年版,第 144—149 页。

④ 张彬等:《国际区域经济一体化比较研究》,人民出版社 2010 年版,第 114—157 页。

竞争中处于优势地位,因为国际经济规则的"非中性"特征使不同国家在相同经济规则中所获得的经济收益不同,而掌握了国际经济规则制定权、解释权和话语权就在相当大的程度上掌握了对经济收益的分配权和调整权;因此,规则收益成为各个国家政府决策时的主要考虑因素。①

第三,政治收益。政治收益是指政府参与区域公共产品供给带来的政治方面的收获,包括国内政治收益和国际政治收益两类。国内政治收益是指由于国内获益者的支持而在国内政治中站稳脚跟,或以区域公共产品供给促进本国经济发展从而带来的社会稳定等;国际政治收益是指由于各国联合供给区域公共产品使得成员国之间政治关系更加紧密,即使在很多经济领域中,参与区域公共产品供给也不再单纯地属于经济问题,而是由于成员国之间的政治需求而走到一起,很多合作协定是受国家安全方面的考虑驱使,很多经济代价都会被认为是为达到政治目的而必须付出的成本。② 总之,主权国家参与区域公共产品供给的动机是多重的,已经不能完全用经济因素进行解释,政治考虑常常成为区域经济合作的前提条件和主要动机,政治条款也越来越多地出现在区域贸易协定条款中。③

按照预期收益偏好可以划分为绝对收益与相对收益。绝对收益与相对收益的本质是对无政府条件下国际合作可能性的估计,一国政府在制定区域公共产品供给策略时,对利益的偏好是不同的,有时侧重于获益的绝对量,有时侧重于获益的相对量;如果主要国家侧重于相对收益的竞争,就将对合作产生阻碍作用,其解决方法是要么限制可行的合

---

① 李向阳:《东北亚区域经济合作的非传统收益》,《国际经济评论》2005 年第 5 期。

② 这一点在 TPP 谈判中非常明显,美国主导 TPP 和日本加入 TPP 都不只是简单的经济利益诉求,而且还出于政治方面的预期收益。

③ 劳工条款、知识产权保护、环境保护、非法移民、民主制度、打击恐怖主义等问题越来越成为自贸区谈判中的重要组成部分。参见李向阳:《全球化时代的区域经济合作》,《世界经济》2002 年第 5 期;李向阳:《区域经济合作中的小国战略》,《当代亚太》2008 年第 3 期。

作协定的范围,要么改变区域经济合作的大方向;如果全部国家都侧重于相对收益竞争,那么就将变成没有合作余地的零和博弈,最严重的后果是导致冲突。一般认为,在"低级政治"的经济领域,绝对收益考虑占主导地位;在"高级政治"的安全领域,相对收益为主要决策标准。但是,各国的区域经济合作政策不会永远注重绝对收益而忽视相对收益,尤其是在地区秩序正在发生深刻变化的地区。

按照各国的地位可以划分为主导方收益和非主导方收益。马特里(Mattli)从经济学中的供给和需求概念出发,对区域一体化的逻辑作出解释,他认为,在区域经济一体化的供给因素中,主导者的存在是一个重要因素,而主导者的作用正在于提供公共产品;①反过来看,区域公共产品供给中的主导方往往也是区域合作主导权的掌控者,其本身不仅可以获得一般性的供给收益,还可以获得垄断性的主导权收益②,一旦某国或某个国家集团获得了区域公共产品供给的主导权,其实际收益将是巨大的,甚至可能远远超过其自身实力,其原因在于:第一,区域公共产品的供给同时也是消费者,很可能还是最大的消费者,因此可以直接从区域公共产品中获得比其他消费者更大的回报,这是各供给方收益在"量"上的差别。③ 第二,区域公共产品的主导方还将获得垄断性的收益,其中最为重要的是区域经济规则和区域经济合作框架的制定权,此为主导方获得长远利益、进一步巩固其主导地位的重要方

---

① Walter Mattli, *The Logic of Regional Integration: Europe and Beyond*, Cambridge University Press, 1999, pp.41-67.

② 张春:《国际公共产品的供应竞争及其出路——亚太地区二元格局与中美新型大国关系建构》,《当代亚太》2014 年第 6 期。

③ 欧盟的共同农业政策即是一例。共同农业政策是欧洲经济一体化进程中产生的重要区域公共产品,作为主导者之一的法国则是欧盟共同农业政策的最大受益国,其农业生产力的40%靠农业补贴维持,在用以进行补贴和支持成员国农业发展的"欧洲农业指导与保证基金"(EAGGF)中,法国每年仅上缴 17.5%的资金,但每年从中获得的补贴金额竟接近资金总额的1/4(23.2%)。陈霞:《大国良性竞争与地区公共产品的供给——对欧洲一体化进程中法德关系的考察》,《复旦国际关系评论》2009 年第 1 期。

式,这是各供给方收益在"质"上的差别。

二、成本分担:区域公共产品供给的内部制约

区域公共产品理论认为,获取预期收益是各国参加集体行动的根本动力,但潜在收益并不一定导致产品供给的实现,因为至少还需要克服供给成本的问题。在区域公共产品供给过程中,理性的行为体往往隐瞒其真实偏好和意愿,倾向于拒绝承担供给成本转而选择"搭便车",从而导致"集体行动的困境"和供给不足。因此,合理分担成本是维系有效供给的重要前提,它既要遵循"受益人支付"原则,努力克服"搭便车"现象,又要因区域公共产品的不同类型而有所区别,因事制宜。当然,共同分担并不意味着按照相同的比例分担,大多数区域经济组织都需要一个或几个核心国家推动,在不同领域和不同阶段,各个成员承担的成本明显不是均等分配的。[①] 具体来看,各国在联合供给区域公共产品过程中将付出三种成本,即:经济成本、规则成本和政治成本。[②]

第一,经济成本指的是提供区域公共产品可能对本国的弱势产业带来损失,从而对经济增长带来暂时的或长久的负面影响。理论上讲,实现商品、服务和资本的跨境自由流动可以使各参与方按照比较优势

[①]　例如:在欧洲货币体系的建设过程中,德国所负担的经济成本要远高于法国,这虽然意味着德国将握有欧洲货币体系的最大权重,成为欧洲货币体系名副其实的主导者,但也意味着一旦发生危机,德国必须付出更多的救市资金。在欧洲货币单位埃居中,各国需要根据各自GDP和外贸量计算该国货币在埃居中的比重,马克比重高达30%,法郎仅为19%,而为了让爱尔兰和意大利尽快进入该体系,德国向这两个国家注入了大量的援助资金。近期的欧洲主权债务危机则从反面证明了区域公共产品供给成本的不平衡,危机爆发后,区域公共产品的主导供给方不得不对各国施以援手,尤其是德国承担了大部分施救成本。参见陈霞:《大国良性竞争与地区公共产品的供给——对欧洲一体化进程中法德关系的考察》,《复旦国际关系评论》2009年第1期;徐明棋:《欧元区国家主权债务危机、欧元及欧盟经济》,《世界经济研究》2010年第9期。

[②]　冯维江:《东亚自贸区的可行性分析》,载张蕴岭、沈铭辉主编:《东亚、亚太区域合作模式与利益博弈》,经济管理出版社2010年版,第123—141页;苏庆义:《厘清加入FTA的成本和收益》,中国社会科学院世界经济与政治研究所IGI(国际问题研究)系列讨论稿No.201549,2015年12月24日。

实现专业化生产,生产要素由低效率部门流向高效率部门,所有参与者都可以从中受益;但由于生产要素流动的不完全性,使得贸易投资自由化导致的生产结构调整并不能在短时期内完成,将出现因转换不完全或者根本无法转换而导致的不利后果,这包括社会的经济成本和企业的经济成本,区域经济合作所涉及的范围越大,经济调整的压力和需要支付的经济成本可能就越高。①

第二,规则成本指的是各国接受协定规则而受到的约束。各国供给区域公共产品的过程同时就是区域经济规则的产生过程,现在的自贸区谈判已经超出关税减让的范围,越来越倾向于对各国"边界内"的经济规则进行约束,有些规则甚至涉及各国的经济体制和经济主权,尤其是发达国家在 FTA 谈判过程中习惯于将国内规则推广到国际层面,例如,TPP 中的很多规则就是美国国内经济规则在国际范围上的延伸。其实,主权国家签署区域经济合作协定就意味着要束缚本国制定国内经济规则和实施国内经济政策的手脚,所以各国都有将本国经济规则"塞入"合作的天然倾向,因为这些规则对本国来讲是自然接受的,别的国家则必须进行调整以达到要求,这对本国来讲是规则收益,对他国来讲就是规则成本。当然,在现实中,为了达成协定,各个国家都需要作出规则上的让步,也就是每个国家都要付出或多或少的规则成本。

第三,政治成本指的是各国为了突破内外政治壁垒而付出的成本或代价,包括国内政治成本和国际政治成本两方面。国内政治成本是为突破国内政治壁垒而付出的代价,国际政治成本是为了突破国际政治壁垒而付出的代价。区域经济合作虽然是"低政治化"的,但绝非是"去政治化"的,各国的决策是政治经济因素综合考虑的结果,一国若要参与区域公共产品供给,首先需要考虑的就是国内政治壁垒,因为区域公共产品既能使一部分利益集团受益,也将使另一些利益集团受损,

---

① 全毅主编:《十字路口的东亚区域合作——东亚经济合作新思维》,经济科学出版社2011 年版,第 149—151 页。

即利益再分配,而受益集团往往选择"沉默",受损集团必然强烈阻挠,政府常常需要对受损集团作出安抚或补偿。国际政治成本是各国为了克服不利于合作的地区政治关系而付出代价,各国的战略诉求、政治制度和法律体系往往不同,甚至相互冲突,要实现区域层次的合作,各国还需要对相互关系进行协调,克服不利于合作的地区政治纠纷,必要时甚至需要对国内制度加以调整。问题的关键在于,各国能否为了某些预期收益而改变战略目标和国内制度?如果为了突破政治壁垒而需要支付的政治成本过高,则各国宁可舍弃收益来维持现状。[①]

三、外部性:域外国家参与供给的根本原因

在全球化背景下,任何区域经济合作都将给其他地区和国家带来外部性。严格地讲,外部性分析本质上也是一种成本—收益分析,只不过成本分担者或收益分享者是第三方,指的是一个人或一群人的行动对另一个人或另一群人强加成本或赋予收益的"溢出效应",具体表现为正外部性(使第三方受益)和负外部性(使第三方受损)。在本分析框架中,为了强调域外大国的作用,我们将外部性与原本意义上的成本—收益分析并列,从而作为一种特殊的成本—收益情况来处理。[②]

传统上克服外部性的方法是进行"内部化"(internalization,也称"内在化"),其具体含义是:如果与负外部性相关的成本被制造该外部性的一方有效承担,那么负外部性就被内部化了;如果产生正外部性的行为者也从中分享了收益,那么正外部性也被内部化了。在世界市场上,各国相互依存程度如此之深使得区域公共产品供给的外部性更为

---

① 莽景石教授(2005)较早从交易成本视角对东北亚经济合作中的政治壁垒进行了理论研究,并将这种政治壁垒称为"政治成本",也被称为"政治成本壁垒",但本书的"政治成本"是指为了突破莽景石教授所言的"政治壁垒"而必须付出的代价。参见莽景石:《东北亚一体化:政治成本与演进路径》,《世界经济与政治》2005年第9期。

② 樊勇明、钱亚平、饶芸燕:《区域国际公共产品与东亚合作》,上海人民出版社2014年版,第71—73页。

常见,单个地区所产生的问题很容易扩散至其他区域,而且大多数并不能被有效地内在化。① 因此,区域公共产品的供给方不得不在追求本集团利益的同时,考虑对其他国家特别是霸权国战略利益可能产生的冲击;反过来讲,域外大国对某些区域合作的关心甚至参与其中也往往来自区域公共产品必然带来的外部性。

外部性的理论可以用来分析区域公共产品供给与域外大国的关系,具体而言,区域公共产品供给的外部性理论有三层含义:

第一,区域公共产品的外部性是客观存在的。区域公共产品的成本与收益会外溢到域外,从而影响域外大国的战略利益。例如,美国一直担心东亚出现这种影响其战略利益的负外部性,东盟早在 20 世纪 90 年代就设想着建立"东亚经济集团"和"东亚经济核心论坛",但都因美国的强烈反对而不了了之;其后,东盟尝试在"东亚经济核心论坛"的名义下推动东亚经济一体化,但仍因美国的反对未能"开花结果";亚洲金融危机后日本提出建立"亚洲货币基金"的倡议,也遭到美国的强烈反对,因为美国担心这样一个亚洲版的国际货币基金势必在区域层面对美国主导的国际货币基金组织产生替代作用,并影响到美国在提供全球公共产品——国际金融体系中的牢固地位。

第二,区域公共产品的外部性意味着域外大国特别是霸权国的参与具有某种必然性。当区域公共产品供给使域外大国(尤其是霸权国)受益或受损时,域外大国就会成为区域公共产品的利益攸关方,因此域外大国将会成为域内事务的关联者和域内问题的参与者。当然,实际情况要复杂一些,域外大国会因其战略布局和地区局势的发展作出判断,未必从一开始就采取强势参与的态度。作为全球霸权国家,美国在东亚有着深厚的战略利益,自 20 世纪 80 年代美国的跨太平洋贸易首次超过跨大西洋贸易以来,美国的经济战略就不断东移,它对东亚

---

① 熊炜:《国际公共产品合作与外交谈判:利益、制度和进程》,世界知识出版社 2014 年版,第 37—38 页。

区域经济合作的排他性动向感到十分不安也就可以理解了。①

第三,外部性积累和扩散的程度将决定域外大国的干预力度。当区域公共产品的外部性积累到一定程度时,各方都将重新评估,尤其是域外大国必然全面干预:或者以参与的方式来获取更直接、更大的收益,或者替换使其受损的公共产品以摆脱负外部性的影响。例如:面对东亚经济合作的日益兴起,尤其是中国经济的强势崛起,美国高调宣布重返亚洲,加入 TPP,并以此为基础企图打乱东亚经济一体化("10+3"或"10+6")的进程,以建立由美国主导的亚太自贸区(Free Trade Area of the Asia-Pacific,FTAAP),最终取代东亚自贸区的构建。因此,域外大国的参与将在很大程度上影响区域公共产品的供给,各国要谨慎应对本地区合作与域外大国的关系,对此,各国应以消除矛盾、互利合作为目标,但必须坚持域外大国不能违反与域内国家协商共赢的原则。

第五节　区域公共产品供给的实现条件分析

区域公共产品供给不仅涉及单个国家的利益诉求或成本与收益的权衡②,而且涉及国家间对彼此利益的安排与协调③,尤其是各国对成本分担比例、收益分配份额的安排与协调,即政府间合作的实现条件问题。区域公共产品的"公共性"特征恰恰使这一问题颇为复杂;而且,伴随着各国实力的消长,各国的预期收益偏好、成本承担能力和域外大国干预力度都将随之发生变化。因此,如何实现实力对比格局与收益分配格局、成本分担格局的动态匹配④,实现域内合作与域

---

① 全毅主编:《十字路口的东亚区域合作——东亚经济合作新思维》,经济科学出版社 2011 年版,第 90—118 页。

② Robert Gilpin, *War and Change in World Politics*, Cambridge University Press, 1981, p.10.

③ Robert Powell, "Stability and the Distribution of Power", *World Politics*, Vol.48, No.2, 1996.

④ 刘丰:《国际利益格局调整与国际秩序转型》,《外交评论》2015 年第 5 期。

外大国参与的良性互动便成为区域公共产品长期可持续供给的决定性因素。

一、供给机制:连接各供给主体的制度安排

1.供给机制的定义与特征

要真正实现区域公共产品供给需要创设连接各成员的参与机制,即"只服务于本地区、只适用于本地区的,推动区域公共产品供给的合作机制和制度安排"①,这种供给机制实际上就是区域公共产品供给的组织形式。区域公共产品的公共性源自彼此独立的主权国家而非世界政府,因此必然反映地区权力结构的现实②,这样,各国必然努力推出符合自身利益的区域公共产品供给机制。③ 根据供给主体的特点,我们可以将区域公共产品的供给机制划分为三大类:一是以区内大国为主导的供给机制,如欧洲以"法德轴心"为特征的供给机制;二是以霸权国为主导的供给机制,如北美以美国"一家独大"为特征的供给机制;三是以小国联盟为主导的供给机制,如东亚以东盟"小马拉大车"为特征的供给机制。④

当然,各国达成集体行动、实现区域公共产品的联合供给并不代表

---

① 樊勇明、钱亚平、饶芸燕:《区域国际公共产品与东亚合作》,上海人民出版社 2014 年版,第 58—63 页。

② 张春:《国际公共产品的供应竞争及其出路——亚太地区二元格局与中美新型大国关系建构》,《当代亚太》2014 年第 6 期。

③ 这种垄断性收益非常鲜明地体现在 NAFTA 的谈判进程中,由于总体实力上的巨大差距,美国在 NAFTA 议题设定和规则制定上都处于毫无争议的主导者地位,这种权力极其不对称的合作方式使得美国有能力推动加、墨两国签订劳工保护和环境保护附加协定,推出符合自身偏好的知识产权保护标准和争端解决机制。在知识产权保护标准和争端解决机制安排等问题上达成协议,墨西哥不得不承诺修改相应的国内法;在石油化工产业这一关键问题上,尽管墨西哥宪法禁止外国在墨西哥的石化产业中拥有所有权,但墨西哥最后还是重组了控制相关产业的国营公司,并制定新的法律,为外资进入其石化产业铺平了道路。程宏亮:《北美自由贸易区:一种"美国模式"的地区主义战略》,《复旦国际关系评论》2009 年第 1 期。

④ 樊勇明、钱亚平、饶芸燕:《区域国际公共产品与东亚合作》,上海人民出版社 2014 年版,第 60—63 页。

是绝对平等、毫无差异的联合，完全单方或完全平等的供给十分罕见，加之国际环境纷繁复杂和区域公共产品需求多样也增加了供给机制创设过程中的谈判难度，因此，区域公共产品的供给在客观上需要一个领导者；换言之，区域公共产品各供给方的地位有着主导与追随之别，区域公共产品供给机制的主导方很大程度上是与区域合作主导权的确立相伴随①，这是一种关于合作模式、合作规则、合作内容等的倡议权、选择权或决定权，这是一种建立在合作中"给"与"取"，或者说权利与义务互动基础上的话语权，它不仅关系到区域公共产品供给的有效性，而且关系到合作成本的分摊和合作收益的分配。当然，区域公共产品供给机制中的主导者是有先决条件的，一般而言，某一国家在区域一体化过程中发挥主导作用是由其自身禀赋决定的，各国提供的区域公共产品往往是其自身具有比较优势的国内公共产品的"投射"，只有最能满足区域经济合作要求的国家或国家集团才有"资格"上升成为主导方。②

2. 供给机制的制度化水平

供给机制的设计需要符合地区政治经济结构的现实，其合理程度决定了区域公共产品有效供给的数量和质量，这就需要相应的制度予以保障。一方面，要实现区域内各国联合供给公共产品，先要解决制度安排问题，以充分发挥国际机制对地区事务的规范功能，引导地区内各国选择合作解决共同面临的问题。而选择一定的区域公共产品供给机制不仅要考虑供给主体的经济发展水平、地区政治地位等自身特点，还要考虑区域公共产品服务对象的范围和特殊需求，因地制宜，根据本地

---

① 王玉主:《区域公共产品供给与东亚合作主导权问题的超越》,《当代亚太》2011 年第 6 期。

② 例如，在欧洲，法国以其政治实力成为欧盟的指导者、德国以其经济实力成为欧盟的建设者;在北美,美国以其压倒性优势成为 NAFTA 的核心支撑,具有强烈的"霸权稳定论"色彩;在东亚,东盟以其合乎时宜的合作方式和处于地缘政治经济"夹缝"的特殊情况实现了"小马拉大车"。

区实际情形选择适当的供给机制。另一方面,制度化建设是确定各国利益格局的强有力工具,是规范各国在区域公共产品提供和消费中行为的准则,也是各国维系合作、深化合作的重要保证。[①]

因此,区域公共产品供给机制的制度化水平直接关系到产品的质量,衡量区域经济合作制度化水平高低的指标是正式化(各国政府签署协定、公开批准,明确各成员方义务)、集中化(以法律形式规范各方行为,建立具体而稳定的组织机构和行政设施以管理集体行动)和授权化(授予第三方实施规则、解决争端并制定后续规则的权威)[②],与之相对应,区域公共产品供给机制的制度化水平也可以用正式化、集中化和授权化来衡量。

表 2.7　各类型区域公共产品供给机制的制度化水平比较

供给机制类型	区域经济组织	运作机制	制度化水平
核心国家主导	欧盟	建立超国家机构以实行共同的对内对外政策,仲裁机制完整,具体包括:欧盟议会、欧盟理事会、欧洲议会、欧洲法院、欧洲审计法院	高度正式化、高度集中化、高度授权化
霸权国主导	北美自由贸易区	以法律形式规范经贸关系,机制健全、科层化管理,具有强制性约束力,具体包括:自由贸易协商机制、劳工合作协定的运作机制、环境合作协定的运作机制	高度正式化、高度集中化,正在向适度授权化发展
小国联盟主导	东亚"10+3"	运作机制简单,如中国—东盟自贸区仅设置中国—东盟首脑会议,中国—东盟谈判委员会,尚未设置秘书处(东盟秘书处与中国商务部联合给予行政支持)	正式化、非集中化、非授权化

资料来源:根据张彬等:《国际区域经济一体化比较研究》,人民出版社 2010 年版,第 98—113 页;田野:《国际制度的形式选择——一个基于国家间交易成本的模型》,《经济研究》2005 年第 7 期整理得到。

---

　　① 樊勇明、钱亚平、饶芸燕:《区域国际公共产品与东亚合作》,上海人民出版社 2014 年版,第 3 页。
　　② 田野:《国际制度的形式选择——一个基于国家间交易成本的模型》,《经济研究》2005 年第 7 期。

二、从非合作到合作的"跨越"

从成本—收益分析角度来看,要实现区域公共产品供给就要使总成本小于总收益,即经济成本、规则成本和政治成本的总和小于经济收益、规则收益和政治收益的总和,从而使净收益大于0。这种分析只是一种最抽象意义上的结论,在现实中,不同国家的经济实力、比较优势和产业结构有极大差别,也就是国家之间存在异质性,这决定了它们从等量区域公共产品中所获得的收益并不相同(收益敏感性不同),对供给成本的承担能力也存在差异(成本敏感性不同),而且区域合作的展开还必须考虑域外大国的利益,也就是本区域的合作与域外大国存在利益相关性。总之,国家异质性导致的收益敏感性差异、成本敏感性差异和外部利益相关性一起决定了区域公共产品的具体供给途径。

关于公共产品供给分析较为成熟的方法是博弈论,对国际公共产品供给的博弈论模型大多沿用了相同的思路,本书对此的研究主要参考并借鉴了庞珣《国际公共产品中集体行动困境的克服》一文,笔者仅在庞文的基础上略作修改使其适用于区域公共产品供给的情况。[①] 本部分首先分析在国家同质性和无外部利益相关性假设下区域公共产品供给,进而放宽理论假设,探讨在国家异质性和外部利益相关性条件下实现有效供给的条件。

博弈一的分析如下:

1. 博弈定义

(1)博弈者集:$P = \{i; i = 1, 2, \cdots, n\} \subset R^n$,$N$ 为自然数,其含义是参与博弈的主体为 n 个国家。

(2)策略集:$S = \{C_i \geq 0; i = 1, 2, \cdots, n\} \subset R^n$,$R$ 为实数,它的含义是

---

① 本部分研究还参考了杨海燕:《区域公共产品的供给困境与合作机制探析——基于合作博弈模型的分析》,《复旦国际关系评论》2015年第1期;李娟娟:《集体行动视角下的国际公共品供给研究——一个理论分析框架及应用》,山东大学2015年博士学位论文,第88—108页。

每个国家 i 将对公共产品支付成本 C_i(贡献量),其中 $C_i \geq 0$。

(3)信息集:每个参与博弈的主体都对自己和其他博弈者的收益函数具有完全信息,但必须在不知道其他博弈者策略的情况下单独作出决策 C_i。

(4)收益函数:对博弈者 $i \in P$,收益函数 $U_i = f(\sum_{i=1}^{n} C_i) - C_i$,它的含义是净收益函数等于消费收益函数减去成本,其中:国家 i 的净收益 U_i 是策略 C_i 的函数,$f(\sum_{i=1}^{n} C_i)$ 为国家 i 的消费收益函数,它是总贡献 $\sum_{i=1}^{n} C_i$ 的函数,且任何一个国家都无法采用强制手段决定其他国家支付成本。[①]

2. 博弈假设

(1)产品具有非竞争性:当公共产品得到供给时,所有参与者消费相同量。

(2)区域公共产品的供给量只决定于总贡献量,而不受供给者分布影响。

(3)博弈者具有同质性:所有博弈者都是理性经济人,不仅具有相同的策略集和信息集,而且对成本的敏感性和收益的敏感性没有任何区别,仅追求绝对收益最大化,不关心收益分配(即相对收益问题)。

(4)不存在外部性[②]:对未参与本次博弈的行为体的成本与收益没有任何影响,或者说,即使存在外部性,各博弈者也不关心。

(5)消费收益随成本增长而增长,但增速小于1,也就是说,博弈者

---

① 按照庞珣的解释,消费收益函数是总贡献的函数,且消费收益与贡献具有相同的量纲,但不必对生产函数的具体形态进行讨论;李娟娟按照加总技术的不同对国际公共产品供给的博弈进行了分析,可以与此相互参考。参见庞珣:《国际公共产品中集体行动困境的克服》,《世界经济与政治》2012 年第 7 期;李娟娟:《集体行动视角下的国际公共品供给研究——一个理论分析框架及应用》,山东大学 2015 年博士学位论文,第 88—108 页。

② 严格地讲,"利益相关性"有内外之别,内部利益相关性指的是各国之间的相对收益问题,外部利益相关性指的是对域外国家的影响,但本书仅在后一种意义上使用"利益相关性"。

的边际收益总是小于边际成本。

3. 博弈均衡

（1）均衡策略为 $S^* = \{C_1^* = 0, C_2^* = 0, \cdots, C_n^* = 0\}$，均衡结果为 $U^* = \{U_1^* = 0, U_2^* = 0, \cdots, U_n^* = 0\}$。

证明：如果博弈者 i 选择单方面支付，即 $C_i > 0$，那么根据假设（5）有 $\dfrac{\partial U_i}{\partial C_i} < 0$，$\forall C_i \geqslant 0$，其净收益 $U_i < 0$，$U_i < U_i^* = 0$，因此没有博弈者会选择供给公共产品。

（2）该均衡为唯一均衡。

证明：略。[①]

4. 政策含义

上述模型属于一次性静态博弈，它告诉我们：对单个博弈者来讲，"搭便车"是占优策略，但个人理性导致的结果是集体不理性，因为区域公共产品得不到供给，没有便车可搭。如果我们放宽假设，就有助于增加合作动机、克服合作障碍，此即区域公共产品供给的可能性以及供给途径问题，从而实现由非合作到合作的"跨越"，庞珣[②]、杨海燕[③]、李娟娟[④]

---

① 所有理性的、同质的博弈者都将通过减少支付而增加收益，即选择"搭便车"，最后的结果仍然是没有博弈者想偏离该状态。杨海燕对这种情形的发生机制作了具体解释。参见杨海燕：《区域公共产品的供给困境与合作机制探析——基于合作博弈模型的分析》，《复旦国际关系评论》2015 年第 1 期。

② 庞珣：《国际公共产品中集体行动困境的克服》，《世界经济与政治》2012 年第 7 期；李娟娟：《集体行动视角下的国际公共品供给研究——一个理论分析框架及应用》，山东大学 2015 博士学位论文，第 88—108 页。

③ 杨海燕：《区域公共产品的供给困境与合作机制探析——基于合作博弈模型的分析》，《复旦国际关系评论》2015 年第 1 期。

④ 李娟娟：《集体行动视角下的国际公共品供给研究——一个理论分析框架及应用》，山东大学 2015 年博士学位论文，第 88—108 页；李娟娟、樊丽明：《国际公共品供给何以成为可能——基于亚洲基础设施投资银行的分析》，《经济学家》2015 年第 3 期；李娟娟、樊丽明：《金砖国家开发银行成立的经济学逻辑——基于国际公共品的视角》，《中央财经大学学报》2015 年第 5 期。

等都给出了从非合作走向合作的路径。① 见表2.8。

表2.8　从非合作走向合作的具体路径:几种代表性观点

代表学者	具体合作路径
庞珣	排他性和"贡献门槛":对各参与方设定初始贡献量并规定合作中"权责利"关系,使公共产品成为"俱乐部产品";精确计算各参与方的收益函数
	成本分担机制:如果无法有效排他,那么就需要根据不同国家的特点,鼓励消费收益较高而成本敏感性较低的国家"先行一步",并容忍弱国"搭便车"
	妥善处理收益相关性:在其他领域建立多层次的合作关系,使负向利益相关性变为正向利益相关性
杨海燕	小集团内部合作:通过小集团内部的分散化决策来激励合作行为,让博弈者乐于为共同利益采取正贡献行为
	利他主义偏好:形成肯定利他行为的"价值观"和"非正式约束"
	有约束力的协议:如果各国都同意为合作遵守一系列规范协定,那么各国就可以相互谈判,达成互利的契约;为了保证协议的实施可以引入第三方仲裁者
李娟娟	选择性激励:通过不对称的、有选择性的激励改变博弈者的收益函数,包括积极的选择性激励(奖励)和消极的选择性激励(惩罚)两种
	替代性制度:主要包括成本分担机制、门槛机制和贡献返还机制,成本分担机制可以促使各博弈方消除"搭便车"动机,门槛机制在于为必要的集体行动设置一个门槛值,只有当参与方达到一定数量,区域公共产品才会得到供给,低于门槛值的供给将不会产生任何收益,贡献返还常与门槛机制结合在一起,如果先期投资不足以达到门槛值,则对其进行返还或承诺无须进行实际支付
	组织结构优化:明确采取集体行动的层次性,使国际组织的层次与国际公共产品的受益范围相一致,如区域公共产品由区域性组织来提供,全球公共产品由全球性国际组织来提供;明确组织的成员范围,在组织成员的选择和吸纳上进行甄别,限制参与国范围,降低交易成本;根据紧致性程度选择组织的治理结构,降低信息不对称带来的效率损失,提高成员国收益

资料来源:庞珣:《国际公共产品中集体行动困境的克服》,《世界经济与政治》2012年第7期;杨海燕:《区域公共产品的供给困境与合作机制探析——基于合作博弈模型的分析》,《复旦国际关系评论》2015年第1期;李娟娟:《集体行动视角下的国际公共品供给研究——一个理论分析框架及应用》,山东大学2015年博士学位论文,第88—108页。

---

① 限于精力和选题,笔者仅选择了近期出版的代表性成果。

综合以上观点来看,要实现从非合作向合作的"跨越",最基本的就是要通过一定的制度安排重塑各博弈方的成本—收益结构。概而言之,其途径无非三条:第一,增加供给收益,增强合作动力;第二,降低供给成本,减少合作的内部阻力;第三,妥善处理外部性,降低域外大国对合作的阻碍。具体到不同区域,上述三个条件的实现方式大有不同,因此还需要对其进行更为细致的研究,笔者依据东亚的地缘政治经济特点,将它们归纳为三条:收益条件、成本条件和外部性条件。必须指出的是,作为特殊的成本—收益条件,本书中的"外部性条件"指的是区域内合作对域外国家干预的政策反应,之所以将它单独列出来是考虑到东亚地区在政治和经济上都不完全独立的特点,这种特点决定了与其他地区相比,东亚区域公共产品供给更容易受到域外大国干预的影响。

三、实现区域公共产品供给的收益条件

各国参与区域公共产品供给都有其特定目的,对单个国家而言,这些目的体现为国家利益,获取稳定的预期收益是国家参与区域公共产品供给的根本动力;[①]但面对共同利益,各国关心的可能并不是"我们是否都会获益",而是"谁的获益更多?"[②]因此,即使共同利益的前景很诱人,也并不必然导致合作,这涉及不同国家的不同预期收益的偏好——绝对收益还是相对收益问题。

很显然,如果各国的目的仅在于追求绝对利益最大化,那么区域一体化的程度要高于现在的状态;如果各国的目的仅在于追求相对收益最大化或者说收益分配的非均等性,那么区域合作也不会像现

---

① 刘丰:《国际利益格局调整与国际秩序转型》,《外交评论》2015 年第 5 期。

② Kenneth N. Waltz, *Theory of International Politics*, McGraw-Hill, 1979, p.105.

在这样得以推进。[1] 实际上,各国既关注绝对收益,也关注相对收益,不同的国家有不同的关注重点,同一个国家在不同的阶段也有不同的收益偏好[2],因此,我们有必要对收益函数进行更为细致深入的分析。[3]

1.收益函数的再解释:"格里科模型"

约瑟夫·格里科引入了一个包含相对收益偏好的总收益函数来研究一国参与国际合作时对收益全面性的考虑,此即"格里科模型"。首先,我们用 U_i^* 代表修正后的国家 i 在合作中的总收益,用 U_{ia} 代表国家 i 在合作中的绝对收益,用 U_{ja} 代表国家 j 在合作中的绝对收益,则 i 国的相对收益是 $U_{ia}-U_{ja}$,j 国的相对收益是 $U_{ja}-U_{ia}$,用 k_a 代表国家 i 的绝对收益敏感系数,它描述了一国对参与合作时对绝对收益的敏感程度,用 k_r 代表国家 i 的相对收益敏感系数,它描述了一国参与合作时对相对收益的敏感程度,于是有:

$$U_i^* = k_a U_{ia} + k_r (U_{ia} - U_{ja}), k_a \geq 1, k_r \geq 0 \qquad (2.1)$$

---

① 绝对收益与相对收益的问题是国际政治经济学中的著名争论,新现实主义者认为"国家会因关注相对收益而降低合作动力",新自由制度主义者认为"相对收益的作用被夸大了,国家更重视绝对收益"。尽管迄今为止,双方并未能达成一致,但产生了一批富有创见的学术著作,现实主义的代表有华尔兹(Kenneth N. Waltz)、格里科(Joseph Grieco)以及鲍威尔(Robert Powell),自由主义比较著名的代表有邓肯·斯奈德(Duncan Snidal)等,相关论著有 Grieco J M., Anarchy and the Limits of Cooperation: A Realist Critique of the Newest Liberal Institutionalism, *International Organization*, Vol. 42, No. 3, 1988; Robert Powell, "Absolute and Relative Gains in International Relations Theory", *American Political Science Review*, Vol.85, No.4, 1991; Duncan Snidal, "Relative Gains and the Pattern of International Cooperation", in David Baldwin, eds., *Neorealism and Neoliberalism: The Contemporary Debate*, Columbia University Press, 1993, pp.170-208。

② 刘青建、刘杨军:《国际合作的相对收益问题——对西方主流国际关系相关理论的评析与修正》,《中国人民大学学报》2009年第2期;耿明:《中日合作与相对收益博弈分析》,山东大学2010年硕士学位论文,第15—16页。

③ 本部分内容参考了约瑟夫·格里科和邓肯·斯奈德的研究成果,笔者在他们的基础上有所修改。参见 Grieco J.M., Anarchy and the Limits of Cooperation: A Realist Critique of the Newest Liberal Institutionalism, *International Organization*, Vol.42, No.3, 1988; Duncan Snidal, "Relative Gains and the Pattern of International Cooperation", in David Baldwin, eds., *Neorealism and Neoliberalism: The Contemporary Debate*, Columbia University Press, 1993, pp.170-208。

或者

$$U_i^* = k_a U_{ia} - k_r (U_{ja} - U_{ia}), k_a \geq 1, k_r \geq 0 \text{①} \qquad (2.2)$$

式（2.1）和式（2.2）观察相对收益的视角不同，但理论含义和分析结论相同，它们并不表明伙伴国的收益是本国的损失，而仅仅表明有利于伙伴国的收益差距才是本国的损失。② 从式（2.2）来看，国家 i 的总收益取决于 $|k_a U_{ia}|$ 和 $|k_r (U_{ja} - U_{ia})|$ 的大小，问题的关键在于系数 k_a 和系数 k_r，它们分别刻画了国家对于绝对收益和相对收益的敏感性。

绝对收益敏感系数 k_a 在正常情况下的数值等于 1，但会随国内因素的变化而变化，当 k_a 变大时，$|k_a U_{ia}|$ 变大，从而给该国参与国际/区域合作带来额外的动力；当 k_a 极大时，$|k_a U_{ia}|$ 远大于 $|k_r (U_{ja} - U_{ia})|$，这样双方之间的合作可以在收益分配严重不均等的情况下发生，影响 k_a 的因素主要包括③：

第一，国内压力。国内局势及主要利益集团对绝对收益的迫切程度是决定 k_a 的主要因素，当国内局势迫切需要对外合作时，该国对绝对收益更为敏感，数值较高，反之则较低，例如，当一国国内的技术水平较低，迫切需要与其他国家开展经济技术合作以提升自身薄弱的技术实力时，该国对该项合作带来的绝对收益的敏感系数就较高；④当一国国内的某些利益集团实力强大，同时迫切需要某项对外合作时，该国对

---

① 该等式与格里科原来设计的等式有些差别，格里科模型并没有绝对收益敏感系数，但考虑到东亚地区的现实和东亚经济合作的历史，笔者参考已有研究加入该系数。参见 Grieco J. M., Anarchy and the Limits of Cooperation: A Realist Critique of the Newest Liberal Institutionalism, *International Organization*, Vol.42, No.3, 1988；耿明：《中日合作与相对收益博弈分析》，山东大学 2010 年硕士学位论文，第 20—30 页。

② 约瑟夫·M.格里科：《无政府状态和合作的限度：对最近自由制度主义的现实主义评论》，载大卫·A.鲍德温主编：《新现实主义和新自由主义》，肖欢容译，浙江人民出版社 2001 年版，第 128—132 页。

③ 耿明：《中日合作与相对收益博弈分析》，山东大学 2010 年硕士学位论文，第 26—36 页。

④ 耿明：《中日合作与相对收益博弈分析》，山东大学 2010 年硕士学位论文，第 20 页。

该项合作的绝对收益敏感系数较高;当一国国内局势紧张,迫切需要以对外合作转移民众注意力时,该国对该项合作的绝对收益敏感系数也会提高。此外,如果某些领域在该国的国家发展战略中占有重要地位,但实力却远不足以满足其战略需要时,该国对该领域国际合作的绝对收益更为敏感。①

第二,外部压力。当一国面对的国际环境面临巨大压力时,该国对某些国际合作的需求程度会提升,进而提升其绝对收益敏感系数,并且随着国际压力的增大而迅速升高,例如:中俄早在 2001 年就签署了《睦邻友好合作条约》,确立了两国全面战略协作伙伴关系,但俄罗斯一直对中俄合作持犹疑态度,直到乌克兰危机爆发,面对欧美的经济制裁,俄罗斯才真正开始试图摆脱对欧美的经济依赖,转而寻求与中国合作,俄罗斯部分政治精英也希望能够继续与中国拉近关系,此时俄罗斯对与中国合作所能获得的绝对收益就更为敏感,仅 2015 年中俄两国领导人就多次会晤,无怪乎有人称"乌克兰危机是检验中俄战略伙伴关系的试金石"。②

相对收益敏感系数 k_r 总是大于等于零的,且主要随外部因素的变化而变化,当 k_r 变大时,$|k_r(U_{ja}-U_{ia})|$ 变大,从而使该国更加关注国际/区域合作带来收益差距,当 k_r 极大时,$|k_r(U_{ja}-U_{ia})|$ 远大于 $|k_aU_{ia}|$,这样双方之间的合作所带来的相对收益差距非常之大以致影响合作的开展。学者们认为,影响相对收益敏感系数 k_r 的因素主要有三个:(1)合作对象;(2)合作领域;(3)实力对比。③

---

① 因为该项合作可以使该国的"战略短板"得以弥补,该国整体实力也将因该项合作获得显著提升,例如,日本一直对能提升其国际政治地位的合作的绝对收益敏感系数非常高,相比之下对能够提升其国际经济地位的合作的绝对收益敏感系数就低一些。

② 凤凰网:《乌克兰危机之后,俄罗斯将如何面对中美欧?》,见 http://news.ifeng.com/opinion/wangping/eluosiwaijiao/。

③ Joseph Grieco, *Cooperation among Nations: Europe, America, and Non‑tariff Barriers to Trade*, Cornell University Press, 1990, pp.45–47;耿明:《中日合作与相对收益博弈分析》,山东大学2010 年硕士学位论文,第 22—23 页。

第一,合作对象。当合作伙伴与本国是盟友关系时,k_r值较小,相对收益影响国际合作的程度较小,因为对方实力的提升有助于间接提高本国的地位;当合作伙伴是本国的竞争对手或潜在竞争对手时,k_r值较大,相对收益对国际合作的影响也较大。因为竞争对手实力的提升意味着本国实力的相对下降;当双方的竞争程度达到极限时,k_r值达到极致,双方处于敌对状态,不存在任何合作的可能;当双方既不是竞争关系也不是盟友关系时,k_r值一般较低,但会随着合作的开启和发展而有所变化。

第二,合作领域。从历史上看,安全领域的相对收益敏感系数大于经济领域,因为安全领域直接与一国的生存权相联系,正如《孙子兵法》所言:"兵者,国之大事,死生之地,存亡之道",经济领域直接与一国的福利得失相关联,相关收益敏感系数小于安全领域,但是国家 i 实力正处于下降期且经济事务中的获益能转换成经济领域的实力或经济事务中的实力能转换为其他领域(如安全领域)中的能力时,k_r值将迅速增大[1],该国就必须评估不同的合作所带来的收益差距问题,尤其是与潜在对手国或潜在竞争者的收益差距。

第三,国家实力对比。如果国家间实力对比较大,各国都无法通过合作改变实力对比格局,则相对敏感系数较小,合作较容易达成;如果国家间实力对比较小,各国可以通过合作改变实力对比格局,则相对敏感系数较大,合作不易达成。一般认为,国家实力对比是影响相对收益敏感系数的最重要因素,这一因素对实力对比格局发生巨大转变的东亚地区尤其重要,其作用强度远超过合作对象和合作领域。在主要合作伙伴间实力差距迅速缩小甚至发生结构性改变的情况下,合作还有

---

[1] 约瑟夫·M.格里科:《无政府状态和合作的限度:对最近自由制度主义的现实主义评论》,参见大卫·A.鲍德温主编:《新现实主义和新自由主义》,肖欢容译,浙江人民出版社 2001 年版,第 129 页;耿明:《中日合作与相对收益博弈分析》,山东大学 2010 年硕士学位论文,第 19—21 页。

无可能? "斯奈德模型"对此进行了解答。

2. 相对收益竞争下合作的可能性:"斯奈德模型"

"如果各国竞相追求相对收益,那么合作还能否达成?"这是另一个迷人的问题,邓肯·斯奈德对此进行了深入探讨,由于其论证过程较为复杂,本书只关注基本模型、理论逻辑和结论部分。① 我们用系数 r 表示国家 i 对相对收益的关注程度($0 \leq r \leq 1$),$1-r$ 就是国家 i 对绝对收益的关注程度;当 $r=1$ 时,国家完全关注相对收益,当 $r=0$ 时,国家完全关注绝对收益。值得注意的是,这个系数不同于相对收益敏感系数,而是表示国家 i 在绝对收益和相对收益之间的权衡。

我们可以通过 r 的变化,考察相对收益对国家合作策略选择的影响。同时,为了对不同国家进行评价,我们假设每一个国家都有一套相对位置标准 $\{W_{ij}, \cdots, W_{in}\}$,其中 W_{ij} 用来表明国家 i 以国家 j 的行为来衡量它的相对位置,$0 \leq W_{ij} \leq 1$。于是可以得到:

$$U_{ir} = (1-r)U_{ia} + r\sum_{j=1}^{n} W_{ij}(U_{ia} - U_{ja}) \qquad (2.3)$$

这个等式是国家 i 在参与国际/区域合作时追求相对收益最大化的目标公式,等式右边的第一项表明绝对收益的重要性,等式右边第二项表明与其他国家相比的相对收益。其中,U_{ir} 为国家 i 的相对收益,U_{ia} 为国家 i 的绝对收益,U_{ja} 为国家 j 的绝对收益,r 为国家 i 的相对收益关注程度,$1-r$ 为国家 i 的绝对收益关注程度,W_{ij} 表示国家 i 以国家 j 来衡量的相对位置。

该公式说明,相对收益关注的引入会改变博弈方的支付结构,既可能使没有均衡解的博弈变成有均衡解,也可能使有均衡解的博弈变成没有均衡解,各国追求相对收益最大化的情况下,能否达成合作的最终

① 具体论证过程请参见邓肯·斯奈德:《相对获益和国际合作的模式》,载大卫·A.鲍德温主编:《新现实主义和新自由主义》,肖欢容译,浙江人民出版社 2001 年版,第 172—203 页。

结果取决于相对收益关注程度(r)和对国家自身位置的判断(W_{ij}):首先,如果该国仅仅关注相对收益($r=1$),且仅有另一个国家参与合作($W_{ij}=1$),那么国家i之所得即为国家j之所失,即典型的零和博弈状态;其次,相对收益关注程度也是与国家对自身位置的判断息息相关,在与伙伴国探讨合作时,该国必然首先对双方实力对比进行评估,并预测合作后合作伙伴可能的实力增长程度及对自身的威胁程度。[①]

斯奈德[②]对相对收益竞争与国际合作关系的结论是:增加博弈方的数目有助于降低相对收益竞争对合作的消极影响,即双边关系中各国对相对收益的关注程度最高,达成合作的可能性较小;如果是多边关系,各国对相对收益的关注程度也会降低,达成合作的可能性较大;如果在多边关系中存在一个主导国家或由几个国家组成的轴心集团,则有助于实现利益的相对公平分配,降低各国对相对收益的关注度;但如果在多边关系中存在势均力敌且至少一方相对收益关注度很高的国家,则会使形式上的多边合作转变为实质上的双边谈判,从而促使相对收益关注度迅速提高,合作更难达成。

3. "格里科模型"和"斯奈德模型"的政策含义

其一,要想使国际合作易于达成,就需要各国将绝对收益作为主要追求的预期收益类型,也就是具有较高的绝对收益敏感性,尽管现实中各国也将相对收益纳入政府决策函数,但只要绝对收益敏感系数足够高、相对收益敏感系数足够低,各国就将采取积极合作的策略。

其二,当各国关注收益分配格局、竞争相对收益时,可以通过增加

---

① 具体论证过程请参见邓肯·斯奈德:《相对获益和国际合作的模式》,载大卫·A.鲍德温主编:《新现实主义和新自由主义》,肖欢容译,浙江人民出版社2001年版,第172—203页;徐恺:《国际合作中相对收益、绝对收益定量分析》,《忻州师范学院学报》2013年第2期。

② Duncan Snidal, "International Cooperation among Relative Gains Maximizers", *International Studies Quarterly*, Vol.35, No.4, 1991; Duncan Snidal. Relative Gains and the Pattern of International Cooperation, *American Political Science Association*, Vol.85, No.3, 1991.

博弈方数量的方法降低各国对于相对收益的关注度,进而降低相对收益竞争对国际合作的消极影响①,此时国际合作依然可以达成,但是所达成协议的内容将受到限制,而且这一方法并不能根本消除矛盾,只是缓解了矛盾。

其三,各国实力对比是影响区域公共产品供给的首要因素②,当各国实力对比发生剧烈变动、相对实力地位发生变化乃至反转时,各国将更加注重相对收益,尤其是实力相对下降的国家。此外,从长期来看,实力对比格局和收益分配格局之间将呈现动态的"再匹配"过程,反映新的实力对比格局的收益分配格局是影响区域公共产品供给的关键因素。

四、实现区域公共产品供给的成本条件

区域公共产品的供给成本既可以由区内大国承担,也可以由区内各国分担③,后者更为常见。从东亚地区的现实来看,任何国家都没有单独承担区域公共产品供给成本的能力,况且在"搭便车"的"诅咒"下,单个国家要么不贡献,要么承担所有成本,而采取成本分担机制可以突破非排他性导致的困境,这是区域各国的现实选择。问题的关键在于,各国对供给公共产品的代价或者成本的敏感性各不相同,这种基于国家异质性的成本承担能力差异使得区域内各国有必要设计合理的分担机制。

博弈二的分析如下④:

---

①　Duncan Snidal, "International Cooperation among Relative Gains Maximizers", *International Studies Quarterly*, Vol.35, No.4, 1991; Duncan Snidal. Relative Gains and the Pattern of International Cooperation, *American Political Science Association*, Vol.85, No.3, 1991.

②　Robert Powell, "Stability and the Distribution of Power", *World Politics*, Vol.48, No.2, 1996.

③　李俊久、陈佳鑫:《中国在东北亚经济合作中的地位与作用——区域性公共产品的视角》,《吉林师范大学学报》(人文社会科学版)2014年第2期。

④　庞珣:《国际公共产品中集体行动困境的克服》,《世界经济与政治》2012年第7期。

1. 博弈定义

(1)博弈者集、策略集、信息集均同博弈一。

(2)收益函数:对博弈者 $i \in P$,收益函数 $U_i = f(\sum_{i=1}^{n} C_i) - g_i(C_i)$ 。

其中: $f(\sum_{i=1}^{n} C_i)$ 为收益敏感函数, $g_i(C_i)$ 为 i 的成本敏感函数。

2. 博弈假设

(1)博弈者具有异质性:所有博弈者具有不同的成本敏感函数和收益敏感函数,其中:如果 $i \neq j$,则 $f_i \neq f_j$,这表明不同博弈者消费等量公共产品所获收益不同,如果 $i \neq j$,则 $g_i \neq g_j$,这表明不同博弈者对公共产品供给成本的敏感性不同。[①]

(2)由于国家间的异质性,假设存在两类不同的、互补的国家集团 A 和 B,即 $P = A \cup B$,其中,博弈者子集 A 中博弈者的收益函数具有 $\frac{\partial U_i}{\partial C_i} \geq 0$, $\exists C_i \geq 0$,博弈者子集 B 中博弈者的收益函数具有 $\frac{\partial U_i}{\partial C_i} < 0$, $\forall C_i \geq 0$。

(3)其他假设同博弈一。

3. 博弈均衡

均衡策略集合为 $S^* = \{C_i^* = c_i > 0 : i \in A\} \cup \{C_j^* = c_j > 0 : j \in B\}$,

其中,向量 $C_i^* = \{c_i : i \in A\}$ 为方程组 $\frac{\partial U_i}{\partial C_i} = \frac{\partial f_i(\sum_{i=1}^{n} C_i)}{\partial C_i} - \frac{\partial g_i(C_i)}{\partial C_i} = 0$, $i \in A$ 的解。

均衡收益集为 $U^* = \{U_i^* = f_i(\sum_{i \in A} c_i) - g_i(c_i) : i \in A\} \cup$

[①]　此处主要考虑绝对收益敏感系数,也就是在相对收益敏感系数一定的前提下思考成本分担机制设计。

$\{U_j^* = f_j(\sum_{i \in A} c_i) : j \in B\}$。若方程 $f_i(\cdot)$ 和 $g_i(\cdot)$ 的表达式给定,则可以解出该方程组,方程组若有唯一解,则均衡唯一;若方程组有多个解,则为多均衡博弈;若方程组无解,则无均衡。

4. 政策含义

第一,大国"先行一步"的必要性。由于国家异质性的存在,不同国家的收益敏感系数和成本敏感系数存在差别,最理想的状态是存在一个或多个收益敏感系数高、成本敏感系数低的国家,它们往往成为区域公共产品供给的"中流砥柱",它们完全有意愿也有能力率先供给区域公共产品,但没有意愿供给更多的区域公共产品。换句话说,在单方面供给的状态下,区域公共产品的供给量不仅低于最优供给量,而且无法增加供给量,这也是我们将观察视角"锁定"在"联合供给模式"的原因。当然,具备率先供给区域公共产品条件的国家往往是区域内部的大国或者强国,这就说明了大国在区域公共产品供给中"先行一步"的必要性。

第二,小国"随后跟进"的可能性。在博弈开始时,子集 B 由于实力、资源或战略考虑的限制,没有能力参与区域公共产品供给,如果子集 A 不率先行动,子集 B 是不会分担成本的,而是选择"搭便车";但在重复博弈过程中,合作将呈现出动态拓展的状态,由于子集 A 中的国家(或国家集团)率先供给了一定数量的区域公共产品,子集 B 中的国家(或国家集团)有可能会选择加入供给者行列,其原因和关键在于:子集 A 提供的区域公共产品改变了子集 B 收益函数的性状(通过"搭便车"消费),使得子集 B 有了参加区域公共产品供给的意愿。

第三,允许"搭便车"的重要性。大国(或大国集团)和小国(或小国集团)实现互动的关键环节在于大国允许小国"搭便车",正是"搭便车"使得成本敏感系数高、收益敏感系数低的小国跨越了博弈初期的高成本、低收益阶段。实际上,对于大国而言,在博弈开始阶段,其收益就已经超越了成本;而对于小国而言,只有通过"搭便车"尝到"甜头"或者在可以承受的范围内才会成为供给者。随着小国加入到区域公共产品供给者行列中,供给量也随贡献的增加而得以增加,实现了帕累托改进,而"大国主导供给模式"也转变为"联合供给模式",区域公共产品供给主体的范围得以扩大。

五、实现区域公共产品供给的外部性条件

在世界经济日益连为一体、各国呈现复合相互依赖的情况下,某个区域公共产品的成本和收益必将"外溢"到其他地区,从而影响域外国家的利益,此即"外部性"。域外大国和国际机构对某个地区的关心也往往来自区域公共产品产生的外部性,其参与也就具有了不可避免性和一定的合理性。例如,美国一直对东亚区域经济合作的排他性动向十分不安,因为很多颇具影响力的构想,如东亚自贸区、东亚共同体、"10+3""10+6"都将美国排除在外,或者未明确包括美国,这引起了美国政商各界的高度警觉;反过来讲,在实践中,大多数区域公共产品的外部性并不能被有效地内在化[1],区域公共产品各供给方不得不考虑本地区合作可能对域外国家特别是霸权国的战略利益产生的冲击。为了分析外部性对区域公共产品供给影响,有必要对收益函数进行更为复杂的修正。

博弈三(外部收益相关性)分析如下[2]:

1. 博弈定义

(1)博弈者集、策略集和信息集均同博弈一。

---

① 熊炜:《国际公共产品合作与外交谈判:利益、制度和进程》,世界知识出版社 2014 年版,第 37—38 页。

② 参见庞珣:《国际公共产品中集体行动困境的克服》,《世界经济与政治》2012 年第 7 期。庞珣认为收益相关性包括绝对收益和相对收益之分、收益外部性两部分,修改后的博弈二也可以分析以上两个侧面,本书中的"收益外部性"特指区域公共产品供给对域外大国的影响,绝对收益与相对收益的关注在上文已经述及,本部分主要分析对域外大国收益的影响,亦即"外部收益相关性"。

（2）收益函数：$U_i = f(\sum_{i=1}^{n} C_i) + q_i(\{U_j : j \neq i, j \in P\}) - C_i$。其中：

q_i 是其他博弈者收益对博弈者收益的影响，如果 $\dfrac{\partial q_i}{\partial U_i} > 0$，则博弈者 j 对

博弈者 i 的收益具有正外部性；如果 $\dfrac{\partial q_i}{\partial U_i} < 0$，则是负外部性；如果

$\dfrac{\partial q_i}{\partial U_i} = 0$，则两者无利益相关性。

2. 博弈假设

（1）维持对函数 $f_i(\cdot)$ 的假设，即边际收益小于边际成本。

（2）假设博弈者对公共产品收益和成本具有相同的函数，但由于异质性的存在，并非所有博弈者都有收益函数，实际上由两个互积的子集组成，$P = W \cup V$。子集 W 中博弈者的收益函数具有 $\dfrac{\partial U_i}{\partial C_i} \geq 0$ 的性质，

而子集 V 中博弈者的收益函数具有 $\dfrac{\partial U_j}{\partial C_j} < 0$。

（3）维持对博弈一中的其他假设。

3. 博弈均衡

均衡策略集合为 $S^* = \{C_i^* = c_i > 0 : i \in W\}\{C_j^* = 0 : j \in V\}$，其

中，向量 $C_i^* = \{c_i : i \in W\}$ 为方程组 $\dfrac{\partial U_i}{\partial C_i} = \dfrac{\partial f(\sum_{i=1}^{n} C_i)}{\partial C_i} -$

$\dfrac{\partial q_i(\{U_j : j \neq i, j \in P\})}{\partial C_i} - 1 = 0, \ i \in W$ 的解。

均衡收益集为：

$$U^* = \{U_i^* = f_i(\sum_{i \in W} c_i) + q_i(\{U_j : j \neq i, j \in P\}) - c_i : i \in W\} \cup$$

$$\{U_j = f(\sum_{i \in W} c_i) + q_j(\{U_i : i \neq j, i \in P\}) : j \in V\}$$

若方程 $f_i(\cdot)$ 和 $g_i(\cdot)$ 的表达式给定,则可以解出该方程组,方程组若有唯一解,则均衡唯一;若方程组有多个解,则为多均衡博弈;若方程组无解,则无均衡。

4. 政策含义

第一,域外大国参与的必然性。区域公共产品的成本或收益会外溢到域外,从而影响域外大国的战略利益,这意味着域外大国的参与是不可避免的,而外部性积累和扩散的程度将决定域外大国的参与力度。换言之,无论区域公共产品的外部溢出效应是正的还是负的,域外大国都会参与进来。具体而言,当东亚区域公共产品供给所带给美国的外部性在一定程度内时,美国将采取有限干预的策略,这主要是因为区域内国家合作尚在美国的战略容忍度之内;当带给美国的外部性突破"临界值"后,美国将采取更为直接、更为全面的干预,其目的或者是为了遏制负外部性的进一步积累和扩散,或者是为了获取更大的、更直接的正外部性。

第二,博弈结果的不确定性。从区域内国家角度看,在不同的阶段,区域内各国都必须有效应对区域公共产品供给中出现的外部性,或者使其内部化,或者使其维持在可以接受的水平。更进一步地讲,当域外大国干预某一区域的公共产品供给时,必然与区域内国家,尤其是该区域的公共产品供给中心或最具潜力的公共产品供给中心产生互动,依照霸权国与区内国家的互动形式可将其参与区分为"霸权主导供给模式""竞争性供给模式"和"互补性供给模式"[①],其最终角色(主导、竞争还是互补)取决于干预力度、区内国家竞争的性质(良性竞争还是恶性竞争)和程度。

[①] 相关文献可参见苑基荣:《东亚公共产品供应模式、问题与中国选择》,《国际观察》2009 年第 3 期;徐恺:《国际公共产品、地区国际公共产品与东亚供给模式》,《理论界》2009 年第 6 期;徐增辉:《全球公共产品及其供应模式分析》,《经济学家》2009 年第 10 期;陈小鼎、王亚琪:《战后欧洲安全公共产品的供给模式》,《世界经济与政治》2015 年第 6 期。

第六节　区域公共产品供给实现条件的政策含义

一、选择合适的供给模式、创设合理的供给机制

从理论上讲,区域公共产品可以由区内大国单独提供,但从区域经济合作的现实来看,任何国家都不具备长期单独供给区域公共产品的经济实力。例如:日本一直单独向东亚地区提供大量区域公共产品,以此作为自身领导或参与东亚经济合作的重心和基础,但现在来看,即使日本不具备长期单独供给的实力,尤其在泡沫经济崩溃后,日本陷入长时期经济萧条,而区域各国面临的共同问题则更为复杂,在实力相对下降和问题复杂性程度提高的双重压力面前,日本不得不转向联合供给;[①]作为全球经济实力最强大的超级大国,美国主导了北美地区的区域公共产品供给,承担了北美自由贸易区(North American Free Trade Area,NAFTA)的大部分建设成本,同时通过权力高压或利益诱导的方式使墨西哥和加拿大适当地分担了建设成本,从而缓和了霸权国国内的压力,但在 NAFTA 向整个美洲扩张的过程中,美国既无意愿也无能力像在 NAFTA 建设过程中那样为整个美洲承担区域公共产品供给的大部分成本,由此导致美洲自由贸易区(Free Trade Area of Americas,FTAA)建设步履蹒跚。[②]

以上各地区的实践表明,即使经济实力强大的国家也无法长期地承担区域公共产品供给的主要成本,尤其是在区域合作范围扩大和地区公共问题增多的情况下,单一国家无论多么强大都会显得实力不足。因此,在区域公共产品供给模式的选择上,供给成本由区内各国合理分

---

① 贺平:《日本的东亚合作战略评析——区域性公共产品的视角》,《当代亚太》2009 年第 5 期。

② 李巍:《区域霸权与地区公共产品——对北美地区主义的一种解释》,《复旦国际关系评论》2009 年第 1 期。

担的"区域国家合作供给模式"更具有现实性和可持续性。

合作供给并不代表是毫无差异的联合,绝对平等地分担供给成本的现象十分罕见,国际环境纷繁复杂和区域公共产品需求的多样性也增加了谈判的难度,这就涉及供给机制的选择问题,因此客观上需要一个领导者或主导者。

区域公共产品的具体供给机制是由各国的经济实力和地区权力结构决定的。从欧洲地区的实践来看,正是法国与德国的合作带动了整个欧洲区域公共产品的供给,而其合理性在于:德国是个经济强国,但第二次世界大战后政治上处于劣势地位,需要依靠与法国的联合重塑其政治形象;法国是政治大国,是联合国"五常"之一,但经济领域并不领先,需要与德国合作,因此,法国以其政治实力成为欧盟的指导者、德国以其经济实力成为欧盟的建设者。总之,正是法国与德国的"轴心式"合作和良性竞争态势保证了区域公共产品的有效供给。

供给机制的制度化水平更是需要根据地区的实际情况来决定。正如卡赞斯坦所言:"亚洲和欧洲的地区主义就是沿着不同的线索组织的,亚洲地区主义的特点是不断增长的市场以及国家经济体和民族群体在市场上的竞争,欧洲地区主义的特点是法律和正在显现的政体"[①],因此,东亚区域公共产品供给机制的制度化水平比较低,既无统一的常设机构,也无完善的争端解决机制,而欧洲从一开始就将各国深深地"嵌于"法律制度当中。高水平制度化的供给机制固然能够将地区内各国和各种要素置于最合理的位置以实现其供给效果的最大化,但在各行为体认同度低、战略利益复杂化、各国缺乏战略互信、历史与现实问题交织的地区,高水平制度化不仅难以实现,而且很可能适得其反。

---

① ［美］卡赞斯坦:《地区构成的世界:美国帝权中的亚洲和欧洲》,秦亚青、魏玲译,北京大学出版社 2007 年版,第 101 页。

二、国家异质性和利益相关性决定了实现供给的途径

各国参与区域公共产品供给都追求特定的国家利益,而对于彼此互动的国家则体现为利益的汇聚,找到各国的利益交汇点、引导各国解决利益分歧和冲突、使各国的行为具有相对稳定的预期是实现区域公共产品有效供给的重要前提。

其一,当区内各国都以绝对收益为主要偏好时,区域合作易于达成,但在现实中,各国的绝对收益敏感系数由国内局势及主要利益集团对获取收益的迫切程度等内部压力决定,并受国际环境等外部压力的影响,相对收益敏感系数则取决于合作对象和合作领域,因此,凝聚共同利益、增强互惠关系是影响区域公共产品供给的首要因素,而合乎各方要求的合作领域的选择是影响区域公共产品供给的重要因素。

其二,当各国竞争相对收益时,合作也可以达成,只是所达成协议的内容将受到限制,低政治化的领域较高政治化的领域更容易实现合作;但是,当各国实力发生剧烈变动、实力地位发生反转时,各国将更加注重相对收益,尤其是相对实力下降的国家。在此情况下,增加博弈方数量有助于降低各国对相对收益的关注度,进而降低相对收益竞争对国际合作的消极影响,也就是说,在各国竞争相对收益的情况下,多边关系更有利于合作的达成,范围较小的合作反而不易达成。

其三,在没有现存主导者或主导者的禀赋不再适于承担领导者地位时,区域范围内的其他国家将竞逐区域公共产品主导供给方的地位,其目的就是为了获得垄断性收益,为了左右区域经济规则的演进方向,为了获得更大规模的相对收益。但各国的实力并非均匀分布的,各国实力的增长速度也并非均衡的,实力对比格局和收益分配格局之间的匹配程度和调整进度是决定区域公共产品持续性供给的关键。

从区域内部来看,大国和强国往往绝对收益敏感系数较高、成本敏感系数较低,它们完全有意愿也有能力率先供给区域公共产品,因此应

当"先行一步"并允许小国和弱国"搭便车",因为这可以改变小国和弱国的成本—收益结构,使其跨越高成本、低收益的阶段。但是,大国的作用不仅在于要有能力承担大部分"先行"成本,而且要带动其他成员也付出相应成本,促使小国和弱国也加入到区域公共产品供给者行列,因为大国没有意愿进一步供给更多数量的区域公共产品,达不到最优供给量,只有小国也成为供给者才能使得区域公共产品随着贡献的增加而得以增加,进而实现帕累托改进,区域经济合作的主体范围也得以扩大。

从与域外大国的关系来看,外部性本身就是一种特殊的成本—收益现象,指的是区域内合作对域外国家的影响,本书之所以将它剥离出来主要是考虑到东亚地区在政治和经济上都不独立的特点,这种特点决定了:与其他地区相比,东亚公共产品供给必将受到域外因素的更大影响。当区域公共产品的成本和收益外溢到域外,从而影响域外大国的战略利益时,其干预是不可避免的。尽管"反霸"并非区域公共产品的政策指向,但从霸权国立场来看,当区域公共产品的外部性积累到一个"临界值"从而客观上对其全球霸权利益产生冲击时,霸权国的全面干预就具有合理性和不可避免性。而在实践中,大多数区域公共产品的外部性并不能被有效地内在化,各供给方不得不考虑追求本地区合作可能对其他国家和尤其是霸权国战略利益产生的冲击;反过来讲,域外大国和国际机构对某个地区的关心也往往来自区域公共产品产生的外部性,其干预或应对措施也就具有了不可避免性和某种程度的合理性,也就是说,无论区域公共产品的外部性是正的还是负的,域外大国都会干预,其目的都是为了保持本国的战略利益,只不过干预方式不同罢了。

总之,从实现条件看,区域公共产品的供给途径就是在厘清不同国家收益敏感性和成本敏感性的基础上、通过一定的供给机制重塑各博弈方的成本—收益结构;更为关键的是,伴随着各国实力的消长,各国的预期收益偏好、成本承担能力和外部利益相关性效应都将随之产生变化,如何实现实力对比格局与收益分配格局、成本分担格局的动态匹配①,实现域内合作与域外大国干预的良性互动,就成为区域公共产品长期可持续供给的决定性因素。

---

① 刘丰:《国际利益格局调整与国际秩序转型》,《外交评论》2015 年第 5 期。

第三章　亚洲金融危机后的东亚区域
公共产品供给：进展及成效

第一节　亚洲金融危机后东亚的区域公共产品需求

一、东亚区域经济合作的酝酿、探索与启动

东亚区域经济合作的酝酿始于 20 世纪 70 年代,日本是主要的倡导者和推动者。作为 20 世纪后期创造了多个"经济奇迹"的地区,东亚早已产生了推动区域经济合作的动机,如日本一桥大学教授小岛清(Kiyoshi Kojima)早在 1965 年就提出由美国、加拿大、日本、澳大利亚和新西兰等发达国家组成"太平洋自由贸易区"的设想,随后日本外相三木武夫在其对外政策中加入"太平洋合作"的内容,至此,太平洋发达国家合作演变为包括发展中国家在内的"环太平洋经济合作"。1978 年,日本首相大平正芳正式提出"环太平洋经济合作构想",1980年在堪培拉召开了由 13 个国家和地区的官方、民间、学者三方人士参加的"太平洋共同体研讨会",这为后来的亚太和东亚区域经济合作的启动和发展奠定了基础。作为当时的亚洲最大经济体和全球第二大经济体,日本十分关注东亚区域经济合作的历史机遇,然而,每当遇到美国等发达国家的干预时,日本就不得不放缓与东盟等东亚国家的合作步伐,在此阶段,日本一方面担忧与美国的合作会引起东南亚国家的反感,另一方面又担心与东南亚国家的合作会引起美国的猜疑和不满,因

此一直退缩、折中、"和稀泥",因此该阶段的东亚区域经济合作一再陷入缺乏"火车头"的困境。①

东亚区域经济合作的探索期是20世纪90年代前期,部分东南亚国家成为主要的倡议发起者。80年代末以来,美国、加拿大、墨西哥开始商谈自由贸易协定,并最终成立了北美自由贸易区(NAFTA),欧共体决定于1992年建立统一的大市场,签署了《马斯特里赫特条约》,确定了建立政治联盟和经济与货币联盟的目标与步骤,这些都刺激着东亚各国的"神经"。1990年马来西亚前总理马哈蒂尔倡议建立包括东盟和中日韩在内的"东亚经济核心论坛",该倡议的出现标志着东盟已经开始取代日本成为推动东亚区域经济合作的"旗手"。但此期间,美国对于掌握亚太经济合作主导权变得异常积极,因而也对东亚加强内部经济合作的动向异常敏感②,美国一方面联合日本、澳大利亚、韩国等国发起成立了亚太经合组织(Asia-Pacific Economic Cooperation, APEC);另一方面阻挠东亚内部独立的经济合作。东亚国家曾一度将区域经济一体化的希望寄托于APEC身上,1997年亚洲金融危机后,美国主导的国际货币基金组织在援助贷款上附加了苛刻的条件,这种做法激起了东亚各国的愤怒;此后,东南亚各国希望APEC能在促进地区发展上有所作为,但APEC对此却没有任何实质性举措,1998年吉隆坡会议也未能通过部门早期自由化计划,特别是"9·11"事件后,APEC越来越政治化,因为美国更多的是把APEC作为一个政治工具(如反恐舞台)而不是促进自由贸易的平台③,这更加引起了东亚各国的反感,加之APEC仅是准制度性的区域经济一体化形式,各国作出的承诺不具有约束力,因此APEC越发虚化,区域经济一体化功能逐渐弱

---

① 金熙德:《东亚合作的进展、问题与展望》,《世界经济与政治》2009年第1期。
② 金熙德:《东亚合作的进展、问题与展望》,《世界经济与政治》2009年第1期。
③ 宋伟:《美国霸权和东亚一体化——一种新现实主义的解释》,《世界经济与政治》2009年第2期。

化,有些学者讥之为"空谈俱乐部"。①

　　东亚制度性经济合作的启动期是 1997 年亚洲金融危机以后,以东盟和中日韩的联合为主要特征,其标志性成果是地区双边 FTA 网络的建立。1997 年亚洲金融危机是东亚制度性经济合作的启动器,它使得东亚各国认识到加强地区内部合作、共同抵御外部风险的重要性。1997 年 12 月,东盟邀请中国、日本、韩国参加"东盟成立 30 周年大会",首次实现了东盟与中日韩领导人的会议,走出了东亚制度化区域经济合作进程的重要一步。此后,东盟和中日韩创立了"10+3"合作机制,严格意义上的东亚区域经济一体化格局开始显现,并迅速发展成为东亚区域经济合作的主要渠道,合作内容也逐渐拓展。

　　目前,"10+3"合作框架已经发展成为包含整个东亚地区的多层次、宽领域的合作机制,在 24 个领域建立了 66 个不同级别的对话机制,其中包括 17 个部长级会议机制,每年都召开首脑会议、部长会议、高官会议和工作层会议;与"10+3"合作机制同时出现的,还有东盟分别与中日韩的双边合作机制(即 3 个"10+1")、中日韩三国合作机制,此三者加上东盟自身被称为"东亚经济合作的四个轮子"。在"四个轮子"的共同驱动下,东亚掀起一波建设双边 FTA 的浪潮:中日韩与东盟先后签署了《中国—东盟全面经济合作框架协议》《日本—东盟全面经济伙伴关系框架协议》和《韩国—东盟双边自由贸易框架协议》,它们分别以建设中国—东盟自贸区、日本—东盟自贸区和韩国—东盟自贸区为目标。此外,东亚次区域合作也十分活跃,比如大湄公河次区域经济合作、图们江区域经济开发计划、东盟增长三角等。总的来说,20 世纪 90 年代末起步、21 世纪初迅速发展起来的东亚制度性经济合作进程是由一系列双边、诸边或多边协议共同构成的,是由多层次的合作机制共同推动、在市场和政策的双重驱动下展开的。

---

　　①　樊勇明、钱亚平、饶芸燕:《区域国际公共产品与东亚合作》,上海人民出版社 2014 年版。

二、东亚区域公共产品需求的产生

1997 年亚洲金融危机解决了被称为"奥尔森困境"的合作意愿问题,使东亚各国意识到区域公共产品缺失的危险;但是,促使各国真正联合起来实现区域公共产品供给的却有更深层次的原因,也就是说,亚洲金融危机仅是东亚各国联合供给区域公共产品的契机,而非根本原因。

首先,东亚各国的贸易和投资关系日益紧密,因此需要以区域贸易体系和区域投资体系等区域公共产品来维护日益增长的共同经济利益[①],这是东亚区域公共产品需求的根本性内容。东亚区域经济合作的基础是依赖于市场自组织能力的"事实一体化",正如全毅和许坚[②]所言,早期的东亚经济一体化实际上源于 20 世纪 60 年代以来形成和不断发展的地区产业分工体系,其表现形式最开始是日本主导的"雁形模式"[③],后来是东亚地区生产网络[④],这种由各国(包括域外发达国家)联手缔造、经过数十年发展的地区产业分工体系使东亚各国之间形成了以货物贸易、直接投资和技术转移为主要内容的非制度性经济

① 张英英:《东亚制度性区域公共产品供给模式与路径构建》,山东大学 2012 年硕士学位论文,第 44—51 页。

② 全毅:《东亚区域合作的模式》,载张蕴岭、沈铭辉主编:《东亚、亚太区域合作模式与利益博弈》,经济管理出版社 2010 年版,第 3—18 页;许坚:《东亚区域经济一体化研究》,南京大学 2010 年博士学位论文,第 65—90 页。

③ 2001 年 5 月,日本经济产业省在该年度《通商白皮书》中明确指出,以日本为"领头雁"的东亚经济"雁形形态发展"时代业已结束,代之而起的是"以东亚为舞台的大竞争时代"。刘向丽、车维汉:《日本对外贸易结构的调整与雁形模式的前景》,《辽宁大学学报》(哲学社会科学版)2003 年第 2 期。

④ 目前全球主要形成了三大国际性区域生产网络,分别为美国与墨西哥之间的北美地区生产网络、德国与东欧国家之间的中东欧地区生产网络以及东亚各经济体之间的东亚地区生产网络。相比之下,东亚生产网络的空间分布最为广泛,包括众多不同收入水平的国家或地区,发展较为完善且特点鲜明。参见刘中伟:《东亚生产网络、全球价值链整合与东亚区域合作的新走向》,《当代亚太》2014 年第 4 期。

圈，实现了市场驱动的经济一体化，不仅加深了各经济体之间的经贸联系，也成为最终产品竞争力的主要来源。但是，这种由市场力量主导的功能性一体化有其天然缺陷，因为跨国公司的贸易投资活动天然地带有市场的自发性、盲目性和滞后性特点，制度性经济合作的缺乏在很大程度上制约了区内贸易投资的进一步扩大，制约了地区分工体系的进一步发展，生产要素配置远未达到最优状态，因此各国有必要通过签订区域贸易协定、建设自由贸易区等形式为地区生产网络的更快更好发展奠定制度基础。

其次，东亚各国面临的国际风险和国际经济竞争压力越来越大，因此需要以区域经济合作来提升东亚地区应对外部冲击的能力、增强东亚经济的整体合力，这是东亚区域公共产品需求得以产生的重要推动力。经过数十年的发展，东亚各经济体已经形成"一荣俱荣、一损俱损"的格局，单一国家无法对突发的系统性危机作出有效应对，亚洲金融危机由泰国等东南亚国家向韩国等东北亚国家的扩散已经说明了这一点，各国只有联合起来才能有效提升抗击外部风险的能力。如果说亚洲金融危机使东亚各国意识到了依靠单个国家的力量难以抵御来自外部风险的冲击，那么"打造"区域贸易投资体系等区域公共产品则有利于东亚地区经济的稳定增长，例如：东亚区域贸易合作机制建设可以降低区域内贸易壁垒，扩大内部贸易规模，形成内部市场，从而降低对区外市场的依赖，增强经济增长的自主性和稳定性，同时可以通过合作促进区域内的产业整合，形成更合理的国际分工格局，减少产品的同质性和竞争性，形成优势互补和规模经济，提升整体经济效率。[①]

最后，东亚各国迫切需要以联合提供区域公共产品的方式应对国际区域经济一体化的潮流，提升与其他区域经济一体化组织讨价还价

---

① 张伯伟、彭支伟主编：《全球视角下的东亚经济合作研究》，南开大学出版社 2014 年版，第 14 页。

的能力①,这也是形成东亚区域公共产品需求的重要推动力。20 世纪 80 年代末和 90 年代初,全球各种区域一体化组织相继诞生,原有区域经济一体化组织也得到加强,欧洲联盟(European Union,EU)和北美自由贸易区(NAFTA)的诞生标志着大国之间的竞争日益演变为区域经济合作组织之间的竞争。② 与它们相比,东亚区域经济合作进程相当滞后,不仅没有形成区域经济一体化组织,而且缺乏制度性的合作机制,在国际竞争中处于非常不利的地位;更重要的是,制度安排缺失使东亚各国无法形成区域层次的合力,在国际经济规则制定等领域缺乏谈判能力、竞争能力和影响力,这不仅和东亚地区的经济实力不相称,也使东亚在国际经济规则制定中更加被动。东亚各国意识到:只有通过缔结区域贸易协定、打造区域贸易投资体系、联合供给区域公共产品的方式才能加强团结、增强区域内部凝聚力,以此改变东亚国家一盘散沙的局面,从而防止东亚地区在日益白热化的国际经济竞争中被边缘化。

第二节 亚洲金融危机后的东亚区域公共产品供给

一、东亚贸易类区域公共产品的供给

1. 东盟内部的贸易类区域公共产品供给

1997 年亚洲金融危机后,东盟首先加快了内部的次区域贸易合作机制建设,以东盟自由贸易区(ASEAN Free Trade Area,AFTA)建设为具体方式打造覆盖东南亚国家的次区域贸易体系。1967 年,印度尼西亚、马来西亚、新加坡、泰国、菲律宾五国签署《曼谷宣言》,宣告东南亚

---

① 张伯伟、彭支伟主编:《全球视角下的东亚经济合作研究》,南开大学出版社 2014 年版,第 20 页。

② 李向阳:《全球化时代的区域经济合作》,《世界经济》2002 年第 5 期。

国家联盟（"东盟"）正式成立,此后,文莱(1984 年)、越南(1995 年)、老挝(1997 年)、缅甸(1997 年)和柬埔寨(1999 年)等东南亚国家先后加入,最终形成了一个覆盖整个东南亚地区、人口超过 5 亿、面积达450 万平方千米的次区域组织。①

"冷战"结束后,东盟的主要功能转向推动本地区的经济发展,开展经济合作,构建开放的内部市场。1991 年泰国首先提出建立 AFTA 的构想,在随后的第四次东盟首脑会议(1992 年)上得到与会代表的积极响应,各成员国决定从 1993 年起用 15 年时间建成东盟自由贸易区,其主要目的是:促进东盟成为一个具有竞争力的基地以吸引外资;促进各成员国之间消除关税与非关税障碍以实现贸易自由化;促进成员国之间扩大互惠贸易的范围以建立内部市场。1992 年,东盟经济部长会议通过《有效普惠关税协定》,其核心内容是各成员国逐步削减关税,目标是到 2008 年将关税降至 5% 以下,并完全取消各成员国之间的非关税壁垒。② 1997 年亚洲金融危机使泰国、印度尼西亚等东盟国家经济衰退,东盟构建区域贸易合作机制的心情更为迫切:1998 年 12 月,东盟自贸区的建成期限被提前至 2002 年;1999 年 9 月,各成员国确定东盟自由贸易区的最终目标为"零关税",其中,东盟老六国实现"零关税"的最后期限为 2015 年,东盟新四国实现"零关税"的最后期限为2018 年;此后,东盟自贸区建设进程不断加快,实现"零关税"的日期不断提前,2002 年年初,东盟老六国率先启动东盟自由贸易区谈判,2003年东盟自由贸易区建成,不仅实现了取消阻碍商品流动的数量控制体制,而且加快了关税体制改革的步伐。③

---

① 张伯伟、彭支伟主编:《全球视角下的东亚经济合作研究》,南开大学出版社 2014 年版,第 100—105 页。

② 新华网:《背景资料:东盟自由贸易区》,http://news.xinhuanet.com/world/2007-01/14/content_5603496.htm,2007-01-14。

③ ASEAN:"ASEAN Free Trade Area (AFTA Council)",http://www.asean.org/asean-economic-community/asean-free-trade-area-afta-council/.

尽管东盟自贸区仅是一个次区域公共产品,但是对整个东亚的区域公共产品供给起到了巨大的推动作用,因为它不仅促使东盟更加自信,而且为东亚创造了一条独特的区域经济合作的规则——"东盟模式",即由小国、弱国联盟安排地区合作的一系列程序规范,并说服该地区的大国、强国接受这些程序规范①,其特色是坚持非正式性、磋商和协调一致;此后本地区的合作,无论是"10+3"还是"大湄公河次区域合作计划"都可以看到"东盟模式"的影子。②

2. 以东盟为中心的东亚贸易类区域公共产品供给

在推进次区域贸易合作机制建设的基础上,东盟积极倡导东亚的区域贸易合作机制建设,与中日韩等地区大国携手共建区域贸易体系,推动东亚地区的自由贸易区谈判。自 2001 年以来,东盟先后与中国、日本、韩国进行 FTA 谈判,客观上形成了以东盟为"轮轴"、以中日韩等地区大国为"辐条"、以三个"10+1"为主体内容的区域贸易合作格局,尽管这一格局较为分散,但各方都承诺将以覆盖整个地区的、统一的东亚自贸区(EAFTA)为最终建设目标。

其一,中国—东盟自贸区建设。2002 年中国与东盟签署《全面经济合作框架协议》,2003 年中国—东盟自由贸易区(China-ASEAN Free Trade Area,CAFTA)谈判正式开始,2003 年双方基本完成了"早期收获计划"(Early Harvest Program)的谈判,承诺互相降低若干农产品("快车道产品")及其他产品(正常轨道产品)关税,让中国与东盟国家提前分享到了建设自贸区的信心,带动了整个自贸区的建设。随后,中国—东盟自由贸易区建设正式启动,2004 年双方签署《货物贸易协议》,2007 年双方将合作范围扩展至服务贸易领域,签订了《中国—东盟服

① Martin D,Smith ML R.,"Making Process,Not Progress:ASEAN and the Evolving East Asian Regional Order",*International Security*,Vol.32,No.1,2007.
② 张云:《国际政治中"弱者"的逻辑:东盟与亚太地区大国关系》,社会科学文献出版社2010 年版;樊勇明、钱亚平、饶芸燕:《区域国际公共产品与东亚合作》,上海人民出版社 2014 年版,第 145 页。

务贸易协议》,2009 年签署中国—东盟自贸区《投资协议》,这标志着中国—东盟自贸区的主要谈判已经完成,2010 年中国—东盟自贸区如期全面建成。

其二,日本—东盟自贸区建设。在中国与东盟的合作取得突破性进展之际,为了防止其自身在东亚区域经济合作进程中被"边缘化",日本也积极推进日本—东盟自贸区(Japan-ASEAN Free Trade Area, JAFTA)建设。2003 年,日本与东盟签署了《全面经济伙伴关系框架协议》,以日本与东盟的经济一体化为目标,逐步消除日本与东盟以及各成员国之间几乎所有的货物贸易关税,取消服务贸易的歧视,加强投资领域的合作,最终实现货物贸易、服务贸易和投资的全面自由化。[1] 该协议确定了建设日本—东盟自贸区的时间表,即 2004 年开始部长级磋商,2005 年正式谈判,2017 年全面建成该自由贸易区,2008 年 11 月,双方承诺将在 10 年内基本上实现贸易自由化。

其三,韩国—东盟自贸区建设。在中日相继确定与东盟建立自贸区之后,韩国也提出了建立韩国—东盟自贸区(Korea-ASEAN Free Trade Area,KAFTA)的设想,2004 年双方在雅加达就建立 KAFTA 进行了首次专家会谈,2005 年双方签署了《经济合作框架协议》及《争端解决机制协议》,这标志着韩国—东盟自贸区建设正式启动;2006 年韩国与东盟九国签署《货物贸易协议》,并实施削减关税措施[2],2007 年双方签订《服务贸易协议》[3],2010 年韩国—东盟自贸区宣布建成。与中日两国相比,韩国与东盟的自贸区建设进程虽然起步较晚,但是进展速度最快,使得东亚地区以东盟为中心的"轮轴—辐条"FTA 网络正式形成,东亚区域经济合作也随之呈现新格局。

---

① 王勤、刘静:《日本—东盟自由贸易区的进程与前景》,《东南亚研究》2006 年第 6 期。
② 泰国由于想扩大出口的大米等农产品被韩国指定为高度敏感产品,因此并未签字。
③ 2009 年 6 月,泰国也加入了《货物贸易协议》和《服务贸易协议》。参见袁波:《韩国—东盟 FTA 建立的背景与内容解析》,《东南亚纵横》2011 年第 6 期。

表 3.1　中日韩与东盟 FTA 的签署进程

国家	框架协定	货物贸易协定	服务贸易协定	投资协定	全面建成
中国	2002.11	2004.11	2007.1	2009.8	2010
韩国	2004.11	2005.11	2007.10	2009.6	2011
日本	2003.11	2008.11	—	—	—

资料来源:全毅主编:《十字路口的东亚区域合作——东亚经济合作新思维》,经济科学出版社 2011 年版,第 108—110 页。

　　此外,中日韩之间也加快了协商或签订双边区域贸易协定的步伐,如中日、中韩、韩日之间的自由贸易区,有些取得了实质性进展(如中韩自由贸易区),但有些只是提出了动议(如中日自由贸易区),有些则被长期搁置(如日韩自由贸易区)。与此同时,中日韩 FTA 被提上议事日程,并进入联合研究阶段。2002 年,中日韩三国领导人峰会提出要建设中日韩自由贸易区(China-Japan-Korea Free Trade Area,CJKFTA)的构想,随后展开民间研究,此后,三国研究机构对建立 CJKFTA 的可行性进行了深入分析,并得出积极结论。2007 年,中日韩三国成立联合研究委员会,负责探讨建立 CJKFTA 的可行性,并开始进行三边投资协定谈判。2008 年 12 月,中日韩三国首次在"10+3"框架外举行领导人会议。2009 年三国就尽快启动 CJKFTA 的政府·企业·学界联合研究达成共识,未来的 CJKFTA 将涉及货物贸易、服务贸易、投资和其他议题。[①]

　　总体来看,尽管东亚没有形成覆盖整个地区的自由贸易协定,但在地区双边 FTA 网络的影响下,东亚贸易自由化进程明显加快,区域贸易合作机制逐渐形成,迈出了构建区域贸易体系的实质性步伐,并为后续的许多建设扫清了障碍,提供了模式和经验,增进了地区共同的贸易利益。

---

　　① 该项联合研究于 2010 年 5 月启动,2011 年 12 月三国发布《中日韩自由贸易区可行性联合研究报告》。

二、东亚投资类区域公共产品的供给

如果说联合构建区域贸易体系是东亚区域经济合作的重点,那么联合构建区域投资体系则是东亚区域经济合作的重要补充。从区域投资合作机制看,东亚各国在早已签署的双边投资保护协定的基础上积极寻求签订区域性的投资协定,如东盟投资区、中国—东盟自贸区及韩国—东盟自贸区框架下的投资协定等。① 这些协定的签署和落实标志着以投资自由化为宗旨、以区域投资合作机制建设为内容的区域投资体系建设,已经是东亚区域经济合作的重要支柱。

1. 东盟内部的投资类区域公共产品供给

1997 年亚洲金融危机后,东盟加快了内部的次区域投资合作机制建设,以东盟投资区(ASEAN Investment Area, AIA)为具体方式打造覆盖全部东南亚国家的次区域投资体系。20 世纪 90 年代以前,东盟内部的经济合作仅限于为区域内工业品贸易和服务贸易领域,1987 年东盟各国签署了《促进和保护投资协定》,目的在于使以东盟为基地的跨国公司能够在各成员国间享受公平待遇,但实施效果很有限;进入 90年代,东盟进一步认识到加强内部投资合作机制建设的重要性,在1992 年达成的《加强东盟经济合作框架协议》中,各成员国承诺在建立东盟自由贸易区的同时加强投资合作机制建设;1995 年,东盟领导人倡议建立东盟投资区,并通过了《促进外国直接投资和区内相互投资行动计划》。② 尽管由于时机不成熟等问题,东盟有关投资合作机制建设的措施没有具体化,但这些倡议表明:东盟已经将区域投资体系建设作为区域经济合作的新方向。

1997 年爆发的亚洲金融危机给东盟各国经济带来灾难性打击,投资者信心不足,东盟的国际投资流入大幅下降;与此同时,跨国公司的

---

① 竺彩华:《东亚投资合作发展现状及其趋势研究》,《亚太经济》2009 年第 5 期。

② 李皖南:《东盟投资区的提出与发展》,《亚太经济》2006 年第 4 期。

全球战略发生变化,从注重低劳工成本转向注重经济环境,基础设施、知识产权、劳动者素质和国内配套能力等因素成为吸引跨国公司投资的首要因素。在此背景下,东盟加强了内部的投资合作机制建设,1998年10月,东盟各国再次重申建立东盟投资区,并正式签署了《东盟投资区框架协议》,计划在2010年建成东盟投资区。作为一个具有法律约束力的协议,《东盟投资区框架协议》为东盟投资区建设提供了法律保障,并在一定程度上增强了外国投资者的积极性,因而是东盟投资合作机制建设的重要环节。进入21世纪以来,东盟投资区建设逐步展开,2003年10月举行的第九届东盟首脑会议上,各国宣布将全面推进和落实东盟投资区建设,并将其纳入东盟经济共同体的宏伟蓝图,承诺在2010年之前优先实现11个领域的一体化[1],这对于改善东盟投资环境、吸引外来直接投资、促进各国经济增长起到了积极作用,同时对东亚区域投资体系的建设提供了较大的推动力。

2. 区域层面的东亚投资类区域公共产品供给

在区域层面,亚洲金融危机为东亚区域投资体系建设提供了契机,各国曾一度对东亚投资区寄予希望,但是在之后的实践中,双边投资合作机制成为东亚区域投资体系建设的主体内容。2001年,由26位专家组成的"东亚展望小组"向领导人会议提交了最终研究报告,区域投资合作机制被作为建立"东亚共同体"的一项重点内容,即:推动投资领域的开放,将东盟投资区框架协议扩展到整个东亚地区;此后,在2002年由"10+3"各国官员参加的"东亚研究小组"提出的研究报告中,"以东盟投资区为基础建立东亚投资区"是推进东亚共同体建设的八项中期措施之一。[2] 尽管各国共同建设东亚区域投资合作机制的构想很美好,但在现实中却并不那么顺利,在实践中,投资类区域公共产

---

① 竺彩华:《东亚投资合作发展现状及其趋势研究》,《亚太经济》2009年第5期。
② 张蕴岭:《在理想与现实之间——我对东亚合作的研究、参与和思考》,中国社会科学出版社2015年版,第28—30页。

品是作为贸易类区域公共产品的"副产品"提供的,因为《投资协议》被
包括在 3 个"10+1"FTA 谈判之中。

表 3.2 《"东亚展望小组"最终研究报告》的主要内容

合作领域	合作内容
经济合作 方面	建立东亚自由贸易区(EAFTA),先于亚太经济合作组织的茂物目标(2020 年)建成
	推动投资领域的开放,将东盟投资区框架扩展到整个东亚地区
	推动地区发展和技术方面的合作,对不发达国家提供援助
	推动知识经济的发展,建立面向未来的经济增长结构
金融合作 方面	推动东亚金融合作,建立地区金融合作机制
	加强汇率协调,实现地区的金融稳定,促进经济发展
	加强地区的金融监督和管理
政治安全 方面	在睦邻友好、相互信任和团结一致的基础上处理地区内部关系
	建立应对威胁地区和平问题的合作机制
	在尊重国家管理各自事务原则的基础上拓宽政治合作
	扩大东亚在国际事务中的声音,扩大地区在建立和发展全球新秩序过程中 的作用
社会和 文化合作 方面	在人力资源发展、技能训练和能力建设方面加强合作
	提高地区的认同意识,加强文化合作
	加强教育领域的合作,设立东亚教育基金

资料来源:张蕴岭:《在理想与现实之间:我对东亚合作的研究、参与和思考》,中国社会科学出版社
2015 年版,第 28—29 页。

与区域贸易合作机制相对应,区域投资合作机制建设主要落实到
双边投资协议的谈判上:其一,中国与东盟的双边投资合作机制建设。
在 2002 年签署的《中国与东盟全面经济合作框架协议》中,双方承诺
在投资领域建立一个自由、便利、透明并具有竞争力的投资合作机制,
2009 年双方签署的《投资协议》是中国—东盟 FTA 的组成部分;2009
年中国商务部长与东盟 10 国经贸部部长共同签署了《中国—东盟全
面经济合作框架协议投资协议》,双方承诺相互给予投资者国民待遇、

最惠国待遇和投资公平公正待遇,提高投资相关法律法规的透明度,并为双方的投资者提供充分的法律保护,从而进一步促进双方投资便利化和渐进自由化。①

其二,韩国与东盟的双边投资合作机制建设。2009 年 4 月,东盟与韩国完成《投资协议》谈判,并于 6 月在韩国济州岛正式签署,《投资协议》的签署标志着韩国—东盟自贸协定谈判正式完成,韩国也因此成为"10+3"机制下首个完成货物贸易、服务贸易、投资和争端解决机制四大协定的国家。② 韩国原本是继中国和日本之后才同意与东盟展开 FTA 谈判的国家,然而韩国与东盟的《投资协议》谈判进展非常快,仅花了一年多时间就完成了谈判程序。按照投资协定的条例,东盟与韩国都承诺开放各自的投资领域,并让双方的投资享受优惠待遇,双方政府也不可以在没有给予公平与允足赔偿下接管企业资产;在争端解决方面,投资者可以通过本国法庭的法律途径或交由国际仲裁机构处理这些问题。③

其三,日本与东盟的投资合作机制建设。从 2002 年到 2009 年,日本分别与新加坡、马来西亚、泰国、文莱、印度尼西亚、菲律宾、东盟 10 国、越南签署了 8 项经济伙伴关系协定(Economic Partnership Agreement,EPA),除日本分别与东盟、越南签署经济伙伴协定之外,其他 9 项协定均对投资问题作出了详细规定。④ 从 2008 年到 2009 年,《日本—东盟全面经济伙伴关系框架协议》在日本与老挝、缅甸、新加坡、越南、文莱、柬埔寨之间分别生效⑤,值得注意的是,这一协定虽然也包含了投

---

① 关于此问题的详细研究请参见全毅主编:《十字路口的东亚区域合作——东亚经济合作新思维》,经济科学出版社 2011 年版,第 104—105 页。

② 竺彩华:《东亚投资合作发展现状及其趋势研究》,《亚太经济》2009 年第 5 期。

③ 全毅主编:《十字路口的东亚区域合作——东亚经济合作新思维》,经济科学出版社 2011 年版,第 104—105 页;竺彩华:《东亚投资合作发展现状及其趋势研究》,《亚太经济》2009 年第 5 期。

④ 史晓丽:《〈中日韩投资协定〉的构建》,《东北亚论坛》2011 年第 1 期。

⑤ 史晓丽:《〈中日韩投资协定〉的构建》,《东北亚论坛》2011 年第 1 期。

资章节,但内容极其简单,其原因在于日本在东南亚经营多年,拥有大量的投资项目,因此日本在自由贸易区谈判中更多强调了贸易便利化、商业环境、知识产权等具体问题;另外,在日本与东盟国家分别签署的自贸协定中都有投资条款,所以,《日本—东盟全面经济伙伴关系框架协议》中的投资章节就相对简单了。①

第三节　东亚区域公共产品供给的特点与成效

一、区域公共产品供给的特点

1.供给客体的特点:贸易为主、"质次价廉"

东亚区域经济合作是问题导向的,东亚区域公共产品供给也是为了满足区域内各成员国应对共同问题的需要,因此有着明显的针对性;与此同时,东亚各国国情差别很大,发展程度参差不齐,这导致了区域公共产品的"质量"较差,各国参与供给的"门槛"较低。

第一,东亚公共产品的供给内容有明显的侧重点。贸易类公共产品是东亚各国供给的重点,东亚地区的双边 FTA 建设取得了明显成就,尽管离东亚自贸区还有很长距离,但已经在很大程度上为本地区的贸易自由化扫清了道路,东亚投资类区域公共产品的供给刚开始起步。具体来看,东亚区域公共产品集中在贸易类,尤其是在货物贸易自由化领域,尽管本地区一些是发达国家(如日本),希望推动更多领域的开放,但由于东盟掌握了区域经济合作的主导权,所以重点仍是推进货物贸易市场的开放,服务贸易和投资领域的开放程度都比较低,整个东亚地区的投资合作制度还不完备,投资类区域公共产品供给严重不足,这也预示着区域投资合作机制有望成为未来东亚区域公共产品供给的新

---

① 日本与东亚国家签订的 EPA 及其条款内容请参考 WTO 的 RTA 统计。

增长点。

第二,本阶段的东亚区域公共产品有着"质次价廉"的特征。"质次"指的是东亚区域公共产品的"质量"普遍不高,货物贸易市场开放程度高,服务和投资的开放度较低,规则标准偏低,执行力较弱:东亚地区签订的 FTA 标准尽管高于 WTO 的全球平均水平,但普遍低于美欧等发达国家,协定中涉及的区域经济规则水平也远低于欧盟和北美自由贸易区;更重要的是,东盟实行"舒适性原则",无论是东盟内部还是东亚地区的区域公共产品供给机制都缺乏强有力的落实机制和惩罚机制,这一方式的优点在于能把所有成员聚拢在一起,特别是让那些欠发达的成员能够"不掉队",缺点在于会导致一些成员对落实计划缺乏诚意,从而使实际效果大打折扣。① "价廉"指的是实现东亚公共产品供给所需要的条件比较少,也就是说不需过高的"门槛"就可以实现供给、分享收益;从东亚地区最重要的 3 个"10+1"自贸协定的内容来看,本地区的大国、强国充分注意到了小国、弱国对区域公共产品供给成本分担能力的差异,因此对它们实行了差别待遇,典型的表现是:中国和韩国与东盟签订的协议都为东盟新成员国提供了特殊和差别待遇,灵活性较大,日本还在与东盟的自贸区建设目标中添加了更多的对东盟新成员国的技术援助和能力建设等内容。②

表3.3　东亚区域公共产品的质量评估

	签订时间	合作类型	商品贸易	原产地规则	服务贸易	竞争政策	政府采购	知识产权	环境条款	劳务合作
日本—东盟 FTA	2008 年 4 月	南—北	√	√	×	×	×	×	×	×

① 张蕴岭:《在理想与现实之间:我对东亚合作的研究、参与和思考》,中国社会科学出版社 2015 年版,第 80 页。

② 冯维江:《东亚自贸区建设的可行性分析》,载张蕴岭、沈铭辉主编:《东亚、亚太区域合作模式与利益博弈》,经济管理出版社 2010 年版,第 136—137 页。

	签订时间	合作类型	商品贸易	原产地规则	服务贸易	竞争政策	政府采购	知识产权	环境条款	劳务合作
韩国—东盟FTA	2006年5月签订货物贸易协议;2007年11月签订服务贸易协议	南—北	√	√	√	×	×	×	×	×
中国—东盟FTA	2004年11月签订货物贸易协议;2007年1月签订服务贸易协议	南—南	√	√	√	√	×	√	√	×

资料来源:冯维江:《东亚自贸区建设的可行性分析》,参见张蕴岭、沈铭辉主编:《东亚、亚太区域合作模式与利益博弈》,经济管理出版社2010年版,第137页。

2. 供给主体的特点:以东盟为中心的联合供给

第一,联合供给区域公共产品成为满足东亚各国共同利益的最佳方式。在"10+3"机制建立以前,东盟与中日韩之间的经济交往是在市场自发力量的驱动下进行的,缺乏有效的制度推动,也缺乏相应的规则保障;"10+3"合作机制建立后,东亚各国通过联合提供区域公共产品为区域经济发展注入新的活力。在这一进程中,东盟采取了一贯的大国平衡战略,中国、日本、韩国也借助这一平台积极推进自身的区域经济合作战略,这使得东亚区域贸易体系从一开始就未以整体形式推进,而是以"分散谈判"的形式推进,并呈现出"以东盟为轮轴、多重协定交织"的复杂局面。

第二,东盟主导区域公共产品供给成为东亚地区的理性选择。要实现区域公共产品供给,还需要一个主导国或主导国家集团;在没有现存主导者的情况下,区域公共产品的供给将导向区域经济合作主导权的获得。需要注意的是,主导国或主导国家集团的选定并非必然由成本分担份额决定,而是由各国的"比较优势"决定的。在中日韩等地区大国存在竞争的情况下,东盟则充分意识到大国平衡对自身利益的重要性,并创造了具有东亚特色、符合东亚地区实际情况的区域经济合作模式——"东盟模式",这一合作模式得到东亚其他成员国的认同,进而成为东亚公共产品供给的总原则。正是由于这些制度上的比较优势,东盟才一跃成为整个东亚地区公共产品供给的主导方。

3. 供给机制的特点:制度化水平低与制度复杂性并存

截至 2010 年,东亚已开辟了 18 个重点合作领域,建立了 50 多个对话机制,这些都是在"10+3"合作框架下取得的,但这同时暴露了东亚区域公共产品供给机制制度化水平低与制度复杂性并存的特点。

第一,供给机制的制度化程度不够。要想使特定领域的区域公共产品可持续并深入地得到供给,要想使区域内各国的集体行动更为持久和深入,就需要将各供给国家间的合作制度化,这是规范各国在区域公共产品供给和消费中的行为准则,也是维系区域公共产品"受益人支付"原则的重要保证。[1] 东亚区域公共产品供给最重要的八个机制是:东盟共同体、东盟和中日韩"10+3"合作机制、东盟分别与中日韩的"10+1"合作机制、中日韩合作机制、东亚峰会、东盟地区论坛、大湄公河次区域合作机制和亚太经合组织;[2]但从制度化水平来看,仅东盟和 3 个"10+1"机制是制度化合作,其余合作机制都是松散的论坛性质,对参与国不具有约束力;即使是东盟和 3 个"10+1"也是低水平的制度化,最典型的表现有三点:一是议题标准低,东亚区域经济合作议题范围虽然广,但所达成正式协定的要求并不严格,区域经济规则标准未有明显提高,这是由"尊重各方舒适度"的原则决定的;二是运作机制简单,如中国—东盟 FTA 的主要运作机制就是中国—东盟首脑会议和中国—东盟谈判委员会,相比之下 NAFTA 的运作机制包括自由贸易协商机制、劳工合作协定的运作机制、环境合作协定的运作机制等;三是缺乏常设机构,比如中国—东盟自贸区尚未设置秘书处,只能由东盟秘书

---

① 樊勇明、钱亚平、饶芸燕:《区域国际公共产品与东亚合作》,上海人民出版社 2014 年版,第 3 页。

② 秦亚青主编:《东亚地区合作:2009》,经济科学出版社 2010 年版,第 2 页。

处与中国商务部联合给予行政支持。

第二,供给机制的"制度复杂性"现象突出。与北美、欧洲乃至某些发展中地区的经济合作相比,东亚区域经济合作的制度化水平不免相形见绌,但这并不代表东亚没有制度建设,甚至不能代表东亚地区的合作制度框架数量少,恰恰相反,东亚经济一体化制度建设的最大特征是"制度复杂性"[1],也有学者称为"制度过剩"。[2] 由于东亚各国的利益诉求比较复杂,很难在一个合作框架内得到表达,因此东亚各国创建了平行、嵌套、分散的合作框架作为东亚区域公共产品的供给机制。复杂的合作制度框架不一定是东亚区域公共产品有效供给的阻碍因素,在特定环境下,平行、嵌套、分散的合作框架有助于满足不同国家的利益诉求,降低谈判成本,从而较快地实现区域公共产品供给;但是这也为东亚地区双边 FTA 网络进一步整合为 EAFTA 制造了规则障碍。[3]

二、区域公共产品供给成效的总体评估

亚洲金融危机之后,东亚各国积极供给区域公共产品,其成效是相对成功的,之所以定位为"相对成功",是基于横向与纵向两种比较:从纵向分析,相对于之前区域公共产品缺失的情况是一种成功,但并未实现统一的制度安排,地区统一市场仅初步形成,还有极大的拓展空间,所以是"相对成功";从横向分析,与一些发展中地区相比,东亚在如此复杂的政治环境下实现了集体行动,推动了市场开放,促进了各国经济体制的接轨,因此是成功的,但相对于欧盟等成熟的区域经济合作形态又有很多不足,所以是"相对成功"。

---

① 王明国:《国际制度复杂性与东亚一体化进程》,《当代亚太》2013 年第 1 期。
② 李巍:《东亚经济地区主义的终结?——制度过剩与经济整合的困境》,《当代亚太》2011 年第 4 期。
③ 河合正弘、加乃山·维格那拉加主编:《亚洲的自由贸易协定》,社会科学文献出版社2012 年版,第 10—18 页。

　　东亚区域公共产品供给的最终目标是创建统一的区域大市场,由于贸易类区域公共产品成为东亚各国供给的重点、以货物贸易合作机制和货物贸易市场的开放为合作重点、以自由贸易区建设为主要方式,因此其目标可以具体化为创建统一的区域货物贸易市场,而这种"相对成功"就表现在地区双边 FTA 网络对创建区域大市场的推动作用和不足之处上。

　　第一,东亚区域贸易合作机制对创建区域大市场的推动作用。地区双边 FTA 网络建设对东亚地区的区域内贸易规模和流向产生了很大的促进作用,从签订 CAFTA 之后,中国与东盟各国之间的贸易量迅速上升,从 2000 年的 350.3 亿美元迅速增至 2008 年的 2022.5 亿美元,年均增长率为 21.5%;韩国与东盟之间自商谈 FTA 后,双边贸易量也有所上升,从 2000 年的 333.5 亿美元迅速增至 2008 年的 889.8 亿美元,年均增长率为 11.5%;与中韩两国相比,日本与东盟之间的贸易量增长非常平缓,从 2000 年的 1277.7 亿美元增至 2008 年的 2166.1 亿美元,年均增长率为 6%。①

　　第二,东亚区域贸易合作机制对创建区域大市场的不足之处。东亚经济合作的基础是地区生产网络,生产链条中的每一个部分都在某个经济体中加工生产,各国之间的贸易机制是平滑的,但是分散的区域贸易合作机制建设使这一平滑机制受到一定程度的负面影响②,此即对东亚地区"意大利面条碗"现象的担忧,即"多重的、相互嵌套的 FTA 将带来歧视性的贸易自由化";具体而言:同一商品面临不同的关税,不同的 FTA 拥有不同的降税轨迹并实行不同的原产地规则;③而随着

---

① 数据源自亚洲开发银行"Asia Regional Integration Center"年度统计数据。
② 全毅主编:《十字路口的东亚区域合作——东亚经济合作新思维》,经济科学出版社 2011 年版,第 37 页。
③ 原产地规则是指一国制定并实施的、用以确定生产或制造货物的国家或地区的具体规定,其目的是为了实施优惠关税、差别待遇、数量限制或与贸易有关的其他措施,也就是说:不同的原产地规则意味着不同的海关待遇。

FTA 的增多,区域贸易体系建设可能会变得杂乱无章,特别是中小企业在处理各种不同 FTA 时会因多种关税和原产地规则而增加交易成本,而这会给区域大市场的形成带来困扰。

三、区域公共产品供给成效的实证检验

东亚区域公共产品供给对创建区域大市场的推动作用可以用地区双边 FTA 网络对区域贸易流向和贸易流量的影响来描述。国内外诸多学者都对中国、日本、韩国与东盟自贸区的贸易效应进行了研究,如周曙东和崔奇峰[1]、陈汉林和涂艳[2]、徐婧[3]、庄芮[4]、全毅等[5]。从已有成果看,对区域贸易合作机制成效的实证研究主要有两种方法:一类是事后分析,即通过在引力模型中设定一个是否签订 FTA 的虚拟变量进行事后研究,对 FTA 建成前后的贸易流量进行对比;另一类是事前分析,一般采用 GTAP 模型,对 FTA 建成后的经济效应进行预测。[6] 其中,引力模型是对世界贸易流向和流量规模问题进行实证研究的基本工具,其原理是两国之间的双边贸易量取决于其经济总量以及相互间的距离,其基本形式是:

$$\ln X_{ij} = \beta_0 + \beta_1 \ln(Y_i Y_j) + \beta_2 Dist_{ij} + u_{ij} \qquad (3.1)$$

在式(3.1)中,X_{ij} 表示 i 国出口到 j 国的出口额,Y_i 和 Y_j 表示 i 国和 j 国的经济规模,$Dist_{ij}$ 表示 i 国到 j 国之间的距离。随着研究的深入,更

---

[1]　周曙东、崔奇峰:《中国—东盟自由贸易区的建立对中国进出口贸易的影响——基于 GTAP 模型的模拟分析》,《国际贸易问题》2010 年第 3 期。

[2]　陈汉林、涂艳:《中国—东盟自由贸易区下中国的静态贸易效应——基于引力模型的实证分析》,《国际贸易问题》2007 年第 5 期。

[3]　徐婧:《CAFTA 对中国和东盟贸易扩大效应的实证研究》,《世界经济研究》2008 年第 10 期。

[4]　庄芮:《中国—东盟自由贸易区的实践效应、现存问题及中国的策略》,《世界经济研究》2009 年第 4 期。

[5]　全毅主编:《十字路口的东亚区域合作——东亚经济合作新思维》,经济科学出版社 2011 年版。

[6]　东艳:《美国主导的 TPP 对中国经济影响分析》,《中国社会科学报》2015 年 11 月 12 日。

多解释变量被加入到引力模型当中,如消费者价格指数、人均收入、人口、汇率、是否有共同语言、是否接壤、是否为发达国家等,这些研究丰富了引力模型,使其能更好地解释现实中的经济现象;但值得注意的是,引力模型中所包含的变量个数并非越多越好,变量过多很有可能弱化模型的解释能力。[①] 为了分析自由贸易协定对区域贸易的影响,我们需要加入"是否签署 FTA"作为虚拟变量,即 $CAFTA_{jt}$、$JAFTA_{jt}$ 和 $KAFTA_{jt}$,同时参考陈汉林和涂艳[②]、全毅等[③]的方法对引力模型进行完善。

考虑到世界贸易流向和流量规模的国别差异以及不同时间上国家政策的影响,单纯地用时间序列数据和横截面数据都无法有效度量经济总量对双边贸易量的贡献,因此我们采用能有效解决这一问题的面板数据模型来进行研究。本书分别以中国、日本、韩国及它们在东亚的 6 个贸易伙伴国(越南、泰国、菲律宾、新加坡、印度尼西亚和马来西亚)[④]作为研究样本,分别得到中国、日本和韩国的引力模型:

$$\ln TC_{jt} = \beta_0 + \beta_1 \ln(GDPC_t GDP_{jt}) + \beta_2 DistC_j + \beta_3 CAFTA_{jt} + v_{jt} + \xi_{jt}$$

$$(3.2)$$

$$\ln TJ_{jt} = \beta_0 + \beta_1 \ln(GDPJ_t GDP_{jt}) + \beta_2 DistJ_j + \beta_3 JAFTA_{jt} + v_{jt} + \xi_{jt}$$

$$(3.3)$$

$$\ln TK_{jt} = \beta_0 + \beta_1 \ln(GDPK_t GDP_{jt}) + \beta_2 DistK_j + \beta_3 KAFTA_{jt} + v_{jt} + \xi_{jt}$$

$$(3.4)$$

---

① 陈汉林、涂艳:《中国—东盟自由贸易区下中国的静态贸易效应——基于引力模型的实证分析》,《国际贸易问题》2007 年第 5 期。

② 陈汉林、涂艳:《中国—东盟自由贸易区下中国的静态贸易效应——基于引力模型的实证分析》,《国际贸易问题》2007 年第 5 期。

③ 全毅主编:《十字路口的东亚区域合作——东亚经济合作新思维》,经济科学出版社 2011 年版,第 108—110 页。

④ 老挝、柬埔寨、文莱和缅甸的经济规模较小,在整个东盟当中,四国的经济总量和贸易总量都不及东盟总体的 5%,因此忽略它们不会对整体研究结果造成影响。

其中,β_0为截距中常数项部分,v_{jt}为截距中随机变量部分,代表截面个体的随机影响,ξ_{jt}为残差项,j代表截面成员,t代表时间,$j=1,2,3,4,5,6$;$t=1,2,\cdots,10$;TC_{jt}、TJ_{jt}和TK_{jt}分别代表在时间t中国、日本、韩国与东盟第j个国家的进出口总额;$GDPC_t$、$GDPJ_t$、$GDPK_t$分别是中国、日本、韩国当年的GDP总额,GDP_{jt}是相应的第j个东盟国家的当年GDP;$DistC_j$、$DistJ_j$和$DistK_j$分别代表中国、日本、韩国与第j个东盟成员国首都之间的距离。

为了便于比较,本研究所需数据全部来自第三方机构,各国双边贸易量数据来自亚洲开发银行(Asian Development Bank,ADB)的"亚洲区域一体化中心"(Aisan Regional Integration Center)数据库,各国GDP数据来自国际货币基金组织(IMF),各国首都距离来自网络,$CAFTA_{jt}$在2004年之前取值为0,在2004年之后为1;$JAFTA_{jt}$在2005年之前为0,在2005年之后为1;$KAFTA_{jt}$在2008年之前为0,在2008年之后为1;时间界限为从2000年(东亚区域经济合作正式展开)到2009年(全球金融危机开始蔓延)的十年时间。

通过Stata 12.0进行的混合面板数据模型回归结果见表3.4。回归方程的F检验值在1%的显著性水平上均显著,说明模型通过检验,调整后的R^2在75%左右,说明模型的拟合程度较高。[①] 其中,用White检验异方差性的P值均小于0.05,说明在5%的显著水平上应拒绝同方差的原假设,认为存在异方差,因此,采用稳健性回归进行修正。就变量的显著性来看,除了模型2中JAFTA变量系数估计值不显著外,其他均显著,且变量系数估计值均符合理论预期。

---

① 虽然拟合程度的绝对值不算很高,但由于数据样本量较小,我们可以认为这一拟合程度符合要求。

表3.4 引力模型的估计结果

变量名	(1)	(2)	(3)
	ln TC	ln JC	ln KC
lngdpc×gdp	0.351***		
	(0.090)		
DISTC	0.0001**		
	(0.000)		
CAFTA	0.729***		
	(0.166)		
lngdpj×gdp		0.675***	
		(0.107)	
DISTJ		0.000086**	
		(0.000)	
JAFTA		−0.086	
		(0.078)	
lngdpk×gdp			0.307***
			(0.053)
DISTK			0.0002***
			(0.000)
KAFTA			0.334***
			(0.114)
常数项	−0.673	−8.715***	0.103
	(2.205)	(2.777)	(1.275)
N	60	60	60
R^2	0.755	0.751	0.758
R^2_adjust	0.742	0.738	0.745
White 检验 p 值	0.0008	0.000	0.049
F 统计量	48.01***	30.95***	59.79***

注:所有回归结果都用 OLS 估计;( )内是标准误, * 表示 $p<0.1$, * * 表示 $p<0.05$, * * * 表示 $p<0.01$,采用 White 异方差修正。

虚拟变量系数的 t 值分别在 10%、15% 的水平以上,这说明回归变量系数值在统计上较为可靠。我们仅分析最为重要的虚拟变量系数 β_3,它代表的是 FTA 对双边贸易的影响,从 β_3 的实际数值来看,中国、韩国与东盟的 FTA 确实促进了双边贸易的发展,β_3 系数值分别为 0.729 和 0.334,存在着较为显著的贸易创造效应;但日本与东盟的 β_3 系数值为负,即 -0.086,这似乎说明了日本—东盟自贸区建设对双边贸易的促进效应有限,其真实原因是:日本在东南亚经营多年,拥有大量的直接投资,建立了较为完备的海外生产体系,在日本主导的"分散生产、集中装配和分散销售"模式下,日本—东盟 FTA 的效果未能彰显出来。

东亚区域贸易合作机制建设对创建区域大市场的不足之处在于复杂嵌套的双边 FTA 网络导致的"意大利面条碗"效应。衡量"意大利面条碗"效应的常用指标是企业对 FTA 优惠关税的利用率和不同原产地规则下的企业经营成本。对于 FTA 优惠关税的利用率,亚洲开发银行研究院对六个东亚国家(中日韩新泰菲)841 家企业所做的调查表明:约有 28% 的企业(237 个)表示他们利用了 FTA 优惠关税,其中,中国利用 FTA 优惠关税的企业比例最高(45%),其次是日本(29%)和泰国(25%),而韩国(17%)、菲律宾(20%)和新加坡(17%)利用 FTA 优惠关税的企业较少。[①] 我们认为,相对于 FTA 优惠关税的利用率,不同原产地规则下的企业经营成本更能说明分散的区域贸易合作机制对创建区域统一市场的不足之处。表 3.5 列举了东亚不同 FTA 中对一些商品的原产地规则的规定,例如:东盟自贸区对电子集成线路采用税则分类改变标准或 40% 地区累积价值标准,而中国—东盟自贸区则仅采用 40% 地区累积价值标准。

---

① 河合正弘、加乃山·维格那拉加主编:《亚洲的自由贸易协定》,社会科学文献出版社 2012 年版,第 25—40 页。

表 3.5　东亚地区不同 FTA 中的原产地规则(以特定商品为例)

产品 (HS 编码)	AFTA	中国— 东盟 FTA	韩国— 东盟 FTA	日本— 东盟 FTA	日本— 泰国 FTA
电子集成电路(85.42)	CTC 或 40% RVC	40%RVC	CTC 或 40% RVC	CTC 或 40% RVC	CTC 或 40% VC
机动车零配件(87.08)	40%RVC	40%RVC	45%RVC	40%RVC	CTC 或 40% VC
棉纺织品(52.09)	CTC 或 40% RVC 或纺织品工艺标准	40% RVC 或纺织品工艺标准	CTC 或 40% RVC	CTH 或 CTC+材料在任意缔约方地域内印染;或非原产地材料完全在任意缔约方地域内印染	CTH 或 CTC+纺织品/纱线在任意缔约方地域内印染
男套装或男童套装,男便上装等(62.03)	40% RVC;或 CTA+商品在任意缔约方地域内裁剪(或编织成型)并缝制;或纺织品工艺标准	40% RVC;或织物与纺织品工艺标准	40% RVC;或 CTA+商品在任意缔约方地域内裁剪并缝制	CTC+非原产地材料完全在任意缔约方地域内织成	CTC+非原产地材料完全在任意缔约方地域内或任一东盟成员国地域内编织或钩针编成

注:CTC=税则分类改变标准,CTH=税号改变,RVC=地区累积价值,VC=累积价值;数据截至 2010 年 2 月。

资料来源:河合正弘、加乃山·维格那拉加主编:《亚洲的自由贸易协定》,社会科学文献出版社 2012 年版,第 10—17 页。

通过对比可以发现:第一,从价值成分来看,各自由贸易区的原产地规则都较为简单,对所有关税规定了统一的地区价值成分,即商品增加值的 40% 须来自内部;第二,从单一规则、可选规则和复合规则来看,中国—东盟 FTA 对几乎所有产品都适用于单一地区价值成分规则,AFTA 的原产地规则选择性在变大,包含了税则分类改变规则,韩国—东盟 FTA 和日本—泰国 FTA 对多数产品采用了类似的选择性规则;第三,从地区累积制度来看,很多 FTA 都采用了地区累积制度来支持本地区生产网络的发展,如东盟的累积规则,但对一些特定产品(如信息技术产品)也存在灵活性规定;第四,从原产地管理体系来看,东亚各国也未能统一,主要体现在发证机关和签发平台两方面,发达国家往往授权商会、经济运营商或有信誉的贸易商签发原产地证明,而很多发达国家往往以海关机构独家掌控签发权;对于签发平台,韩国、新加坡依赖于高效的由私人部门机构管理的电子系统,而另一些国家则依赖于公共机构管理的纸质系统。①

　　综上所述,经过近十年的建设,东亚地区已经初步形成了区域贸易体系,区域贸易合作机制得以建立并迅速发展,推动了货物贸易市场的开放,统一的区域大市场正在形成,尽管有诸多不足,但终归实现了东亚区域公共产品"从无到有"的历史性跨越,为今后东亚区域经济合作进一步推进创造了制度条件。

第四节　东亚区域公共产品供给相对成功的实现条件

一、收益条件:稳定的预期收益与绝对收益关注占主导

　　由于本阶段东亚区域公共产品以贸易类为重点、以制度化的双边自贸区建设为主要方式、以降低产品过境关税为主要合作内容,所以,对于所有参与区域公共产品的东亚国家而言,它们所能获得的收益是明确的、稳定的和可预期的,这给东亚各国参与区域公共产品供给提供了充分的动力;更重要的是,从国际合作的层面看,东亚地区主要大国(中日韩)对绝对收益的关注都大于对相对收益的关注,这是东亚区域公共产品得以有效供给的关键。

　　从区域整体角度看,东亚地区在有效实现东亚公共产品供给的基础上获得了多重区域整体收益。从经济收益来看,以区域贸易合作机

---

　　①　河合正弘、加乃山・维格那拉加主编:《亚洲的自由贸易协定》,社会科学文献出版社2012年版,第41—49页。

制为内容的贸易类区域公共产品为地区生产网络提供了保障,规范了区域内贸易,促进了区域内的相互投资,使东亚一跃成为世界上最有经济活力的地区;此外,东亚各国联合供给区域公共产品等于在向外界发送信号,表明各方走向开放和实现区域和平稳定的坚定信心,促进了域外资本的流入和域内资本的流动,繁荣了地区经济。从政治收益看,差别化的开放要求使经济发展程度低、开放比较迟的国家能够借助于外力弱化国内受损利益集团的政治压力,使自由贸易政策不发生逆转,获得了国内政治收益;而各国的集体行动有利于营造本地区发展所需要的安全环境,以共同利益弥合政治冲突,稳定地区局势,并通过"外溢效应"促进东亚安全类区域公共产品的供给。从规则收益看,各方对东亚自贸区的努力还将减弱对区域外市场的依赖,为东亚经济的稳定发展提供保险,并提高东亚国家整体对外的讨价还价能力,使东亚各国都获得了一定程度的规则收益。[1] 下面分别论述东亚区域经济合作的主要成员方的收益情况:

对于东盟来说,作为东亚区域公共产品供给的主导方,东盟可以获得并确实获得了多重收益。从经济收益来看,东盟一方面利用日本的资本和技术,扩大生产规模,加速工业化进程;另一方面进入庞大的中国市场,为其产品寻找销路,实现其出口导向型战略。[2] 从政治收益来看,依赖于内部的(次)区域公共产品供给,东盟以集体的力量、共同的立场和大国平衡的外交手段成为地区大国乃至霸权国争相拉拢的对象,使得区内外大国不得不倾听东盟的声音和诉求,这种集体讨价还价能力不仅可以使东盟整体获得客观的政治收益,而且单个国家也可以通过东盟的支持坚定其立场,增强了在地区安全问题上的话语权,总

---

① 白当伟、陈漓高:《区域贸易协定的非传统收益:理论、评述及其在东亚的应用》,《世界经济研究》2004 年第 6 期。

② 张伯伟、彭支伟主编:《全球视角下的东亚经济合作研究》,南开大学出版社 2014 年版,第 179 页。

之,东盟通过在东亚区域公共产品供给中的中心地位获得了远超其综合实力的国际政治影响力。[①] 从规则收益来看,东盟取得了根据自己的标准来确定参与者资格、制定区域经济合作规则、主导区域贸易合作机制建设的收益,在和平时期,国家间的合作与竞争往往集中在制度、组织、规则等方面[②],东盟借合作机制将自身的组织原则、管理模式、合作规则"嵌入"到东亚区域公共产品供给的进程,如东亚区域经济一体化进程中"循序渐进、规则软约束化、照顾各方舒适度"的原则基本上就是"东盟模式"的翻版,东亚区域经济一体化在一开始就深深地烙上了"东盟色彩",这也使得东盟在与大国的集体游戏中获得了主动权,塑造了大国必须遵守的区域经济合作规则。

对于中国来说,参与供给东亚区域公共产品符合中国在东亚地区的综合利益考虑。从经济收益来看,我国与东亚国家地理位置接近,开展贸易往来具有得天独厚的优势,各方在资源禀赋、产业结构、工农业产品方面各具特色,互补性较强,通过与东亚各国联手打造区域贸易合作机制、创建区域贸易体系可以增加贸易规模、提高竞争力、获取规模经济,最终可以在更大的范围内实现资源的优化配置,推动我国的经济增长。从政治收益来看,区域贸易合作机制建设虽然是经济内容,但也涉及地缘政治关系,在很多情况下,区域贸易体系是大国实现其战略利益的政策工具,中国与东盟建设贸易合作机制也有政治利益方面的考量;[③]诚然,经济不能解决一切,但利益基础是"黏合剂",中国与东亚各国有着特殊的地缘关系和共同的政治利益(如维护地区稳定),因此推动务实合作,深化利益基础,建立起连接中国与东亚各国的区域贸易合

---

① 全毅主编:《十字路口的东亚区域合作——东亚经济合作新思维》,经济科学出版社2011年版,第128—130页。

② 翟崑:《东盟在东亚合作中的领导地位》,载张蕴岭、沈铭辉主编:《东亚、亚太区域合作模式与利益博弈》,经济管理出版社2010年版,第168—172页。

③ 张蕴岭:《在理想与现实之间:我对东亚合作的研究、参与和思考》,中国社会科学出版社2015年版,第89—90页。

作机制,将东亚国家纳入一个区域贸易体系,可以使中国与东亚国家的共同利益基础更加牢固,这有利于加强中国与东亚国家在其他领域的合作,从而为中国的发展提供一个稳定的周边环境。

对于日本而言,参与东亚区域公共产品供给可以获得广泛的国内外收益。尽管日本的区域经济合作战略带有明显的被动性,但它在自由贸易区等区域贸易合作机制建设方面的进展不可谓不大,参与程度不可谓不深。① 从经济收益来看,日本迫切需要采用 WTO 机制之外的方式保证日本同贸易伙伴的经济联系和整体利益,通过参与东亚区域贸易合作机制的建设,日本可以带动长期停滞的经济以及提高日本产品的国际竞争力。此外,进入 20 世纪 90 年代,日本的传统对手——美国和西欧逐渐放弃多边贸易合作机制,选择区域经济合作以加强"后院建设",因此日本有必要通过构建区域贸易体系抗衡美欧施加的越来越大的竞争压力。从国际政治收益来看,日本原本并不急于与东盟共建区域经济合作机制,但中国率先表态同东盟建立自由贸易区极大地刺激了日本,日本担心被东亚区域经济合作边缘化,因此开始转变战略,积极参与东亚区域贸易体系的构建;从国内政治收益来看,参与东亚区域贸易体系建设有助于推动日本的国内改革,因为经过泡沫经济崩溃的打击和长时间的经济萧条,日本第二次世界大战高速经济增长的基础——1955 年体制暴露出诸多问题,但要改革这一体制则受制于国内的政治惯性,于是日本政府寄希望于通过区域贸易合作机制提高开放度,进而增强制度透明度,促进日本国内各方面的结构性改革。②

对于韩国而言,参与东亚区域公共产品供给也可以获得多重收益。

---

① 2002 年,日本外务省发表的《日本的 FTA 战略》,明确阐述了日本推进 FTA/EPA 战略的政治经济意义,制定了谈判的原则和对象选择标准,明确了战略重点和战略措施;2006 年,日本经济产业省在《全球经济战略》报告中提出了"东亚 EPA 构想",并成为日本推进东亚 FTA 和东亚共同体的战略。参见赵放:《日本 FTA 战略的困惑》,《当代亚太》2010 年第 1 期。
② 全毅主编:《十字路口的东亚区域合作——东亚经济合作新思维》,经济科学出版社2011 年版,第 93—94 页。

第一，参与东亚区域贸易体系建设有助于延续韩国的"贸易立国"战略，从而获取可观的经济收益。从 20 世纪 60 年代中期开始，"贸易立国"战略促进了韩国的产业结构升级，迅速完成了从农业社会向工业社会的转变，创造了所谓的"汉江奇迹"；而 90 年代，国际贸易环境日益严峻，韩国对外贸易依存度不断上升，出口市场主要集中在美国、日本和中国，这使得韩国的国际贸易关系面临着极为被动的局面，因此希望构建区域贸易体系加强与东亚其他国家的经贸关系来解决这一问题，这同时有助于韩国实现能源进口多元化，因为与东盟签署自由贸易区有助于打开能源合作的大门，深化能源合作领域，解决经济发展的后顾之忧。[①] 第二，参与东亚区域贸易体系建设有助于增强韩国的国际影响力，从而获取政治收益。由于地缘关系等原因，韩国无法加入欧盟和北美自由贸易区，而在东亚地区，韩国并非是能与中国和日本相比的大国，如果不参与东亚区域公共产品供给，韩国必然被排除在区域贸易体系之外。此外，韩国认为，如果能与中国、日本等地区大国建成区域贸易体系，不仅可以缓解各国间的产业竞争关系，还可以扩大战略合作，以东亚各国的联合强化韩国在国际舞台上的角色，稳定东北亚地区的政治局面，为诸多棘手的地缘政治问题的解决提供可能。[②]

从国际合作的层面看，东亚区域公共产品之所以能实现有效供给，最重要的一点就是：东亚地区主要大国——中日韩对绝对收益的关注都大于对相对收益的关注。东亚区域公共产品各供给方的目标函数虽然存在差异，收益也体现在不同领域，但在东亚区域经济合作刚刚起步时，区域公共产品供给是一个"从无到有"的过程，因此不会过于深刻地影响到区域秩序，绝对收益成为各国的主要决策考量[③]，尽管除了绝

---

① 廖小健、廖新年：《韩国的 FTA 战略》，《外交评论》2005 年第 5 期。

② 全毅主编：《十字路口的东亚区域合作——东亚经济合作新思维》，经济科学出版社 2011 年版，第 93—94 页。

③ 李向阳：《新区域主义与大国战略》，《国际经济评论》2003 年第 7 期。

对收益,东亚公共产品供给的收益分配差异也不可低估,但在本阶段,绝对收益成为东亚各国目标函数的主要决策变量:第一,对东盟来讲,实现区域公共产品供给是保证其中心地位的前提条件,既然中日两国都无法容忍对方成为东亚区域经济合作的"中心",那么只要东盟能将地区大国聚拢在一起,就可以获取巨大的收益,这是东盟以前所不曾有的,因此,东盟有极大的意愿推动区域公共产品的供给;第二,对中国来说,中国推动东盟主导的区域公共产品供给除了经济收益外,最主要的还是想营造本国发展所需要的周边安全环境,消除"中国威胁论",这是中国稳定周边局势的重要举措,因此中国也乐于推动区域公共产品供给;第三,对日本来讲,在此阶段,地区力量对比尚未实现结构性的转变,中国刚刚融入地区生产网络和世界市场,其经济实力远未达到与日本比肩的地步,与中国联手推动东亚公共产品供给还能使日本企业获得更多的海外利益,况且,日本受到中国与东盟合作的刺激,只有加入这一集体行动,才能减轻中国的压力;第四,对于韩国而言,在日本的经济实力和中国的政治实力远强于韩国的情况下,最理性的选择是加入到区域公共产品供给当中,而不是计较"谁的所得更多一些",因此韩国才会成为东亚区域公共产品供给中的"后起之秀"。基于以上种种考虑,中国、日本、韩国和东盟(特别是中日之间)对绝对收益的关注远超出对相对收益的竞争,这使得东亚区域公共产品得到较为充分的供给。

二、成本条件:总供给成本较低与大国的选择性激励

共同分担区域公共产品供给成本不仅是区域内各国达成合作的需要,也是区域内各国的现实选择。日本自 20 世纪 90 年代初泡沫经济崩溃后,经济一直缓慢增长,甚至出现了负增长,仅从经济实力来讲日本就难以支付稳定东亚地区经济、促进地区共同发展所需的区域公共产品的供给成本;中国的经济实力尚不如日本,也无力承担起整个东亚

区域公共产品供给的重担;东盟更是缺乏这种实力,不仅整体实力不如中日两国,更面临着"新东盟"与"老东盟"成员的内部矛盾,即使东盟内部也缺乏集体资源以供给区域公共产品,主要依靠外来资源。① 因此,仅从经济实力来看,东亚任何一国都没有独自供给整个地区所需区域公共产品的实力,共同分担区域公共产品的供给成本便成为东亚各国的必然选择。当然,正如前文多次强调的:共同分担并不代表平均分担,而是应合理分配各国的承担比例,这是实现区域公共产品有效供给的重要条件。

首先,东亚区域公共产品供给的经济成本较低。本阶段东亚各国供给的贸易类区域公共产品主要集中在货物贸易市场开放,各国需要支付的最主要经济成本就是通过关税减让推动货物贸易自由化。最能体现贸易类区域公共产品供给成本较低的是对敏感商品的处理,农产品等敏感商品领域的开放不仅是极其高昂的经济成本,而且是极其高昂的政治成本,中日韩和东盟在协议中都尽量避免冲击对方的敏感商品产业领域。② 在服务贸易协议中,中韩和东盟都采取了"肯定列表"方式来承诺开放部门,这是一种比"否定列表"低得多的承诺水平,两个协议也都是较低水平的服务贸易协议。总之,这种"先易后难、分步推进"的策略对于在成员方发展水平层次不齐的东亚地区开展大范围合作是极为有利的。

其次,东亚区域公共产品供给的政治成本并不高。尽管东亚各国地缘政治关系复杂,但在亚洲金融危机之后十年内,东亚地区呈现出相对和平的地缘政治环境,加之中国、日本与东盟政治关系的改善,这些

---

① 张蕴岭:《在理想与现实之间:我对东亚合作的研究、参与和思考》,中国社会科学出版社 2015 年版,第 65 页。

② 例如,中日韩在与东盟构建区域贸易合作机制时都设立了大量的敏感商品税目,使其缓慢降税或免予降税,日本和中国对东盟的关税减让程度相当,韩国较为弱势,与东盟的敏感商品达到 310 种。参见全毅主编:《十字路口的东亚区域合作——东亚经济合作新思维》,经济科学出版社 2011 年版,第 98—102 页。

都降低了东亚区域公共产品供给的政治成本。亚洲金融危机之后,东亚地区的中国、日本加大改善与东盟政治关系的力度,先后加入《东南亚友好合作条约》,巩固政治友好关系,这说明:东亚区域经济合作各方都在竭力消除阻碍东亚区域经济合作的政治因素。[①] 总之,本阶段东亚地区政治局势比较稳定,虽然也存在不和谐的"音符",但东亚国家仍然以"稳定、发展与合作"为"主旋律",这极大地降低了东亚区域公共产品供给过程中的政治成本,使东亚各国得以开展实质性合作。

最后,中国、日本、韩国都对东盟采取了选择性激励措施,对东盟内部的欠发达国家乃至所有国家提供了特殊待遇(见表3.6)。选择性激励措施表现在东盟新成员承诺的关税削减程度和缓冲期限不同于其他国家,这有利于减轻不发达国家负担,联合区域内所有国家共同致力于区域公共产品供给。具体而言,在货物贸易方面,中国与东盟的协议使得东盟六国对中国平均关税由 12.8% 降至 0.6%,中国对东盟关税从 9.8% 降至 0.1%,中国与东盟老六国可以有 400 个六位税目的敏感商品,东盟新四国则可以有 500 个税目;韩国、日本也对越南、柬埔寨、老挝、缅甸等国实行了有差别的降税措施;在服务贸易方面,中国和韩国与东盟签订的服务贸易协议都对越南、柬埔寨、老挝、缅甸表现出一定的灵活性,韩国承诺的开放领域比中国还多。[②] 值得一提的是,中国在与东盟签订自贸区协议时,采取了"多予少取、先予后取"的策略,典型的例子是实施"早期收获计划",其本质是一种率先降税措施,对东盟欠发达成员实施选择性激励,充分考虑了东盟新成员的成本分担能力,

---

① 中华人民共和国驻印度尼西亚大使馆:《中华人民共和国与东盟国家领导人联合宣言》;张学刚:《评日本东盟特别首脑会议》,《现代国际关系》2004 年第 1 期;刘静烨:《相对收益与国家间博弈:政治竞争关系与东亚区域贸易协定》,外交学院 2015 年博士学位论文,第 50—54 页。

② 全毅主编:《十字路口的东亚区域合作——东亚经济合作新思维》,经济科学出版社 2011 年版,第 98—102 页。

与合作伙伴实现互利共赢。①

表 3.6　中国、日本、韩国对东盟的选择性激励(以关税减让为例)

自贸区建设	关税减让承诺
中国—东盟自贸区	中国对东盟实施了"多予少取、先予后取"的选择性激励措施:东盟六国对中国平均关税由 12.8% 降至 0.6%,中国对东盟关税从 9.8% 降至 0.1%;中国与东盟老六国可以有 400 个六位税目的敏感商品,东盟新四国则可以有 500 个税目;实施"早期收获计划",即在协定生效前的 3 年中允许对特定产品加速取消关税,实质是率先降税措施,更多地向东盟让利
日本—东盟自贸区	日本承诺在 10 年内取消 93% 的(按价值计算)自东盟进口商品的关税;东盟六国 10 年内取消 90% 对自日本进口商品的关税,柬埔寨、老挝、缅甸、越南等欠发达成员国取消关税时间表更强调渐进性,每年按指定降度等额减降,从基础税率减至指定税率
韩国—东盟自贸区	东盟六国和韩国与柬埔寨、老挝、越南、缅甸等四国取消关税的时间表不同;关税减让例外的产品不超过 HS 6 位数水平的 40 个税目;正常商品覆盖所有商品的 90%,韩国立即取消关税税目超过 70%

资料来源:根据河合正弘、加乃山·维格那拉加主编:《亚洲的自由贸易协定》,社会科学文献出版社2012 年版,第 134—135 页整理得到。

对比三个 FTA 协定,中国对东盟采取的选择性激励措施明显多于日韩两国,属于"让利型双赢",而日韩虽然也对东盟采取了选择性激励,但力度似乎不够,属于"公平型双赢",也就是说:中国通过在一些领域让利来换取东盟的信任,从而尽快推动了区域公共产品的供给;而日本、韩国虽然也遵循 FTA 的"双赢"原则,但在部分领域却并未作出显著让步,限制了 FTA 成果的扩大。这在农产品领域表现得最为明显,日本与韩国的粮食自给率为 22% 和 25% 左右(2008 年数据),两国都从国家高度保护国内农产品和农民的利益②,从积极方面来讲,这减轻了区域公共产品供给的总成本,尤其是降低了日韩两国国内利益集

_____

① 全毅主编:《十字路口的东亚区域合作——东亚经济合作新思维》,经济科学出版社2011 年版,第 103—106 页。

② 全毅主编:《十字路口的东亚区域合作——东亚经济合作新思维》,经济科学出版社2011 年版,第 100—112 页。

团的阻力,直接降低了区域公共产品供给的国内政治成本;从消极方面讲,这使得东亚区域公共产品的"总体成色"不足,有可能打击东盟推动东亚公共产品供给的经济动力,因为东盟对日韩的比较优势主要就在于农产品。①

三、外部性条件:"开放的区域主义"与美国的有限干预

东亚区域公共产品供给的影响必然对域外国家,特别是美国产生积极或消极影响,比如:1990年马来西亚前总理马哈蒂尔提出过"东亚经济集团"的设想,但遭到美国的强烈反对,后被包括美国在内的APEC取代。正是出于对负外部性的担心,美国天然地对东亚区域公共产品供给保持高度警惕;而本时期东亚区域公共产品之所以得到较为充分的供给,很大程度上得益于东亚国家并未触及美国的深层利益,即:利用区域公共产品供给机制的开放性和松散性较好地实现了外部性的内在化,而美国对东亚区域经济合作的有限参与则进一步保证了东亚区域公共产品外部性的内在化。

东亚地区对美国来讲有着极其重要的战略利益,因为这里有发展潜力巨大的中国、经济实力强大的日本、资源丰富的东南亚国家和至关重要的海上运输通道,因此,美国在东亚地区的深层次利益是"维持其在东亚地区的长期存在"②,这种存在不仅是政治意义上的,而且应该是经济意义上的,而美国容忍东亚区域经济合作的战略限度是防止东亚地区发展出类似于欧盟那样的地区一体化组织。换句话说,美国政府自一开始就不想看见东亚国家主导建立一个高度统一的经济共同体,保持东亚区域经济合作的跨区域性、松散性和开放性才是美国的真

---

① 全毅主编:《十字路口的东亚区域合作——东亚经济合作新思维》,经济科学出版社2011年版,第98—102页。
② 宋伟:《美国对亚太区域合作的战略目标》,载张蕴岭、沈铭辉主编:《东亚、亚太区域合作模式与利益博弈》,经济管理出版社2010年版,第202—205页。

正利益所在,因为这样既可以使美国享受东亚经济增长的利益,又可以防止出现排他性的俱乐部。[①] 在亚洲金融危机之后,尽管东亚各国实现了集体行动,联合供给东亚区域公共产品,但这一进程并未触及美国的深层利益,而是将其置于美国的战略限度之内。

第一,东亚国家主动地将区域公共产品的外部性"内在化"。东亚经济一体化的特点之一是"开放的区域主义",也就是说东亚各国并不排斥美国对东亚区域经济合作的参与。在经济一体化的制度建设过程中,东亚各国几乎都把"开放性"视为区域公共产品供给机制建设(即合作制度安排)的重要内容,在实践中妥善地处理排他性与开放性的关系,准确地把握了开放的尺度,在遵守 WTO 规则的前提下进行区域经济一体化建设,并欢迎域外国家成为其合作机制的成员国[②],这使东亚公共产品的外部性在最大程度上被内在化了,例如:中国在致力于东亚公共产品供给的同时,还加强了与美国的经济与战略对话;东亚主要经济体——中日以其巨额外汇储备成为美国联邦政府赤字的主要海外融资方。这种合作策略使得东亚经济一体化的开放程度远远超出欧盟和北美自由贸易区;当然,东亚区域公共产品外部性的"内在化"并非完全是自愿进行的,其深层次根源在于"双重外部依赖":一是最终消费市场依赖于美欧,地区生产网络下的东亚区内贸易大多集中在零部件,最终消费品仍然依赖于美国、欧洲等发达国家市场,即使从经济角度考虑也不得不开放;二是东亚地区安全依赖于美国主导的东亚同盟体系,日本和东盟的一些国家是美国的安全盟友,东亚很难完全排除美国因素来构建封闭的区域经济集团。因此,与其说东亚经济一体化是开放性的,不如说东亚经济一体化的政治经济基础都是不稳固的,这些

---

① 宋伟:《美国对亚太区域合作的战略目标》,载张蕴岭、沈铭辉主编:《东亚、亚太区域合作模式与利益博弈》,经济管理出版社 2010 年版,第 210 页。

② 范斯聪:《东亚经济一体化的困境与出路——国际比较的视角》,人民出版社 2015 年版,第 33—37 页。

"先天缺陷"始终制约着东亚经济一体化的发展。

第二,东亚各国联手供给区域公共产品并不排斥美国的有限参与,而美国的有限干预政策反过来又进一步实现了东亚公共产品外部性的内在化。美国著名经济学家伯格斯坦(C.Fred Bergsten)认为,1998—2009 年是亚太经济组织被边缘化的时期,美国政府在此期间也放弃了推动亚太区域经济合作的努力,转而以双边自由贸易谈判对抗仅包含东亚国家的区域经济合作进程,这种情况一直持续到小布什政府的后期①,2006 年之后,小布什政府表示将认真考虑亚太自由贸易区构想。在本时期,美国对东亚区域经济合作采取了一种"有限干预"的政策:一方面,美国与东亚单个国家进行 FTA 或贸易与投资框架协定谈判;另一方面,美国与东盟整体加强在贸易与投资领域的制度性合作。②这种有限度的参与不仅能丰富东亚区域公共产品的内容,而且使美国对东亚区域公共产品供给的态度趋于"软化",其结果是进一步实现了东亚区域公共产品外部性的内在化。

总之,在该阶段,东亚区域公共产品供给尚处于初级阶段,域内各国的集体行动刚刚起步,对区域公共产品的外部性效应采取了谨慎对待的态度,以开放性和松散性的区域公共产品供给机制避免冲击美国的战略限度;而美国在保持对东亚区域公共产品持警惕态度的同时,也采取了有限干预的政策,在防止自身被排斥在外和不承担领导责任的情况下,"对冲"东亚内部的区域公共产品供给。

---

① C.Fred Bergsten,"Pacific Asia and the Asia Pacific:The Choices for APEC", *Policy Brief* Number PB 09-16,July 2009.

② 如美国与新加坡早在 2000 年就开始了 FTA 谈判,并于 2003 年签署协定,此后美国与韩国也开始商谈 FTA(2002 年),并于 2007 年达成协议;2002 年美国宣布《东盟行动计划》(EAI),2006 年美国与东盟签署了一项贸易与投资协议。参见朱颖:《美国与东盟国家自由贸易协定计划的提出与实施》,《东南亚研究》2007 年第 6 期。

第四章　全球金融危机后的东亚区域 公共产品供给:困境及突破

第一节　全球金融危机后东亚的区域公共产品需求

如果说亚洲金融危机使东亚各国意识到区域公共产品缺乏的威胁和合作的紧迫性,那么全球金融危机则使东亚各国意识到高质量区域公共产品缺乏的威胁和深化合作的紧迫性。2008年全球金融危机给东亚各经济体带来了巨大冲击,这使东亚各国意识到拓宽合作领域、深化合作层次、提升合作水平以提供高质量区域公共产品的重要性和紧迫性。不过,2008年全球金融危机也仅是东亚深化合作的契机,东亚地区对高质量区域公共产品的需求有着更为深刻的政治经济动因。

一、全球金融危机后东亚经济合作深化的动因

1. 东亚地区生产网络的自我强化

东亚地区生产网络的发展与自我强化是东亚区域经济合作深化的内部动因。在市场力量的驱动之下,东亚地区生产网络具有自我加强、持续深入的趋势,这将把东亚各经济体更为紧密地联结在一起。在新产业革命的促动之下,东亚地区分工将继续深化,地区生产网络也将随之不断延伸和细化,因为各经济体将凭借自身的资源禀赋承接不同要素密集特征的生产环节,通过中间产品贸易(包括零部件贸易和半成品贸易等)的形式不断提高自身在地区生产网络中的参与度,从而刺

激着该网络的迅速扩张;市场层面的"事实一体化"客观上要求各成员国进一步加强政策协调以降低中间产品的贸易壁垒,尤其需要去除妨碍生产要素自由流动的政策障碍,有效降低市场上的交易成本,也就是深层次的制度性合作。

已有研究表明,地区生产网络内的贸易每增加 10%,区域经济一体化协定的深度将增加 6%,而如果地区生产网络内部的成员国之间签订了深层次的经济协定,那么各国间基于地区生产网络的贸易将平均增长约 35%;[①]对于东亚而言,地区生产网络所带来的零部件贸易与东亚各国签订深层次的区域经济合作协定也具有明显的正相关关系。[②] 此外,作为市场力量驱动的一体化,地区生产网络带有市场机制不可克服的自发性与盲目性,地区生产网络越是深入发展,这种自发性与盲目性就越扩大化,一旦遇到危机,就会牵扯到网络上的每一个国家,因此,地区生产网络的深入发展也需要各国之间加强合作为其提供制度保障,以形成"地区生产网络—制度性经济一体化—地区生产网络"的良性循环趋势。[③] 总之,目前及今后一段时期,地区生产网络的深入发展和自我强化仍将是东亚经济一体化最重要的经济基础。

2. 全球经济失衡的深度调整

2008 年全球金融危机后,全球经济失衡的深度调整是东亚经济合作深化的外部动因。全球经济失衡是指某些国家出现经常账户长期赤字,而另一些国家则出现经常账户长期盈余,具体到东亚地区,全球经济失衡指的就是美国和东亚新兴经济体之间的贸易失衡格局。20 世纪 90 年代以来,东亚地区经历了由"旧三角贸易模式"向"新三角贸易模式"的转变,即:由以往的"亚洲四小龙"从日本进口资本品、产品销

---

① 吉恩鲁卡·奥利菲思、纳蒂亚·罗奥查:《深度一体化与生产网络贸易:一个实证分析》,《国际贸易译丛》2014 年第 6 期。
② 张晓静:《亚太区域合作深度一体化与生产网络的关联性》,《亚太经济》2015 年第 1 期。
③ 张晓静:《亚太区域合作深度一体化与生产网络的关联性》,《亚太经济》2015 年第 1 期。

往美国、以对美顺差弥补对日逆差的"旧三角"，逐渐转变为中国从日本等发达国家或地区进口资本品、加工组装后将最终消费品销往美国等发达国家的"新三角"；[①]但是，无论"旧三角"还是"新三角"，东亚地区以美国为外部市场、对美国总体顺差的情况并没有发生实质性改变。

在这种贸易模式的驱动下，东亚地区集中资源发展生产能力而不用考虑其市场匹配能力，因而在短时期内完成发达国家上百年才能走完的工业化进程，在这种意义上可以说，正是美国等发达国家提供的最终消费品市场促成了东亚地区的经济奇迹。[②]但该模式也造成了东亚与美国等发达国家之间的长期贸易失衡：东亚地区长期处于贸易顺差，而发达国家尤其是美国积累了巨大的贸易逆差。令人担忧的是，全球各区域对外部国家的市场开放程度或者说为其提供的市场份额是有上限的[③]，见表4.1。东亚经济增长越来越受到外部市场的制约：当美国等发达国家的实物消费规模停滞、进口结构也已经固化时，东亚地区原有的经济增长模式就开始逼近极限；而当美国等发达国家需求不稳定，或者当东亚地区工业生产能力超过发达国家消费品市场的承受能力时，东亚地区产销不平衡的矛盾就必然爆发。在全球金融危机中，东亚各经济体显得格外脆弱，此后美国也开始实施"再工业化"，为域外国家提供消费品市场的意愿和能力都在下降，此时东亚各国更加深刻地意识到：要想维持地区经济增长，就必须实现区域内部生产与消费的相对平衡，而要实现这一点就必须通过深化合作来改变东亚各国消费市场相对分割的状态，创建更具深度的区域统一大市场。

---

① 李晓、付竞卉：《中国作为东亚市场提供者的现状与前景》，《吉林大学社会科学学报》2010年第7期。

② 赵江林等：《中国崛起与亚洲地区市场构建》，社会科学文献出版社2014年版，第20—21页。

③ 赵江林等：《中国崛起与亚洲地区市场构建》，社会科学文献出版社2014年版，第39页。

表 4.1　全球各区域的区内外贸易比重　　　　（单位:%）

年份	东亚地区（ASEAN+3）		北美地区（NAFTA）		欧盟地区（EU 28）	
	区域内贸易	区域外贸易	区域内贸易	区域外贸易	区域内贸易	区域外贸易
1997	32.82	67.18	45.69	54.31	67.02	32.98
2000	31.58	68.42	52.15	47.85	65.51	34.49
2005	33.56	66.44	51.78	48.22	67.14	32.86
2010	36.03	63.97	46.09	53.91	63.91	36.09
2011	36.22	63.78	44.79	55.21	62.38	37.62
2012	37.18	62.82	45.86	54.14	61.58	38.42
2013	36.48	63.52	45.82	54.18	61.87	38.13

资料来源:根据经济产业研究所 RIETI,TID 2013 年计算得出。

3.国际经济规则的全面升级

主要发达国家区域经济合作战略的转变是东亚区域经济合作深化的另一外部动因。伴随着全球经济失衡的深度调整,美欧等主要发达国家的区域经济合作战略发生了重大转变,即通过"强强联合"方式、通过重塑国际经济规则来应对新兴经济体的群体性崛起。2008 年全球金融危机爆发后,世界经济格局发生了重大变化,为应对中国等新兴经济体的群体性崛起态势,美国联合欧盟发起了"跨大西洋贸易与投资伙伴协定"（Transatlantic Trade and Investment Partnership,TTIP）谈判,并高调实施"亚太再平衡"战略,强势推出"跨太平洋伙伴关系协定"（TPP）谈判。从区域经济合作角度考察,TPP 和 TTIP 谈判的核心都在于推行宽覆盖、高标准、强约束的国际经济规则（见表 4.2、表 4.3）。[①] 对

---

① 美国于 2013 年 6 月 17 日发表声明称,TTIP 将是一个宏伟、全面和高标准的贸易与投资协定,美国在 TPP 谈判之初就将其定位为高标准的经济合作协定。由此可见,推动国际经济规则的全面升级已经成为美欧等发达国家参与区域经济合作最重要的战略方向。TTIP 谈判的八个目标:一是进一步开放市场;二是加强以规则为基础的投资;三是消除所有贸易关税;四是解决包括农产品贸易在内的"边界内"非关税壁垒;五是提高服务贸易市场准入;六是通过加强兼容性、透明度与合作,大量减少监管与标准方面的差异,同时维持卫生、安全与环保方面的高标准;七是制定全球关注的规则、原则与新型合作方式,包括知识产权、国有企业和贸易中的歧视性本土壁垒等议题;八是促进中小企业全球竞争力。The White House, *Fact Sheet*:*Transatlantic Trade and Investment Partnership*(*T-TIP*),June 17,2013.

于东亚地区而言,欧盟和美国等主要发达国家的强强联合之势及其倡导的高标准国际经济规则,势必给各国带来巨大的外部压力,国际经济规则的全面升级不仅将给东亚的对外贸易带来巨大冲击,而且将影响东亚国家在未来国际经济竞争中的地位;最重要的是,这一全面性的国际经济规则升级趋势极有可能破坏正在发展壮大的地区生产网络,至少将使这一地区生产网络在国际经济竞争中边缘化。为应对这一挑战,东亚各国只有更紧密地团结在一起,以深度合作的方式增强与美欧讨价还价的能力。

表 4.2　TPP 谈判的主要议题

类型	主要议题
核心谈判议题 I:市场准入	货物和服务贸易市场准入(含纺织品、服装、鞋类、服务贸易、政府采购等具体议题)、农产品问题(含农产品市场准入议题和 TPP 其他章节的农业议题)
核心谈判议题 II:规则	知识产权、原产地规则、技术性贸易壁垒、健康保健技术和药物的透明度、外国投资、竞争政策、贸易救济、劳动问题、环境问题
横向议题	规则一致、国有企业、电子商务、竞争力和供应链问题、中小企业
机制问题	秘书处、争端解决等

资料来源:*The Trans-Pacific Partnership Negotiations and Issues for Congress*, CRS R42694, January 24, 2013。

表 4.3　TTIP 谈判的主要议题及具体目标

大类	主要议题	具体目标
市场准入	关税	消除双边贸易中的所有关税,敏感商品关税给予短时间的过渡期
	服务	达到目前双方所签订贸易协定中最高程度的自由化,解决长期存在的市场准入壁垒,在许可、资格认证和手续方面提供透明、公平、正当的程序,加强双方已签订贸易协定中的贸易纪律管制
	投资	在目前双方所签订协定的基础上达到最高水平的投资自由化和最高的投资保护标准
	政府采购	切实提高在各级政府层面的政府采购机会

续表

大类	主要议题	具体目标
监管和非关税壁垒	卫生和植物检疫措施	在解决卫生和植物检疫措施方面建立长效的对话与协调机制
	技术性贸易壁垒	创立更为开放、透明、集中的监管方法、要求和相关标准开发流程
	横向议题	开发和实施有效、廉价、更具兼容性的监管一致性和透明度制度
	监管制度建设	建立能指导未来监管合作的框架
规则建设	知识产权	维护和促进高水平的知识产权保护,包括执法措施等更广泛的合作
	环境和劳工问题	双方致力于高水平的环境和劳工标准,可参考欧盟所签署贸易协定中的《可持续发展章节》和美国所签署贸易协定中的《环境和劳工标准章节》
	与全球性挑战和机会相关的其他议题	解决跨境供应链、反竞争的政策和行为(包括国有企业、进口限制、原材料、本土化壁垒等一系列问题),同时,双方要加强以规则为基础的多边贸易体制建设,并提高跨大西洋协议中的市场准入和监管承诺

资料来源:USTR,*Final Report of the U.S.-EU High Level Working Group on Jobs and Growth*。

二、深度经济一体化与高质量区域公共产品的需求

1."深度经济一体化"的逻辑内涵

所谓"深度经济一体化"(Deep Economic Integration)是相对于"浅度经济一体化"(Shallow Economic Integration)而言的,是旨在采取更广泛的政策措施来促进各经济体间的深度融合,其核心在于进一步消除经济活动的制度障碍并取消导致各国市场分割的政策壁垒,其本质是各经济体深度相互依赖的过程与状态,其目的在于建设更具深度的区域统一市场。对于"深度经济一体化"的具体含义,学术界一般从三个角度去理解,它们分别代表了不同发展程度的经济体在区域经济合作深化中的政策重点[1]:

① 东艳、冯维江、邱薇:《深度一体化:中国自由贸易区战略的新趋势》,《当代亚太》2009年第4期。

第一,从更多的主权让渡来理解。这种判定标准主要参考了欧洲区域经济一体化的经验。区域经济合作意味着成员国经济管辖裁量权在一定程度上的让渡,其意义在于通过政府间合作来降低国内管制政策带来的市场分割效应[1],浅度经济合作主要让渡的是边境调整权力、消除影响跨境经济活动的边境壁垒(Border Barriers),深度区域经济合作让渡的则是边境内调整权力、消除影响跨境经济活动的边境内壁垒(Behind-Border Barriers),一般指放弃或部分放弃专属于边界内事务的管辖裁量权。

第二,从更高的规则水平来理解。这种判定标准主要参考了"南—北型"区域经济合作实践,强调了国际经济规则在规范全球经贸交往中的重要性。如果政府间合作的内容仅限于遵守多边贸易体制框架内的经济规则,那么就是浅度合作;如果政府间合作的内容超过了多边贸易体制的要求,那么就属于深度合作。因为在国际贸易体系中,WTO 代表了全球经济的"基线规则",所以学者们将超越 WTO 已有义务的政策措施视为深度经济合作的内容,具体而言包括"WTO+"和"WTO-X"两大类"超 WTO 议题",前者指对 WTO 框架下已有条款的强化,后者指 WTO 框架内没有的内容。

第三,从更广泛的合作内容来理解。这是"南—南型"区域经济合作深化的典型特征。根据新区域主义的实践,区域经济合作的内容可以划分为三个层次:(1)货物贸易自由化,这是一国最基本的经济开放层次,因而属于浅度经济合作;(2)全面的贸易投资自由化,包括货物贸易、服务贸易和投资三个方面,这是深度经济合作的初级层次;(3)在贸易投资自由化的基础上加入更广泛的内容,尤其是加强对各经济领域的政策协调(如竞争政策、知识产权保护、货币金融合作、规制政策等),此为深度经济合作的高级层次。可以看出,在深度经济

---

① Lawrence R. Z., Regionalism, Multilateralism, and Deeper Integration, *George Washington Journal of International Law & Economics*, 1997.

合作层次上,成员国之间的合作就已经不再局限于贸易部门和生产部门,而是在各个经济领域合作,体现了成员国之间"一荣俱荣、一损俱损"的政治经济伙伴关系。

表4.4　深度经济一体化的逻辑内涵和判定标准

逻辑内涵	实践基础	判定标准		
		浅度经济一体化	初级深度经济一体化	高级深度经济一体化
更多的主权让渡	欧洲共同市场建设与欧盟的建立过程	消除经济活动的边境壁垒	消除专属于边界内的管制措施	政府在更大程度上自愿放弃对国内经济的管辖裁量权
更高的规则水平	发达国家与发展中国家的区域经济合作实践	遵守WTO框架的"基线规则"	对WTO已有规则进行深化的政策措施	独立于现有WTO规则之外的政策措施
更广的合作领域	发展中国家之间开展的区域经济合作实践	货物贸易自由化	包括货物贸易、服务贸易和投资在内的贸易投资一体化	纳入竞争政策、知识产权、政府采购、规制合作、货币金融合作等更广泛的合作内容

资料来源:Lawrence R.Z., Regionalism, Multilateralism, and Deeper Integration, *George Washington Journal of International Law & Economics*, 1997;Henrik Horn, Petros C.Mavroidis, Andre' Sapir, "Beyond the WTO? An Anatomy of EU and US Preferential Trade Agreements", *The World Economy*, Vol. 33, No.11;东艳、冯维江、邱薇:《深度一体化:中国自由贸易区战略的新趋势》,《当代亚太》2009年第4期;马学礼:《重塑规则还是整合地缘:亚太经济深度一体化的模式之争》,《东南亚研究》2015年第5期。

对东亚地区而言,各国政府在合作中更强调经济开放的层次性和渐进性,立足于合作内容的广泛化[1],因此东亚地区的深度经济一体化首先是一个经济发展过程,是各成员方基于互惠互利、共同发展的原则拓宽合作内容、提升合作层次的过程[2],这一进程的结果未必是建成具

---

① 萨克·科恩·奥兰特斯:《一体化概念》,《世界经济译丛》1983年第6期。
② 东艳、冯维江、邱薇:《深度一体化:中国自由贸易区战略的新趋势》,《当代亚太》2009年第4期。

有权威性的区域经济一体化组织,而是更多地体现了一种紧密团结的政治经济伙伴关系。在这一大背景下,高质量区域公共产品短缺对区域合作持续性的威胁更加凸显出来,"质次价廉"的东亚区域公共产品迫切需要"升级换代"。

2. 深度经济一体化对高质量区域公共产品的需求

在贸易领域,"深度经济一体化"的需求就是区域统一大市场建设过程中更深度地消除影响商品和服务自由流动的政策壁垒,其对高质量贸易类区域公共产品的需求本质上是对更高水平的区域贸易体系的需求,其目的是更深度地消除各国商品和服务市场的分割状态,创建深度融合的区域产品和服务市场。从核心内容来看,高水平区域贸易体系的整合重点已经不再是让渡边境贸易管辖权,而是需要更多地让渡边境内的经济管辖权;已经不再是削减关税,而是需要去除非关税壁垒等更深层次阻碍;已经不再是局限于货物贸易自由化,而是需要开展更广泛的合作以促进与贸易相关领域的全面有序自由化。

在投资领域,"深度经济一体化"的需求就是区域统一大市场建设过程中更深度地消除影响资本自由流动的政策壁垒,其对高质量投资类区域公共产品的需求本质上是对更高水平的区域投资体系的需求,其目的是更深度地消除各国投资市场的分割状态,促进生产部门的一体化。从核心内容来看,高水平区域投资体系这一区域公共产品的整合重点已经不再是让渡投资市场准入的管辖权,而是需要更多地让渡对境内企业经营进行规制的权力;已经不再是消除市场进入壁垒,而是需要实施更多的促进资本自由流动、规范企业经营管理的规则;已经不再是局限于资本进入的自由,而是需要开展更广泛的合作以促进投资领域全面有序的自由化。

三、高质量区域公共产品的主要内容和判定标准

"高水平区域贸易投资体系"将是涵盖以"贸易—投资—服务一体

化"为特征、涉及"经济—社会—体制"等多方面议题、结合"边界合作"与"边界内合作"的新型区域贸易投资合作机制;①从本质上讲,高质量区域公共产品是一种"积极一体化"的区域合作机制,所谓"积极一体化"是指通过引入共同监管政策、建立共同监管机构、创建强制约束力的经济规则,以实现成员国之间在经济体制、社会体制乃至司法体制上深度对接的目标。② 那么,究竟达到什么样的合作水平才能称为"'高水平'区域贸易投资体系"? 为此,霍恩(Horn)等以协定中是否包括"超WTO"条款以及这些条款是否具备法律约束力作为区域贸易投资体系水平的标准(可称为"H-M-S指标体系"),并可以由此得出"协议覆盖率"和"协议承诺率"两个指标,其中:"协议覆盖率"是指该FTA中涉及的"超WTO"条款数目占所列举总条款数目的比例,这一指标的含义是FTA深化的范围与内容;"协议承诺率"是指该FTA中具有实质性法律约束力的"超WTO"条款数目占所覆盖条款总数的比例,这一指标的含义是FTA深化过程中各国政府愿意让渡经济主权的程度。

霍恩等的研究表明,从20世纪90年代中期开始,区域经济合作就已出现深化趋势,并首先出现在欧盟和美国主导的FTA谈判当中,21世纪后日本和发展中国家也加入到这一浪潮当中。2011年,世界贸易组织(WTO)在《世界贸易报告》中以"H-M-S指标体系"为基础,对全球所有RTA进行了分析,结论是:全球区域贸易协定在深化过程中覆盖了更多的"WTO-X"条款,主要包括竞争政策、知识产权保护、投资和资本流动。理查德·鲍德温(Richard Baldwin)则认为,区域经济合作的深度一体化是"21世纪区域主义"的发展趋势,它将以全球生产网络为经济基础,需要以"贸易—投资—服务一体化"为特征的新型国际

---

① Baldwin,Richard,"21st Century Regionalism:Filling the Gap between 21st Century Trade and 20th Century Trade Rules",*WTO Staff Working Paper*,ERSD-2011-08.
② 与"积极一体化"相对应的是"消极一体化",丁伯根最早对它们进行了界定,参见东艳:《全球贸易规则的发展趋势与中国的机遇》,《国际经济评论》2014年第1期。

经济规则来规范。[1]

表 4.5　高水平区域贸易投资体系的判定标准："H-M-S 指标体系"

议题类型	主要议题	具体内容
"WTO+"议题	工业制成品	削减关税和非关税壁垒
	农产品	削减关税和非关税壁垒
	海关管理	规范，培训，通关便利化
	出口税	降低或免除出口税收
	SPS	遵守 WTO 协议，统一 SPS 措施
	TBT	遵守 WTO 协议，统一 TBT 措施，互相认同
	国营贸易	非歧视，提供信息，遵守 GATT 第 17 款规定
	反补贴措施	遵守 WTO 协议规定
	反倾销	遵守 WTO 协议规定
	贸易救济	评估反竞争行为，关于国家救助的分配和具体数额，提供相应材料
	政府采购	开放政府采购市场，国民待遇原则，非歧视，信息透明，政府采购机制的细化
	TRIMS	本土化程度的规定以及 FDI 出口要求
	GATS	服务贸易自由化
	TRIPS	标准统一，执行 WTO 协议规定，国民待遇和最惠国待遇

---

①　Henrik Horn, Petros C.Mavroidis, Andre' Sapir, "Beyond the WTO? An Anatomy of EU and US Preferential Trade Agreements", *The World Economy*, Volume 33, Issue 11; WTO, *World Trade Report：The WTO and Preferential Trade Agreements：From Co-existence to Coherence*, 2011; Baldwin, Richard, "21st Century Regionalism：Filling the Gap between 21st Century Trade and 20th Century Trade Rules", *WTO Staff Working Paper*, ERSD-2011-08.此外，还可以运用区域内贸易强度、各经济体周期的联动性等市场指标来衡量区域经济一体化的程度，但这一方法涉及的指标较多，每一指标仅能从一个侧面反映经济一体化的深度，且本书关注的是东亚各国之间制度性的经济合作，因此不做具体分析。参见唐文琳、李雄师：《中国东盟区域经济一体化程度测量——基于时序主成分分析框架》，《亚太经济》2014 年第 4 期；Michael G.Plummer, David Cheong, Shintaro Hamanaka, Methodology for Impact Assessment of Free Trade Agreements, Mandaluyong City, Philippines：Asian Development Bank, 2010。

议题类型	主要议题	具体内容
"WTO-X"议题	反腐败	影响国际经济活动的刑事犯罪法规
	竞争政策	禁止反竞争的商业法规,统一竞争法
	环境保护	改进环境标准,实施国际通行的环保标准,制裁违反环境法的活动
	知识产权保护	TRIPs 协议中没有提及的其他规定
	投资政策	投资法律框架的完善、国民待遇原则,建立争端解决机制
	劳动市场管制	实施国际劳工组织的相关条约
	资本流动	资本流动自由化,禁止设立新的妨碍资本流动的法规
	消费者保护	统一消费者保护法,信息透明化,培训交流
	数据保护	信息透明化,培训交流
	农业	进行技术支持,交流相关信息
	创新政策	参与创新计划制定,促进技术交流
	文化合作	促进联合培养项目
	经济政策对话	就经济政策交流意见
	教育与培训	提高、普及教育水平
	能源	交流信息,技术交流
	金融援助	金融援助及相关规则
	健康	管控疾病,信息交流等
	人权	尊重人权
	非法移民	组织和控制非法移民
	产能合作	就工业项目相互支援,融资便利化
	信息社会	交流信息,促进新技术的传播
	采矿业	交流信息,致力于采掘业的发展
	反洗钱	统一标准,进行技术和行政帮助
	核安全	改进法律法规,监管辐射性材料
	政治对话	就国际问题采取一致立场
	公共管理	交流信息,技术援助,共同培训
	区域合作	促进区域合作和技术援助
	研究和技术	共同研究项目、改善公私合作关系

续表

议题类型	主要议题	具体内容
"WTO-X"议题	中小企业	技术援助、融资准入的便利化
	社会事务	协调社会安全体系、非歧视性的工作条件
	统计	统一和改进统计方法
	税收	财政系统改革
	反恐	信息经验交换
	签证和庇护	信息交换、制定法律
	其他	包括立法、视听教学、民事保护、合法药物

注：SPS(Sanitary and Phytosanitary Measures)即《卫生和动植物检疫标准》，TBT 即《技术性贸易壁垒》(Technical Barrier to Trade)，TRIMS 即《与贸易有关的投资措施协议》(Agreement on Trade-Related Investment Measures)，GATS 即《服务贸易总协定》(General Agreement on Trade in Services)，TRIPs 即《与贸易有关的知识产权协议》(Agreement on Trade-Related Aspects of Intellectual Property Rights)。

资料来源：Henrik Horn, Petros C.Mavroidis, Andre' Sapir, "Beyond the WTO? An Anatomy of EU and US Preferential Trade Agreements", *The World Economy*, Volume 33, Issue 11; "*World Trade Report*: *The WTO and Preferential Trade Agreements: From Co-existence to Coherence*", Geneva: WTO, 2011; 张晓静：《东亚区域贸易协定的深度一体化及对中国的启示》，《国际商务》2015 年第3 期；盛斌、果婷：《亚太地区自由贸易协定条款的比较及其对中国的启示》，《亚太经济》2014 年第 2 期。

四、东亚高质量区域公共产品需求的具体内容

深度一体化已经成为东亚各经济体参与区域经济合作的新特点，近年来运用"H-M-S 指标体系"分析东亚区域经济一体化深度的文献也日益丰富，如东艳等（2009）通过对东亚各国 FTA 的实证研究①、盛斌等（2014）对亚太地区各国 FTA 的比较研究②和张晓静（2015）对东亚地区 FTA 的研究③，其结论大致有两点：第一，东亚各国已经签订的

① 东艳、冯维江、邱薇：《深度一体化：中国自由贸易区战略的新趋势》，《当代亚太》2009年第 4 期。
② 盛斌、果婷：《亚太地区自由贸易协定条款的比较及其对中国的启示》，《亚太经济》2014 年第 2 期。
③ 张晓静：《东亚区域贸易协定的深度一体化及对中国的启示》，《国际商务》2015 年第3 期。

FTA 中包含大多数"WTO+"条款和部分"WTO-X"条款,这说明东亚经济一体化确实在向着纵深方向发展;第二,东亚地区已签订的 FTA 中"WTO+"条款的覆盖率和承诺率要远高于"WTO-X"条款,这说明东亚各国对经济主权的重视,反映出东亚各国让渡国内经济管辖权的难度之大。作为一个发展中国家占主体的地区,东亚对高质量区域公共产品的需求更加突出其对经济可持续增长的作用,因此不仅需要一般性的高水平区域贸易投资体系,而且需要重点提供更具针对性的、更细致的区域公共产品。

表 4.6 东亚主要经济体已签订 FTA 的"超 WTO 条款"覆盖率与承诺率

(单位:%)

国别	"WTO+"条款		"WTO-X"条款	
	覆盖率	承诺率	覆盖率	承诺率
东盟	63	93	23	34
中国	69	98	21	38
日本	71	89	37	35
韩国	87	92	47	45

资料来源:盛斌、果婷:《亚太地区自由贸易协定条款的比较及其对中国的启示》,《亚太经济》2014 年第 2 期。

1. 东亚地区对高质量贸易类公共产品的具体需求

就深度贸易一体化目标而言,东亚贸易类区域公共产品供给的宗旨应该是建立一个覆盖全部东亚国家的、不再需要为解决产销矛盾而依赖区外消费市场的区域贸易体系。第一,目前东亚尚没有覆盖整个地区的自贸区,已建成的只是双边 FTA 网络,这意味着东亚地区虽然尚未完成自贸区建设的任务,今后应把"东亚"作为一个整体来规划,以地缘和利益为基础构建统一的区域贸易合作机制;第二,东亚地区的内部关税水平已经相当低了,占据区域内贸易大部分比重的中间品贸易基本实现了零关税,各国政策目标的一致性甚至已经和欧盟国家处于相同水平[①],可是,无论是从议题范围还是规则约束力来看,现有东亚地区内双边 FTA 的深化程度都较为有限。从理论上讲,东亚地区如此紧密的经济依存关系会催生对具有较高标准规则的区域贸易合作机制的需求。因此,通过构建统一的东亚自由贸易区打造具有较高标准规则的区域贸易合作机制是东亚地区对高水平贸易类区域公共产品的一般需求。

表 4.7　2013 年东亚地区内部的贸易依存关系　（单位:千万美元）

	国家	进口方				
		中国	日本	韩国	东盟	合计
出口方	中国	—	1697.84	793.34	1813.32	4304.49
	日本	1569.43	—	590.84	1117.62	3277.90
	韩国	1715.04	339.97	—	777.65	2832.66
	东盟	1894.08	1116.73	516.49	—	3527.29
	合计	5178.55	3154.53	1900.67	3708.59	13942.34

资料来源:根据 RIETI,TID 2013 数据库计算得到。

但是现实问题在于,在未来相当长的一段时期内,东亚地区都难以建立起类似欧盟那样"纯净版"的区域贸易体系;加之东亚经济一体化的市场驱动特征,各国即使不签订 FTA 依然可以享受到"事实上一体化"带来的经济好处,这甚至会降低东亚各国以制度安排推动深度一体化的热情。[②] 因此,未来东亚区域贸易体系建设应该继续以问题为导向,而目前东亚面临的最大问题是快速增长的生产能力远超本地区市场的消费能力,在美欧等发达国家对东亚产品的吸收能力已受限制

[①]　张伯伟、彭支伟主编:《全球视角下的东亚经济合作研究》,南开大学出版社 2014 年版,第 246 页。

[②]　张伯伟、彭支伟主编:《全球视角下的东亚经济合作研究》,南开大学出版社 2014 年版,第 21 页。

的情况下①,20%的区内消费市场终究无法支撑高速增长的地区生产能力,而要改变过度依赖区外市场的情况,只有通过更深层次的合作来深度整合各国消费市场,为地区经济的可持续增长创造市场条件。因此,将已经局部形成的区域消费市场整合为全面的区域消费市场是东亚地区对高质量贸易类区域公共产品的重点需求。②

表4.8　东亚最终消费品出口市场的区域构成　　　　（单位:%）

年份	区域内最终消费品出口占比	出口北美的最终消费品占比	出口欧盟的最终消费品占比
1997	19.53	33.41	20.11
2000	18.50	38.44	18.98
2005	16.54	36.83	23.42
2006	16.14	37.13	23.51
2007	15.17	34.73	24.60
2008	15.57	32.16	25.13
2009	17.73	31.52	25.45
2010	18.28	31.09	23.10
2011	19.11	28.61	22.31
2012	20.42	30.72	21.16
2013	20.00	31.10	21.02

资料来源:根据 RIETI,TID 2013 数据库计算得到。

2.东亚地区对高质量投资类公共产品的具体需求

就深度投资一体化的目标而言,东亚投资类区域公共产品供给的宗旨应该是建立一个区内资金服务于区内建设、高效透明的区域投资合作体制。在浅度一体化阶段,投资类区域公共产品是作为贸易类区

---

① 赵江林主编:《东亚经济增长模式:转型与前景》,社会科学文献出版社2010年版,第116页。

② 王玉主:《区域公共产品供给与东亚合作主导权问题的超越》,《当代亚太》2011年第6期。

域公共产品的"副产品"来提供的,效率低下且不统一;在深度一体化阶段,高效的区域投资制度安排对于促进东亚各国的相互投资至关重要,完善的投资制度协调框架可以促进区域内部的资金有效配置和地区生产网络的深度拓展。为此,东亚各国应通过加强政府间合作创建一个服务于投资自由化的、统一的、便利的区域投资合作机制,从而降低区域投资的总体风险和交易成本①,此即东亚地区对高水平投资类区域公共产品的一般需求。

表4.9 2009年东亚地区各经济体间的直接投资流量

(单位:百万美元)

	地区	投 资 方				
	地区	中国	日本	韩国	东盟	合计
引资方	中国	—	67067	44975	53274	165316
	日本	−114	—	1612	7461	8959
	韩国	1124	9445	—	5831	16400
	东盟	3083	70547	3941	49603	127174
	合计	4093	147060	50528	116169	317849

资料来源:Asian Development Bank Statistics and Databases:Integration Indicators。

但是更紧迫的问题在于,随着地区生产网络的进一步发展和地区价值链的进一步延长,区域基础设施建设的滞后已经成为制约东亚经济增长的最大障碍,形成一个互联互通的区域基础设施网络对东亚地区的可持续增长必不可少。第一,由于基础设施的"分割"状态,自然障碍在越来越大的程度上阻碍着区域内相互投资的发展,各国对跨国基础设施的需求越来越旺盛,也就是不能再满足于一国内部基础设施的发展,而是需要将各国的基础设施连接起来;第二,东亚区域基础设施建设的滞后严重影响了投资环境,降低了东亚地区对外部资金的吸

① 王珏:《东亚投资合作的机制安排和重点领域选择》,《对外经贸》2007年第10期。

引力,结合东亚基础设施质量指数和全球竞争力排名可以看出,跨国基础设施建设的滞后和"分割状态"严重影响了东亚地区的国际竞争力。为此,东亚各国需要加强跨国基础设施的管理和政策协调,并带动其他领域的合作,为本地区经济的可持续增长创造基础设施条件。因此,通过互联互通合作推动区域基础设施及其合作机制建设是东亚地区对高质量投资类区域公共产品的重点需求。①

表 4.10　东亚主要经济体的全球竞争力排名和基础设施质量指数

经济体	2001/2002^a			2008/2009^a		
	全球竞争力排名^b	基础设施质量指数		全球竞争力排名	基础设施质量指数	
		排名	得分		排名	得分
中国	47	61	2.9	30	47	4.22
日本	15	15	6	9	11	5.8
韩国	28	27	4.8	13	15	5.63
印度尼西亚	55	59	3	55	86	2.95
新加坡	10	2	6.8	5	4	6.39
马来西亚	37	20	5.4	21	23	5.25
菲律宾	54	68	2.4	71	92	2.86
泰国	38	30	4.6	34	29	4.67
越南	62	71	2.2	70	93	2.86

注:a 全球调查国家总数:75(2001—2002 年)和 134(2008—2009 年);b 未获得 2001—2002 年的全球竞争力指数得分。
资料来源:世界经济论坛(2001,2008)。

表 4.11　东亚地区高质量公共产品的一般需求和重点需求

		高质量贸易类区域公共产品	高质量投资类区域公共产品
一般需求	内容	高水平区域贸易体系	高水平区域投资体系
	特征	以更深度地消除影响商品和服务自由流动的政策壁垒为特征	以更深度地消除影响资本自由流动的政策壁垒为特征

① 马学礼:《重塑规则还是整合地缘:亚太经济深度一体化的模式之争》,《东南亚研究》2015 年第 5 期。

续表

		高质量贸易类区域公共产品	高质量投资类区域公共产品
重点需求	内容	区域消费市场	区域基础设施(及其合作机制)
	针对问题	自身生产能力与内部市场容量不匹配的问题	影响贸易投资的自然障碍和投资环境问题
解决方式	一般需求	制度性合作:在双边 FTA 基础上推进东亚自贸区建设,在东盟投资区基础上推进东亚投资区建设;或者两者"并轨",推动统一的、包含更高投资规则的东亚自贸区建设	
	重点需求	制度性合作基础上的功能性合作:深度推进贸易便利化、原产地规则一致性、互联互通、区域基础设施建设和管理等功能性合作	
宗旨		建立一个统一的、不再为应对产销结构矛盾而依赖区外市场的区域贸易体系	建立一个区内资金服务于区内建设、高效透明便利的区域投资合作体制
目标	根本目标	深度融合、更为统一的区域大市场	
	具体目标	相互开放的区域最终消费品市场	互联互通的区域基础设施网络

资料来源:东艳、冯维江、邱薇:《深度一体化:中国自由贸易区战略的新趋势》,《当代亚太》2009 年第 4 期;张晓静:《东亚区域贸易协定的深度一体化及对中国的启示》,《国际商务》2015 年第 3 期;王玉主:《区域公共产品供给与东亚合作主导权问题的超越》,《当代亚太》2011 年第 6 期;马学礼:《重塑规则还是整合地缘:亚太经济深度一体化的模式之争》,《东南亚研究》2015 年第 5 期。

第二节　东亚高质量区域公共产品的供给困境

虽然东亚各国普遍对高水平区域贸易投资体系有着强烈的需求,但这并不意味着只要有了合作意愿就能得到有效供给,因为区域公共产品供给还受到一系列条件的制约。现实问题是,这些高质量区域公共产品的供给进程并不顺利,至少不如预期的那样顺利,东亚地区高质量区域公共产品普遍出现了供给困境:不仅分散的区域贸易合作机制难以整合为统一的区域贸易合作机制,而且局部的区域消费市场难以建设成全面的区域消费市场;不仅低效的区域投资合作机制难以升级为高效的区域投资合作机制,而且区域基础设施建设成果有限,甚至没能建立起必要的合作机制。

一、高质量贸易类区域公共产品的供给困境

1.区域贸易合作机制的整合困境

在深度经济一体化阶段,统一的区域贸易合作机制已成为东亚区域公共产品升级的重要方向,但东亚各国在东亚自贸区的合作路径上产生竞争,分散的区域贸易合作机制难以整合为覆盖整个地区的、统一的区域贸易合作机制。

第一,中日韩自贸区谈判进展艰难。与欧洲和北美比较,东亚地区一直难以形成一个具有凝聚力的区域贸易合作机制,只能以3个"10+1"FTA为内容,以小国联盟为主导和照顾各方舒适度为特征,地区凝聚力远不如上述两个地区,而之所以出现这种现象,最关键的就是东亚地区主要强国——中日韩间的贸易合作机制难以建立。从理论上讲,中日韩自贸区不仅能产生巨大的宏观经济效益,还将有力助推东亚自贸区谈判,对东亚乃至全球经济发展都具有重要意义。但从目前来看,东北亚地区局势复杂,中日韩三国的自贸区战略缺乏一致性,日本和韩国对中日韩自贸区心态复杂,尤其是日本的犹疑态度对中日韩自贸区建设的消极影响最大:日本一方面想从中国快速的经济增长中受益,但另一方面却担心中国实力增长太快对其构成威胁,2009年当中国经济总量超过日本之后,日本对中国实力增长越发担忧,因此希望借用域外力量(如美国、印度等)来平衡中国快速上升的影响力。这种"利用+防范"的心理使得日本在与中国的经济合作中顾虑重重,从而严重制约了中日韩自贸区的建设。

第二,东亚自贸区建设陷入合作路径之争。以往东亚地区的贸易类区域公共产品是以东亚自贸区为目标的3个"10+1"FTA,但从目前

来看,3 个"10+1"FTA 与整体性的东亚自贸区的距离不是更近了,而是更远了,之所以出现这种局面,最直接的原因就在于各国对合作路径的竞争。"10+3"本是与"10+1"同时开始的合作进程,但"10+3"只是对"东亚"的一个主要理解,其主要目的在于借助中国和日本的力量凝聚区域共识;虽然"10+3"中包括日本,但是出于各种担忧,日本又提出自己对"东亚"的另一种理解,也就是包含印度、澳大利亚、新西兰的"10+6"合作路径。[①] 从区域经济合作主导者——东盟的态度来看,根据东盟首脑会议的官方文件,东亚峰会("10+6")与"东盟+3"首脑会议("10+3")是两个平行的机制,2005 年东盟声明指出:"10+3"和"10+6"应当平行推进,并应当与其他的地区进程相互补充。[②] 尽管当时的设想很美好,但是直到 2008 年全球金融危机爆发后,东盟也没有说明如何协调"10+3"与"10+6"两条合作路径,也没有切实措施统合政治角力创造出的两个"东亚"概念[③],而东亚各国有限的精力被分散在两个"东亚"合作上面,在这种合作路径竞争之下,统一的东亚区域贸易合作机制建设陷入困境。

2. 区域消费市场的建设困境

东亚自贸区建设困境的最直接后果就是分散的、局部的区域消费市场难以整合成统一的、全面的东亚区域消费市场。尽管 1997 年亚洲金融危机暴露了"东亚奇迹"的脆弱性,并警示各国依附区外市场的风险,但进入 21 世纪,东亚与美欧等发达经济体之间的经济失衡并没有

---

① 2006 年,当东亚沿着"10+3"路径试图整合分散的 3 个"10+1"自贸区时,日本提出了以东亚峰会("10+6")为基础的紧密经济伙伴协定(CEPEA),使区域贸易合作机制建设向跨区域贸易合作机制建设发展;2009 年,时任日本首相的鸠山由纪夫提出"东亚共同体"概念,强调东亚内部的区域经济合作机制应该是开放的,其涵盖范围与"10+6"重叠。参见王玉主:《亚洲区域合作的路径竞争及中国的战略选择》,《当代亚太》2010 年第 4 期。

② 王子昌:《对东亚经济合作的社会学考察》,载张蕴岭、沈铭辉主编:《东亚、亚太区域合作模式与利益博弈》,经济管理出版社 2010 年版,第 70—71 页。

③ 王子昌:《对东亚经济合作的社会学考察》,载张蕴岭、沈铭辉主编:《东亚、亚太区域合作模式与利益博弈》,经济管理出版社 2010 年版,第 70—71 页。

实质性改变,而且迅速扩大,东亚各国以最终消费品出口为纽带将自己紧紧地与发达经济体"捆绑"在一起。2008年全球金融危机爆发后,东亚各国更加深刻地意识到:要想在未来的世界经济格局中占有一席之地就必须培育区域经济的内生增长机制,这就必然要实现区域内部生产与消费的相对平衡,而要实现这一点就必须通过深化合作来改变东亚各国消费市场相对分割的状态①,但时至今日,东亚区域消费市场也仅是局部形成。

首先,从规模来看,东亚区域消费市场规模的扩大远不足以满足生产能力规模扩大导致的需求(见表4.12)。1997年,东亚地区("10+3")共出口了3211亿美元最终消费品,其中,区域内仅"消化"了627亿美元产品,分别向美国、欧盟出口了992亿美元、646亿美元的产品,区域内部对最终消费品的吸收度仅为19.53%;经过了十余年的自贸区建设,2013年东亚地区共出口了9798亿美元最终消费品,其中,区域内吸收了1959亿美元,而分别向欧盟、美国出口了2060亿美元、2649亿美元的最终消费品,东亚地区自身提供的最终消费品市场比重仅为20%。这说明,东亚地区对自身最终消费品吸收的规模远远不够。其次,从增速来看,东亚区域消费市场的增长速度也很难满足生产能力扩大导致的需求。从最终消费品出口的年均增长率来看,从1997年到2013年这16年时间里,东亚地区最终消费品总出口年均增长7.22%,而东盟10国和中日韩对区域最终消费品的吸收能力年均增长7.38%,略高于最终消费品总出口的增长率,东亚地区向美国出口的最终消费品年均增长率最低,但也高达6.33%,向欧盟出口的年均增长率较高(7.52%),对其他地区出口的年均增长率为7.76%。这说明,东亚地区对自身最终消费品吸收的增长速度也还不够。

---

① Ilzkovitz F.,Dierx A.,Kovacs V.,et al.,Steps towards a Deeper Economic Integration:The Internal Market in the 21st Century,*European Economy-Economic Papers*,2007.

表 4.12 东亚地区最终消费品出口市场构成及年均增长率

(单位:亿美元;%)

年份	出口总额	ASEAN+3		美国		欧盟 28 国		其他	
		出口额	占比	出口额	占比	出口额	占比	出口额	占比
1997	3211	627	19.53	992	30.89	646	20.12	946	29.46
2000	3915	724	18.49	1388	35.45	743	18.98	1060	27.08
2001	3905	723	18.51	1411	36.13	728	18.64	1043	26.71
2002	4183	745	17.81	1568	37.49	785	18.77	1085	25.94
2003	4735	830	17.53	1681	35.50	1009	21.31	1214	25.64
2004	5566	953	17.12	1864	33.49	1302	23.39	1447	26.00
2005	6354	1051	16.54	2100	33.05	1488	23.42	1715	26.99
2006	7179	1159	16.14	2375	33.08	1688	23.51	1958	27.27
2007	7826	1187	15.17	2390	30.54	1925	24.60	2324	29.70
2008	8549	1331	15.57	2394	28.00	2148	25.13	2676	31.30
2009	7219	1280	17.73	1981	27.44	1837	25.45	2120	29.37
2010	8688	1588	18.28	2362	27.19	2006	23.09	2731	31.43
2011	9705	1855	19.11	2410	24.83	2165	22.31	3274	33.74
2012	9626	1966	20.42	2570	26.70	2036	21.15	3053	31.72
2013	9798	1959	19.99	2649	27.04	2060	21.02	3130	31.95
年均增长率	7.22	7.38	—	6.33	—	7.52	—	7.76	—

资料来源:根据 RIETI,TID 2013 数据库计算得到。

更重要的是,地区经济大国未能在全面区域消费市场形成过程中发挥更大的作用。实际上,中日两国都已认识到统一的区域消费市场对东亚地区经济和本国经济增长的作用,但是由于多种因素的限制,两国都未能发挥出更大的作用,即使在全球金融危机之后,在东亚地区面临越来越大的区域消费市场升级压力的情况下,中日两个经济大国也未能成为本地区最终消费品市场的主要提供者。日本学者谷口诚认为,对于区域消费市场整合的困境,"中日双方都负有责任,而日方的责任特别大"。① 确实如此,作为本地区经济实力最强大的两个国家,中国和日本提供的最终消费品市场始终徘徊在 11% 左右(见表 4.13)。

表 4.13　中日美在东亚各经济体最终消费品出口中的比重变动

(单位:%)

	中国			日本			美国		
	1997 年	2005 年	2013 年	1997 年	2005 年	2013 年	1997 年	2005 年	2013 年
韩国	2.74	4.06	6.92	17.37	6.58	5.28	28.31	31.09	26.21
印度尼西亚	0.38	1.05	3.19	15.74	8.38	7.61	31.68	34.18	27.92
马来西亚	0.41	1.75	2.61	10.38	7.69	10.18	27.03	25.93	14.44
泰国	1.15	2.86	7.70	19.42	13.82	13.01	29.98	28.94	16.47
菲律宾	0.70	2.25	5.18	17.54	17.04	20.20	51.05	43.80	29.37
新加坡	1.83	9.05	3.94	8.82	4.09	11.07	16.48	20.59	8.79
越南	0.38	1.27	5.06	23.71	10.85	10.07	4.51	30.46	32.81
东亚总体	0.79	1.34	2.60	11.92	9.29	9.24	30.90	33.05	27.03

注:本表中数据为各国不同去向最终消费品出口值占该国最终消费品出口总值的比例。
资料来源:根据 RUETI,TID 2013 数据库计算得到。

从以上分析可以看出,尽管 1997 年以后东亚 3 个"10+1"自贸区逐步建成,使得东亚区域消费市场局部形成,但是无论从增长规模还是增长速度来看,东亚区域消费市场在向全面形成升级的过程中充满了困难,东亚地区生产能力快速增长与区内最终消费品市场狭小之间的矛盾依然十分尖锐,区域消费市场的建设远不能满足生产能力扩张导致的需求。

二、高质量投资类区域公共产品的供给困境

跨国公司兴起后,以国际资本流动为主要内容的要素流动成为经

---

① 谷口诚:《世界经济危机与东亚共同体》,邵鸣译,《南洋资料译丛》2010 年第 1 期。

济全球化的重要组成部分，区域一体化为适应要素流动也正在发生一系列变化，其中最关键的是从促进贸易自由化的政策体系转变为促进投资自由化的政策体系，各地区不仅要为域内要素流动创造良好的制度条件，还要为跨域要素流动创造更好的制度环境。[①] 但是，东亚高质量投资类区域公共产品遇到的供给困境比贸易类区域公共产品的供给困境还要大，问题也更加复杂，这表现为：区域投资体系建设不仅没有达成统一的区域投资合作机制，更严重的是低效的投资合作机制难以高效化，区域基础设施合作机制也是刚刚起步，缺乏明确统一的合作架构。

1. 区域投资合作机制的升级困境

投资合作是东亚经济合作的重要组成部分，它与贸易领域和货币金融领域的合作共同构成东亚经济合作的三大基石；但东亚地区已有的碎片化的、低效的区域投资体系难以升级为统一的、高效的区域投资体系。

首先，受制于东亚自贸区的建设困境，东亚一直缺乏统一的、覆盖全部国家的区域投资合作机制。实际上，东亚地区各国很早就签署了一系列双边投资保护协定，但这些协定中的条款内容仅强调最基本的投资保护，不太重视对投资者的全方面利益，更少有实质性的投资促进内容，各国投资壁垒较多。[②] 1997 年亚洲金融危机之后，东亚区域投资合作机制建设被纳入自由贸易区建设当中，因此，东亚自贸区的建设困境同时也是区域投资合作机制升级的困境，具体表现为：从地区整体来看，东亚缺乏在区域层次上的投资合作协定，已有制度性合作主要集中在东盟内部、3 个"10+1"双边层次上，未能升级为统一的、覆盖整个地区的投资合作机制，而由于投资领域的合作"碎片化"，各国投资政策体制难以有效衔接，妨碍了资本的自由有序流动，从而阻碍了市场机制

---

① 张幼文等：《要素流动——全球化经济学原理》，人民出版社 2013 年版，第 336—338 页。
② 竺彩华：《东亚投资合作发展现状及其趋势研究》，《亚太经济》2009 年第 5 期。

在优化资源配置中的作用,在一定程度上降低了跨国公司对本地区的投资热情。

其次,地区主要的投资合作机制带有"低水平"特征,且难以升级。东亚地区最主要的投资合作机制莫过于中日韩之间的投资合作机制,《中日韩投资协定》谈判自 2007 年启动,2008 年全球金融危机后中日韩加快了投资协定的谈判,终于在 2012 年 5 月正式签署,这是东亚区域投资体系建设的一大突破,尽管对中日韩自贸区的推进作用有限,但对延续东亚区域投资合作机制建设有较大的积极作用。不过,这一协定仍然不可避免地带有"低水平"特征,离高水平区域投资合作机制仍有较大距离,这主要表现在:在国民待遇方面,该协定承诺的是"准入后国民待遇",并非"准入前国民待遇";在业绩要求方面,该协定仅界定了"与技术出口或技术转移"相关的业绩要求,范围相对狭窄;在环境保护和劳工保护方面,该协定所承诺的环境义务相对比较弱,也没有包含劳工标准承诺条款;在对投资者与国家间争端解决方面,该协定要求诉诸行政复议或国内法院,只有通过国内程序才能提交国际仲裁,并且将知识产权和金融服务领域的诉讼作为例外情况处理;[①]更重要的是,这一"低水平"的区域投资合作机制升级困难,2015 年 6 月中国与韩国正式签署自贸协定,中韩 FTA 的投资章节基本上延续了中日韩投资协定的主要内容,在对投资的界定、国民待遇、最惠国待遇、禁止性业绩要求、透明度以及征收和补偿等大多数条款上均与中日韩投资协定保持一致,在规则水平、投资促进与保护等方面都没有实质性突破。[②]

2. 区域基础设施的建设困境

在经济生活中,大多数基础设施实际上都位于某一国的国境内,但

---

① 李国学:《中日韩投资协议的特征、问题及对中国的意义》,《中国市场》2012 年第 33 期;郝洁:《中美与中日韩投资协定及中韩自贸协定的比较》,《中国经贸导刊》2015 年第 33 期。

② 郝洁:《中美与中日韩投资协定及中韩自贸协定的比较》,《中国经贸导刊》2015 年第 33 期。

也有例外,如连接多个国家的输电线路、油气管道和光纤电缆等。在区域经济一体化浪潮的影响下,越来越多国家的基础设施项目开始具有更加广泛的区域性影响:它们由多个国家规划和协调开展,与现有区域网络相连接,并对邻国具有溢出效应。根据亚开行(2009)的定义,区域基础设施体系涵盖范围很广,包括硬件基础设施和软件基础设施,前者指的是涉及两个国家的简单项目和涉及多国的复杂项目,后者指的是为使基础设施使用更为便利而制定的共同的规则、标准和程序等。[1]因此,区域基础设施的内容和特征是:

第一,其范围跨越两个或两个以上国家、涉及工程建设或政策协调的基础设施或具有重大跨境影响的国家基础设施。

第二,其规划和实施涉及多个国家的合作或协调,需要与之相关的合作机制、管理机制、争端解决机制等。

第三,其宗旨是拆除区域内各国经济社会交流的自然障碍,促进区域内的经济交往和社会人文交流。

第四,其目标是与邻国或区域内其他国家的基础设施网络进行连接,实现区域基础设施一体化,最终创建"无缝连接"的区域基础设施网络。

目前来看,东亚区域基础设施建设成果还很有限。[2] 各国基础设施的互联互通即区域基础设施建设对地区经济发展至关重要,东亚地区要保持稳定的经济增长速度和畅通的物流服务,就必须重视各国基础设施的联通,而在地区生产网络迅速扩展的大背景下,东亚各国已经意识到跨国和区域基础设施建设对经济增长的作用,如东盟内部已经完成的项目很少是双边项目,大部分都是区域层次的,而几乎所有已完

---

[1]　亚洲开发银行研究院编:《亚洲基础设施建设》,智银凤、邹湘译,社会科学文献出版社2012年版,第10—11页。

[2]　以往的东亚经济一体化研究大多不重视区域基础设施建设,因此可以参考的材料较少,本部分内容主要利用了亚洲开发银行研究院编著的《亚洲基础设施建设》一书展开研究。

成或正在被认真考虑的能源、交通和电信等领域的项目也都是区域基础设施;大湄公河次区域的重点项目是在兴建国内基础设施(如公路走廊和输电网)的基础上,将各国的国内基础设施连接起来,以增强整体区域的联通性,进而建设各国之间的经济走廊。根据亚开行(2009)的研究,东亚各国供给区域基础设施的合作计划主要包括四个:东盟10国的基础设施合作、大湄公河次区域的基础设施合作、东盟东部增长区的基础设施合作和印度尼西亚—马来西亚—泰国增长三角区的基础设施合作,它们的重点建设项目见表4.14。

表4.14　东亚的区域基础设施合作计划

名称	设立时间	范围	区域基础设施建设重点项目
东盟(ASEAN)	1967年	文莱、柬埔寨、印度尼西亚、老挝、马来西亚、缅甸、菲律宾、新加坡、泰国和越南	东盟电网、泛东盟输气管道、东盟公路网和新加坡—昆明铁路项目
东盟东部增长区	1994年	文莱—印度尼西亚—马来西亚—菲律宾	空运和海运服务以及软件建设,如港口和机场
大湄公河次区域经济合作计划	1992年	柬埔寨、老挝、缅甸、泰国、越南、中国广西壮族自治区和云南省	交通、能源和电信网络建设,打造"三纵两横"经济走廊,包括:昆明—大理—德宏—曼德勒—仰光、昆明—西双版纳—老挝—曼谷、昆明—红河—河内—海防、毛淡棉—彭世洛—沙湾拿吉—岘港、仰光—曼谷—金边—胡志明市
印—马—泰增长三角区	1993年	印度尼西亚、马来西亚、泰国的几个省	5条经济走廊:宋卡—槟城—棉兰、马六甲海峡、班达亚齐—棉兰—北干巴鲁—居港、马六甲—杜迈、拉廊—普吉—亚齐

资料来源:亚洲开发银行研究院编:《亚洲基础设施建设》,智银凤、邹湘译,社会科学文献出版社2012年版,第18页。

东亚区域基础设施建设缺乏必要的合作机制。作为一种区域公共产品,东亚地区的区域基础设施建设仅是在亚开行的协助下完成了一些跨国项目,存在巨大的融资缺口。据亚行(2009)估计,2010—2020

年亚洲国家的基础设施投资总需求为 8 万亿美元,其中,新增能力占68%,维护和更换现有基础设施占 32%,年均基础设施投资需求约为7300 亿美元,电力和公路分别占总需求的 51% 和 29%。在东亚地区,区域基础设施建设的总需求为 4.67 万亿美元,主要分布在交通运输项目和能源项目上,例如:仅大湄公河次区域的运输和能源项目投资需求就有 31 个项目,投资需求为 84.61 亿美元,如果再计入东南亚其他的能源项目,那么投资需求将高达 473 亿美元。表 4.15 列举了东亚地区部分区域基础设施项目的融资需求,以资参考。

表 4.15　东亚地区部分区域基础设施项目的融资需求

（单位:百万美元）

项目名称	融资需求
输电线路项目	704.6
泰国—柬埔寨输电线路项目	7
马来西亚半岛—苏门答腊岛输电线路项目	143
印度尼西亚—新加坡输电线路项目	177
马来西亚—文莱输电线路项目	18.4
马来西亚—西加里曼丹输电线路项目	18.4
泰国—老挝输电线路项目	124.8
泰国—缅甸输电线路项目	91.2
老挝—越南输电线路项目	117.6
越南—柬埔寨输电线路项目	7.2
水电站项目	31035.2
老挝—泰国:南屯水电站二期	2477.6
老挝—泰国:南俄水电站	1400.5
老挝—泰国:Xe Pian 水电站	887.9
老挝—泰国:Xe Khaman 水电站	1065.8
缅甸—泰国:塔山水电站	8200

续表

项目名称	融资需求
中国—泰国:景洪水电站	3416.6
中国—泰国:糯扎渡水电站	12527.8
柬埔寨—越南:松博水电站	1059
东盟东部增长区的可再生能源投资基金	100
泛东盟天然气管道	7000
合计	38839.8

资料来源:亚洲开发银行研究院编:《亚洲基础设施建设》,智银风、邹湘译,社会科学文献出版社2012年版,第166页。

但是,制约东亚区域基础设施网络建设的并非资金短缺,相反,东亚地区拥有充足的资金。首先,东亚大部分国家都具有较高的储蓄率。东亚地区的国内储蓄率都非常高,主要发展中国家的储蓄率都维持在30%以上,中国高达50%,最低的泰国也维持在27%,日韩等国的储蓄率也高于其他发达国家。其次,东亚拥有巨额的外汇储备。由于持续多年的外向型发展模式,本地区主要经济体外汇储备充足,合计拥有6.28万亿美元的外汇储备;其中,中日两国合计达5万亿美元,即使印度尼西亚、马来西亚、菲律宾、泰国、越南等国的外汇储备也高达5100亿美元(见表4.16和表4.17)。总之,东亚区域基础设施体系建设缓慢并非由于资金短缺所致,除政府部门的能力缺陷之外,更重要的是各国政策不完善、合作框架不健全,亦即缺乏必要的区域基础设施合作机制,这些都削弱了各国政府实施区域基础设施建设的能力,例如:区域基础设施建设将涉及多国,各国在项目确定、资金筹集、项目监管、处理社会和环境问题等方面都需要具有一定程度约束力的正式合作机制。[1] 总之,如何建立必要的区域基础设施合作机制使区域资金服务

---

① 亚洲开发银行研究院编:《亚洲基础设施建设》,智银风、邹湘译,社会科学文献出版社2012年版,第80—83页。

于区域基础设施建设是摆在东亚各国面前的一大难题。

表 4.16　东亚主要经济体总储蓄占 GDP 的比例　　　（单位:%）

国别	2009 年	2010 年	2011 年	2012 年	2013 年
中国	51. 92	50. 60	48. 64	49. 86	49. 50
日本	22. 56	23. 48	22. 18	21. 82	21. 76
韩国	32. 67	34. 82	34. 65	34. 37	34. 47
印度尼西亚	31. 14	32. 65	32. 96	32. 22	30. 74
新加坡	44. 48	51. 53	49. 25	47. 16	46. 89
马来西亚	33. 36	33. 47	34. 08	30. 94	29. 65
菲律宾	58. 03	60. 78	44. 90	43. 25	45. 30
泰国	28. 47	28. 27	29. 24	27. 87	26. 98
越南	28. 57	30. 47	27. 72	32. 01	30. 16

注:总储蓄的计算方法为国民总收入减去总消费额,再加上净转移支付。

资料来源:WDI 数据库。

表 4.17　东亚主要经济体的外汇储备总额　　　（单位:百万美元）

国别	2009 年	2010 年	2011 年	2012 年	2013 年
中国	2452899	2913712	3254674	3387513	3880368
日本	1048991	1096069	1295839	1268086	1266851
韩国	270437	292143	306935	327724	345694
印度尼西亚	66119	96211	110137	112798	99387
新加坡	192046	231260	243798	265910	277798
马来西亚	96704	106528	133572	139731	134854
菲律宾	44206	62326	75123	83789	83182
泰国	138419	172028	174891	181481	167230
越南	16447	12467	13539	25573	25893
总计	4326269	4982743	5608507	5792605	6281258

注:包括黄金,按现价美元计算。

资料来源:WDI 数据库。

第三节 东亚高质量区域公共产品供给困境的成因

一、收益原因:相对收益竞争弱化了供给的根本动力

要实现高质量区域公共产品供给,首要的问题就是要有可靠的预期收益;但是,在深度经济一体化进程中,巨大的潜在收益非但没能促进东亚高质量区域公共产品的供给反而导致了供给困境,其根源在于国家间实力对比的改变使得主要供给方的相对收益敏感系数迅速上升[①],竞争相对收益已经成为部分供给方目标函数中的重要变量。由此可见,区域公共产品供给的相对收益竞争问题已经远远超出理论探讨层面,而是对区域公共产品供给具有实质性威胁的关键问题,从而削弱了各方参与高质量区域公共产品供给的根本动力。

1.高质量区域公共产品供给的巨大潜在收益

首先,高质量区域公共产品将带来巨大的政治收益,这是东亚地区最重要的预期收益。深度经济一体化的最本质特征是各国间更紧密的政治经济伙伴关系,因为各成员国之间的合作已经不再局限于贸易部门和生产部门,而是体现在经济社会生活的各个领域,因而体现了"一荣俱荣、一损俱损"的经济共生关系,这种深度融合的利益基础有利于各国就地区事务凝聚共识,展开更广泛的政策协调;此外,按照功能主义的"外溢"理论,经济领域内高质量区域公共产品的供给将促进各国在政治、社会等其他领域也提供高质量的区域公共产品,这对于矛盾复杂、历史遗留问题众多的东亚地区无疑是巨大的政治收益。

---

① 李向阳:《新区域主义与大国战略》,《国际经济评论》2003 年第 7 期。

其次，高质量区域公共产品将带来较高的规则收益，这是东亚地区最迫切的预期收益。目前，美欧等发达国家正在极力提升国际经济规则的标准，这给东亚地区带来巨大的压力，因为世界格局的关键在于规则，正是规则决定了各国在经济交往中的利益分配状况；如果不能掌握国际经济规则的制定权，东亚必然被长期锁定在国际经济竞争格局的最底端。东亚高质量区域公共产品供给固然无法直接提供，或只能少量提供高标准的国际经济规则，但无疑将增加东亚各国对美欧等发达国家讨价还价的筹码，使得美欧在制定国际经济规则时不得不照顾东亚地区的利益诉求，东亚国家也就可以借此获得一部分国际经济规则的话语权。

最后，高质量区域公共产品将带来巨大的经济收益，这是东亚地区最直接的预期收益。在对各种区域贸易合作机制方案得失的研究中，学者们一般采用全球可计算一般均衡模型（Computable General Equilibrium Model，CGE），该模型假定在一个已经处于均衡状态的经济系统上，对其中的一些经济变量（如进出口关税等）施加扰动，来判断这种扰动对经济（尤其是 GDP）带来的影响。根据研究目的的不同可以对 CGE 进行有针对性的设计，最常用的美国普渡大学开发的"全球贸易分析模型"（Global Trade Analysis Project，GTAP）[①]，其优点在于提供了翔实的数据，其缺点在于只能计算贸易领域（主要是关税壁垒和部分非关税壁垒）变动对 GDP 影响，而难以完全有效地测算投资领域变动特别是达成高水平投资协定对 GDP 的影响。GTAP 模型的研究成果较多，限于篇幅，本书不打算运用该模型对东亚高水平区域贸易投资合作机制（以东亚自贸区为代表）的福利效应进行实际测算，仅将有代表性的研究成果汇总出来，见表 4.18。

---

①　王子昌：《对东亚经济合作的社会学考察》，载张蕴岭、沈铭辉主编：《东亚、亚太区域合作模式与利益博弈》，经济管理出版社 2010 年版，第 71—72 页。

表 4.18 东亚自贸区对各国的宏观经济影响:基于 GTAP 模型的研究成果对比

主要研究人员和成果发表日期	使用的数据和情景假定	东亚自贸区对各国 GDP 的影响	备注
张蕴岭等（2006）	使用 GTAP 第 6 版数据库,包括 81 个区域的 57 个领域;假定成员国间去除所有关税和非关税壁垒;实施某些便利化措施	东亚自贸区将使东亚国家的 GDP 总量增加 12%,带给东亚国家 1046 亿美元经济收益,具体为（以 10 亿美元计）:东盟国家:37.6;中日韩:66.9	以 2001 年为基年
李众敏（2007）	使用 GTAP 第 6.2 版,假定三种方案:东盟方案（以东盟为中心实施贸易自由化的方案 FTA,即 3 个"10+1"）、中国方案（以中国为中心实施贸易自由化的方案,即建立中国—东盟 FTA 和中日韩 FTA）和目标方案（建立"10+3"FTA）	日本、韩国是东亚自贸区的最大受益方,而中国则是遭受福利损失的一方,因而对中国而言没有最优选择,只有次优选择。东盟方案下,东盟:5.6,中国:-8.2,日本:6.7,韩国:0.16;中国方案下,东盟:-26.1,中国:-4.1,日本:20.2,韩国:3.1	没有考虑外商直接投资（FDI）的影响
黄凌云、刘清华(2008)	使用 2001 年 GTAP 数据库,假定:(1)去除所有关税和非关税壁垒,但保留对非成员国的贸易壁垒;(2)东亚各国和其他地区的进口保护和关税壁垒不变;(3)资本可以在各成员国间自由流动	东亚自贸区的经济影响（GDP 变化:百分比,社会总收入增加:以百万美元计）:中国内地:0.03,1113.92;日本:0.84,4748.64;韩国:0.71,7085.4;东盟:0.32,997.44	

资料来源:Francois J.F.,Rana P.B.,Wignaraja G.,et al.,*Pan-Asian Integration:Linking East and South Asia*,Palgrave Macmillan Press,2009,pp.490-497;转引自王子昌:《对东亚经济合作的社会学考察》,载张蕴岭、沈铭辉主编:《东亚、亚太区域合作模式与利益博弈》,经济管理出版社2010年版,第71—72页;黄凌云、刘清华:《建立东亚自由贸易区的中国经济效应研究——基于 GTAP 模型的实证分析》,《国际贸易问题》2008年第12期;李众敏:《东亚地区贸易自由化的福利影响及前景展望》,《世界经济与政治》2007年第1期。

2. 国家间实力对比变化导致各国相对收益敏感系数上升

"斯奈德模型"认为,国家间实力对比格局对于相对收益敏感系数影响最大[①],毕竟在无政府的国际社会中,有无能力往往比有无意愿更

———

① Joseph Grieco,*Cooperation among Nations:Europe,America,and Non-tariff Barriers to Trade*,Cornell University Press,1990,pp.45-47;邓肯·斯奈德:《相对获益和国际合作的模式》,载大卫·A.鲍德温主编:《新现实主义和新自由主义》,肖欢容译,浙江人民出版社2001年版,第172—203页。

加重要。从能力角度来讲,中国和日本是东亚地区经济实力最强的国家,也是最具实力成为下一个供给中心的国家,所以尽管中国竭力声明自身对东亚区域公共产品供给的建设性作用①,但东亚还是不可避免地陷入了相对收益竞争,尤其是2008年全球金融危机后各国的相对收益敏感系数迅速上升。

首先,日本对中国的相对收益敏感系数迅速上升。1997年东亚经济合作刚启动之时,中国GDP仅相当于日本的1/5,刚刚经历泡沫经济崩溃的日本对东亚区域经济合作的需求非常强烈,希望能借此推动经济复苏,并使日本能在区域金融合作机制建设方面发挥主导性作用(因为日本已经在地区生产网络中居于主导地位,进一步使东亚金融"日本化"是其重要目标)②,因此日本重点关注了绝对收益;到了2006年前后,中国的GDP已经相当于日本的60%,此时的日本已经不能再忽视相对收益,日本的国家级安全分析报告、防务省的官方出版物《东亚战略评论》③曾指出:"没有美国和澳大利亚参加的'10+3'合作将会给中国提供一个理想的发挥自己影响力的框架,从而使中国在东亚自贸区的形成过程中更轻松地发挥其领导作用"④,因此日本希望能借"10+6"来消解中国的地区影响力;但是到了2008年全球金融危机之后,中国实现了"弯道超车",经济实力迅速地超过了日本,2014年中国的GDP相当于日本的两倍以上,即使考虑人民币升值、日元贬值因素,日本与中国的经济实力差距越来越大也是确定无疑的事实,此时日本不仅不能再忽视相对收益,而且担心东亚区域贸易投资体

① 范斯聪:《东亚经济一体化的困境与出路——国际比较的视角》,人民出版社2015年版,第93—99页。
② 张蕴岭:《在理想与现实之间——我对东亚合作的研究、参与和思考》,中国社会科学出版社2015年版,第43页。
③ 该出版物是日本防务省防务研究所的品牌出版物,每年出版一集,主要分析东亚地区的安全环境,因此属于日本官方的、国家级的安全分析报告。
④ 防衛省防衛研究所:《東アジア戦略概観2003》第7章,"東南アジア—新たな結束へ"、第167—168页。

系的"中国化"。简言之,现在日本关心的并不是"自己能否从这一巨大的潜在收益中分得'一杯羹'",而是关心"与中国的收益差距到底有多大? 这种收益差距将在未来中日两国的竞争中起到什么作用"的问题,其对中国的相对收益敏感系数终于超过了绝对收益敏感系数。

其次,东盟对地区大国的相对收益敏感系数迅速上升。在东亚区域经济合作初期,东盟在区域公共产品供给进程中占据中心位置,但随着合作日益深化,东盟能力不足的问题日益暴露,对东亚区域经济合作的推动明显乏力,甚至有人认为,即使东盟继续采取平衡中、美、日大国的做法,其在推动东亚区域经济合作方面也存在难以克服的障碍①,主要原因是:东盟内部在供给次区域公共产品时就缺乏核心力量,而它们的分歧又严重削弱了东盟的凝聚力,从东盟内部构成看,其能力大为减弱,特别是印度尼西亚国内问题丛生使其在东盟内部的影响力大为削弱,而泰国、新加坡、马来西亚等国"轮流坐庄"的方式不利于东盟行使主导权,这直接影响了东盟主导区域公共产品供给的能力,从而提升了东盟对地区大国的相对收益敏感系数。更具实质性的问题是,东盟之所以能取得东亚区域公共产品供给的中心方地位,主要得益于中国和日本两个地区大国之间"脆弱的平衡",在大国竞争日益激烈的地缘政治背景下,东盟要继续维持其地位就必须加强自身的能力建设,但是东盟并非像欧盟那样有统一的权威机构,无法制定统一的对外经济政策,因此难以协调利益分歧,这凸显了东盟作为东亚区域公共产品中心供给方的脆弱性。

3. 相对收益竞争的表现:区域经济合作主导权之争

区域经济合作主导权往往与区域公共产品供给的中心地位相伴生,而居于中心地位的供给者决定了相对收益分配的结果,所以相对收

---

① 金熙德:《东亚合作的进展、问题与展望》,《世界经济与政治》2009 年第 1 期。

益竞争的主要表现形式就是争夺区域经济合作主导权。①

　　首先，日本与中国竞争区域经济合作主导权。2006 年，日本对在"10+3"框架内建立东亚自贸区的计划提出质疑，并积极主张在"10+6"框架下构建东亚共同体，推动"扩展版"的东亚区域经济合作，自此形成了不同合作路径之争，区域公共产品供给的相对收益问题开始浮出水面；2008 年全球金融危机后，在实力对比转换的大背景下，日本在东亚经济中的"老大"地位已经被中国取代，日本正在逐渐丧失争夺东亚经济合作主导权的实力。因此，日本的矛盾心理更加严重：日本既对高水平区域公共产品有着巨大的需求（如区域消费市场建设能使日本企业获得更多的商业利益），另一方面又担心中国成为区域公共产品供给的中心；因而其现实选择就是不再把东亚区域公共产品供给作为优先选择，而是首先联合美国等实现亚太区域公共产品供给。从现在来看，日本对于东亚经济合作主导权的竞争是"消极式"的，即防止中国取得东亚区域经济合作的主导权。

　　其次，东盟极力维持其对东亚区域经济合作的主导权。东盟要主导东亚地区高水平的区域公共产品供给，就必须以一定的合作框架和合作进程维护其在区域经济合作中的中心地位，也就是说，东盟的区域经济合作中心地位依赖于一个进程稳定的区域公共产品供给平台，这个框架不仅是地区各国联合提供区域公共产品的平台，甚至其本身就是一件区域公共产品，这是讨论东盟"主导权"或"中心地位"的最基础前提。② 2006 年之后，东亚区域经济合作框架就开始出现合作路径分歧，2008 年后以东盟为中心的东亚合作进程实际上已经陷入停滞，东盟出于维护其中心地位的需要，一方面加快了自身的一体化建设步伐，将东盟自由贸易区（AFTA）升级为东盟经济共同体（ASEAN Economic

---

　　① 一般认为，东盟和日本都有主导东亚区域公共产品供给的意愿，但中国是否有此意愿则众说纷纭。笔者无意就这一问题展开讨论，而是沿着"有无能力"这一思路展开分析。
　　② 王玉主：《RCEP 倡议与东盟"中心地位"》，《国际问题研究》2013 年第 5 期。

Community，AEC）；另一方面提出构建"区域全面经济伙伴关系"
（Regional Comprehensive Economic Partnership，RCEP）这一新的区域公
共产品供给平台。因此，加快建设东盟经济共同体和构建 RCEP 合作
框架都可以视为东盟区域经济合作战略的延续性调整，其目的是维持
东盟在东亚区域公共产品供给中的中心地位。因此，东盟对于东亚经
济合作主导权的竞争是"积极式"的，即努力继续掌握东亚区域经济合
作的主导权。

二、成本原因：供给成本高昂强化了供给的内部制约

在深度经济一体化趋势下，东亚地区的高质量区域公共产品的总
体供给成本远比浅层次合作时高昂，不仅需要每个国家支付更多的经
济成本和规则成本，而且需要为突破国内外政治壁垒而支付更多的政
治成本，这种成本上升的趋势使东亚高质量区域公共产品的供给异常
困难。

第一，东亚深度经济一体化要求各国支付高昂的经济成本，这降低
了高质量区域公共产品供给的经济可能性。在东亚高水平自贸区或区
域消费市场建设过程中，日本、韩国等发达国家坚持高标准、宽领域的
开放，不仅要包括货物贸易、服务贸易和投资等领域，还要包括政府采
购、知识产权、环保标准等"超 WTO"议题，但这些却是东亚发展中国家
的敏感领域，中国和东盟无论是市场开放程度还是国内制度建设都难
以达到日韩的期望水平，因此要求它们在"超 WTO"议题上作出较高水
平的开放承诺具有很大难度；另外，农业是中国等发展中国家为数不多
的优势领域，日本和韩国却对农业领域的开放顾虑重重，因为农业在日
韩都受到高度保护，在日韩已签署的协定中，农产品过渡期一般为
10—15 年。[①] 此外，在市场相互开放过程中，中国、东盟以劳动密集

---

① 张建肖：《中日韩自贸区谈判的困难与应对》，《国际经济合作》2013 年第 4 期。

型、低附加值的低技术产品出口为主，而主要进口日韩以技术密集型、高附加值为特征的高技术产品，但显而易见的是，中国与东盟之间、日本与韩国之间存在明显的竞争性，这也增加了东亚高质量区域公共产品供给的经济成本。而区域基础设施建设项目本来就建设周期长，投资风险大，加之东南亚地区山高林密、地质条件复杂、民族宗教矛盾突出，这更加增大了区域基础设施投资的经济成本。

　　第二，东亚深度经济一体化要求各国支付高昂的规则成本，这降低了原有制度规则的适用性。在浅层次的合作阶段，由于区域公共产品质量较低，因此东亚各国所需支付的规则成本也较低，参与合作所受到的束缚比较小，在以往的东亚贸易投资类区域公共产品供给过程中，各国所需要支付的就是降低关税、削减配额等边界调整成本，不需要让渡国家经济主权，也不需要过多地调整国内经济管理体制；但要实现高质量区域公共产品供给，就需要突破这种"低规则成本"的局面，而是涉及国内敏感产业的改革和国家之间的政策协调。[1] 因此，在高昂的规则成本面前，东亚高质量区域公共产品供给带来的净收益越发不确定，各国不得不慎重行事。

　　第三，东亚深度经济一体化要求各国支付高昂的政治成本，这降低了高质量区域公共产品供给的政治可能性。从国内政治成本看，高质量区域公共产品需要各国更全面、深度地开放本国市场，这将碰到较之前更为强大的国内政治壁垒，因为高质量区域公共产品对国内利益再分配的影响更大，而受益集团往往选择"沉默"，受损集团必然强烈阻挠，日韩在农业领域的保守态度、中国等发展中国家在制造业领域的谨慎态度皆源于此。[2] 从国际政治成本看，深度经济一体化意味着东亚

---

[1]　亚洲开发银行研究院编：《亚洲基础设施建设》，智银风、邹湘译，社会科学文献出版社2012年版，第80—83页。

[2]　苏庆义：《厘清加入FTA的成本和收益》，中国社科院世经政所IGI（国际问题研究）系列讨论稿，Policy Brief No.201549，2015年12月24日。

各国将以更紧密的深度合作关系结合在一起,而各国为了克服不利于合作的地区政治关系而需要付出代价较之前要大得多,其中,日本的作用至关重要,而日本的国家政治目标是"正常国家化",但这必然给东亚地缘政治格局带来巨大的不确定性①,这增加了东亚高质量区域公共产品供给的政治成本。除了常规性的政治成本之外,东亚深度经济合作还需要处理较大的战略目标差异和历史遗留问题,这使得东亚区域公共产品供给的政治壁垒格外突出,为此需要支付的政治成本也格外高昂,而潜在矛盾导致的突发事件还会使政治成本骤然上升。② 从目前来看,在地区政治局势复杂多变的情况下,我们不太有可能指望高昂的政治成本会降低。

三、外部性原因:美国全面干预强化了供给的外部约束

1. 东亚高质量区域公共产品供给对美国的外部性

从经济方面看,东亚高质量区域公共产品供给将对美国的福利造成负面影响。迈克尔·普鲁默等用亚洲开发银行设计的 GEMAT 模型进行的研究表明:在全球自由贸易难以实现、APEC 自贸区无法达成的情况下,以"10+3"为主体建设东亚自贸区(EAFTA)对东盟和东北亚国家来讲是最佳选择,但这种方案将给美国带来一定的福利损失;③而真正的问题在于,东亚地区相对过剩的生产能力要以美国为最终消费市场,这对于降低美国国内通货膨胀率从而维持低物价、高水平的生活是必不可少的。此外,一个经济快速增长的东亚对美国的"再工业化战略"、经济增长和国际经济竞争力都至关重要,特别是美国自奥巴马

---

① 王金波:《日本区域合作战略调整与国家重新定位选择》,《国际经济合作》2015 年第7 期。

② 莽景石:《东北亚一体化:政治成本与演进路径》,《世界经济与政治》2005 年第9 期。

③ Michael G. Plummer, Ganeshan Wignaraja, " *Integration Strategies for ASEAN：Alone, Together, or Together with Neighbors* ", Economics Study Area Working Papers, 2007, 92, East-West Center.

政府开始实行"再工业化战略"，而东亚正是其高科技产品的重要市场。因此，从单纯的经济福利方来看，东亚深度经济一体化进程对美国具有较强的正外部性，也正是因为如此，美国为了获得更直接、更巨大的经济福利也要全面参与东亚深度经济一体化进程。

从政治方面看，东亚地区对美国来讲有着极其重要的战略利益，美国势必"维持其在东亚地区的长期存在"[1]，这种存在不仅是经济意义上的，更是政治意义上的，其对东亚经济一体化的战略限度是"尽量避免在亚太地区建立紧密的政治经济实体"，因为在这样一个实体内，东亚各国之间的矛盾和猜忌必将大大减少，而占据东亚地缘政治主体板块的中国将收获最大的政治利益。[2] 但是，东亚高质量区域公共产品意味着各国必须以更加紧密的关系结合起来，尤其是中国地区影响力和话语权将随之不断扩大，这极有可能挑战美国在东亚地区的战略利益，毕竟，"美国在本地区的利益是通过保持对地区事务的主导权并通过特定的地区安排实现的"。[3] 换言之，深度经济一体化及其对高质量区域公共产品的内在要求已经逼近美国为东亚设定的战略限度。

问题的关键在于，东亚各国无法将这种由深度经济融合带给美国的政治负外部性内在化。在浅层次合作阶段，东亚各国在供给低质量区域公共产品时尽量避免给美国带来外部性，即使存在也能够以"开放的区域主义"的合作方式使其内在化；但是在深层次合作阶段，东亚高质量区域公共产品供给带给美国的外部性是如此之大以至于无法将其有效内在化。例如，东亚经济体是美国财政赤字的重要融资方，截至 2014 年 6 月，东亚地区共持有的美国长期债券（包括

---

① 宋伟：《美国对亚太区域合作的战略目标》，载张蕴岭、沈铭辉主编：《东亚、亚太区域合作模式与利益博弈》，经济管理出版社 2010 年版，第 202—205 页。

② 宋伟：《美国对亚太区域合作的战略目标》，载张蕴岭、沈铭辉主编：《东亚、亚太区域合作模式与利益博弈》，经济管理出版社 2010 年版，第 210 页。

③ 吴心伯：《美国与东亚一体化》，《国际问题研究》2007 年第 5 期。

财政部债券、机构债和公司债)高达 3. 86 万亿美元,占美国长期债券总额的 42. 03%;其中,东亚地区持有的美国财政部长期债券达 2. 94 万亿美元。① 而东亚高水平区域投资合作机制的宗旨就是使区内资金服务于区内建设,使本地区的储蓄和外汇储备服务于区域基础设施建设,这无疑将减少东亚对美国财政赤字的融资力度,也必将影响美元的国际循环圈②,甚至会对美元的全球霸权产生冲击。因此,东亚高质量区域公共产品供给带给美国的外部性决定了美国的全面干预是不可避免的。

2. 美国对东亚高质量区域公共产品供给的全面干预

美国并非不需要一个经济繁荣的东亚,而是需要一个能够"为己所用"、符合其全球霸权战略需要的东亚。作为世界上经济最活跃和发展速度最快的地区,东亚地区在美国全球战略中的重要性显著提高,维持对东亚地区的主导权对维持美国的全球领导地位是必不可少的;特别是,美国对中国经济政治实力的全面提升非常担忧,并将之视为对美国的地区领导地位的挑战。在以上种种因素影响下,美国全面干预东亚区域经济合作就有其必然性。2009 年以来美国逐渐放弃对东亚经济一体化"善意的忽视"态度,除了签订美韩自贸协定以外,美国转而以 TPP 全面、深度干预东亚区域公共产品供给,并至少从合作路径和规则水平两方面制约了东亚高质量区域公共产品的供给进程:

首先,TPP 将使东亚原有的区域经济合作路径日益模糊。在战略上,美国将东亚国家划分为三类:TPP 成员国(日本、新加坡、马来西亚、越南和文莱)、TPP 候选国(韩国、泰国、印度尼西亚和菲律宾)、

---

① 根据美国财政部国际资本流动数据(Treasury International Capital System)计算得到。
② 段彦飞:《美国债务经济的国际循环》,《美国研究》2008 年第 4 期;李晓、付竞卉:《现阶段的国际货币体系改革:东亚的困境与战略选择》,《世界经济与政治论坛》2010 年第 4 期;李晓、周学智:《美国对外负债的可持续性:外部调整理论的扩展》,《世界经济》2012 年第 12 期。

TPP 外围国(中国)①,这样分类的直接效果就是分化、弱化了"10+3"的吸引力,使东亚深度经济一体化的道路更为曲折,其原因在于:TPP已经将本地区最重要的经济体之一——日本囊括进去,韩国等也表达了加入第二轮谈判名单的意愿,东盟也随之被分裂为两大组成部分——TPP 成员和非 TPP 成员,因此,东亚地区几乎没有可能再建立一个独立的一体化组织的余地了。当然,从理论上和实际上来看,东亚各国未必不能另外建立一个区域经济一体化组织,但是不论从影响力还是成本等各种角度看都十分渺茫,至少日本已对"10+3"机制和中日韩自贸区谈判采取了"不放弃但也不积极"的态度;②而如果 TPP 继续扩容,将有可能整合本地区最重要的两大区域经济合作组织,即 APEC和东盟。若出现此种前景,那么所谓的"10+3"合作机制就会被 TPP 所取代而成为一个虚构的图景。③

　　其次,从规则水平来看,TPP 在议题设定中呈现出全面性、深入性和强制性三大趋势:其一,TPP 超越了简单的贸易议题,而是把"贸易—投资—服务"一揽子综合性议题作为谈判内容,市场准入领域已经从工农业产品市场准入向消除投资壁垒和服务业壁垒扩展,经济领域的全面自由化成了 TPP 的谈判重点;其二,TPP 议题由经贸领域深入到社会、体制等边界内(Behind-the-Border)领域,针对的是缔约方内部的经济体制,旨在实现各经济体政策体制的无缝衔接;④其三,TPP各项议题要求严格,具有很强的约束力,强调以司法手段解决执行和争

---

　　①　饶芸燕:《TPP 对东亚一体化的影响及中国的对策》,《复旦国际关系评论》2013 年第2 期。

　　②　关权:《东亚经济一体化和 TPP——中日之间的博弈》,《东北亚论坛》2012 年第 2 期。

　　③　关权:《东亚经济一体化和 TPP——中日之间的博弈》,《东北亚论坛》2012 年第 2 期。

　　④　例如,在 TPP 的 26 项谈判议题中,至少有 18 项议题更加具有边境内特点。具体名单请参考 Peter A. Petri, Michael G. Plummer, Fan Zhai, "The Trans-Pacific Partnership and Asia-Pacific Integration: A Quantitative Assessment", *East-West Center Working Papers*, Economics Series, No.119, October 24, 2011。

端问题,从而使经济规则的约束力从"半司法"(软约束)走向司法(硬约束)。① 但众所周知,东亚区域公共产品供给机制本就缺少内在制度约束力和发展动力,向来以"循序渐进、软约束、照顾各方舒适度"为原则,而 TPP 的出现骤然提高了东亚区域经济合作的制度化水平,而现有的"开放区域主义"无法应对美国的全面深度干预,因此不能为深度经济一体化提供有效应对外部干预的方式,这使得东亚深度经济一体化的整合目标日益偏离促进地区经济发展、各国经济渐进融合的整合目标。

除经济领域以 TPP 强势干预东亚区域经济合作以外,美国政府还大力推进所谓"亚太再平衡"战略,该战略最为突出地表现在政治安全方面,即通过加强与东亚国家的关系维护美国在东亚的地区军事安全领导地位,进而增强对东亚深度经济一体化发展方向的掌控力。首先,美国加强了与日本、韩国、菲律宾等传统东亚盟友的关系。2008 年以来,美国比以往任何时候都重视亚洲盟国在其军事安全上的支持,无论是被美国视为"亚洲安全政策基石"的美日关系,还是美韩关系、美菲关系,都在奥巴马政府期间得到了加强。其次,美国加强了与东盟的政治合作关系。2009 年 7 月,美国加入了《东南亚友好合作条约》,而东盟国家也乐于见到美国对其的政治安全承诺;自 2009 年起,美国与东盟举行了多次领导人会议,并且于 2013 年将领导人会议更名为"东盟—美国峰会",加强了与东盟在核不扩散、网络安全、反恐、防范人员偷渡等多领域的合作。② 总之,美国正在以其强大的政治影响力为基

---

① 以 TPP 中的知识产权和投资保护议题为例,美国贸易代表办公室强调,美方将不考虑任何降低知识产权保护标准的谈判,而且只能朝着严格向前的方式统一和强化知识产权保护义务;而在投资争端解决问题上,美国倡导"投资者—国家争端解决机制",赋予外国投资者起诉主权国家的权力,可直接向规定机构提起争端仲裁。实际上,经济改革的承诺、政策减让的程度和协议执行的力度向来是美国筛选 FTA 伙伴国的重要标准,在美国已签订的自贸协定中,对协议执行力和约束力的要求呈不断加强的趋势。

② 周琪:《美国会放弃"再平衡"战略吗? ——对美国"再平衡"战略的评析》,《当代世界》2015 年第 6 期。

础,通过多渠道、全方位的方式参与到东亚的安全合作当中,试图以此主导未来东亚地区的区域公共产品的供给进程,而这却在客观上强化了东亚各国供给高水平区域公共产品的外部制约。

第四节　东亚高质量区域公共产品供给困境的突破

2012 年之后,面对深度经济一体化的大趋势和高质量区域公共产品的供给困境,东亚主要经济体纷纷调整战略,区域公共产品供给格局发生了巨大的变化。

一、RCEP:东盟主导区域公共产品供给的新尝试

根据"斯奈德模型",在竞争相对收益的情况下,各国依然可以达成合作,只是需要将合作主体范围扩大化,这是东亚区域公共产品供给机制由以"10+3"为重点转向以"10+6"为重点、启动 RCEP 谈判的内在逻辑。东盟 10 国与中、日、韩及印度、澳大利亚、新西兰的 RCEP 是目前(泛)东亚地区最新的区域合作倡议,按照计划,RCEP 将通过两个阶段实现:第一阶段是从 2013 年到 2015 年,东盟将与中日韩澳新印等国展开谈判,在 16 国的基础上达成东亚最大规模的自由贸易区;第二阶段是 2015 年后实现扩员,要将未与东盟签署自贸协定的其他亚太成员拉入 RCEP,最终组建成亚太自由贸易区(Free Trade Area of the Asia-Pacific,FTAAP)。总体来看,RCEP 就是在对现存双边 FTA 网络进行整合的基础上,推进达成一个"现代、全面、高质量、互利的经济伙伴关系协议"。[①]

1. RCEP 带动东亚区域公共产品供给的特点

RCEP 是目前东亚地区囊括国家范围最多的区域贸易投资合作机

---

① 赵江林等:《中国崛起与亚洲地区市场构建》,社会科学文献出版社 2014 年版;全毅、沈铭辉:《区域全面经济伙伴关系(RCEP)的中国视角》,《国际贸易》2014 年第 6 期。

制建设,不仅涵盖"东亚"意义上的东盟和中日韩,而且吸收了"亚太"意义上的印度、澳大利亚、新西兰,其合作有三方面的特点:

第一,从合作主体看,RCEP 以原有的东亚区域公共产品供给主体为基础,纳入了印度、澳大利亚、新西兰,是东亚区域经济合作的扩大和延续。RCEP 维护东盟中心地位的战略意图是清晰的,中日等地区大国均表示了明确的支持态度,日本认为 RCEP 的"10+6"合作框架有助于平衡中国的影响力,中国或许是看到了东盟以 RCEP 制衡 TPP 的战略意图。因此,尽管 RCEP 的最终目标是亚太自贸区(FTAAP),但是其在客观上也会以首先形成不包括美国的东亚区域经济合作框架为短期目标。① 此外,RCEP 并不必然意味着"10+3"等原有合作平台地位的严重弱化,至少目前是以东盟为中心、以"10+3"合作为基础,因此从这个意义上讲,RCEP 是东亚区域经济合作的延续。

第二,从合作机制看,RCEP 以"10+6"为框架,有助于缓解东亚区域经济合作的路径之争。2006 年日本抛出"10+6"合作构想后,东亚区域经济合作就形成了"10+3"和"10+6"路径之争的局面②,根据 RCEP 各参与方阐述的谈判原则,东盟将与现有的自贸区伙伴做更广泛、更深入的互动,也就是以东盟为中心的五个双边 FTA 为基础向前推动。当然,RCEP 并不是把五个"10+1"自贸区捆绑起来就可以了,但是在中日、中印、日韩、印新(西兰)等国之间尚未达成双边 FTA,中日韩 FTA 谈判进展甚微的情况下,RCEP 无疑能在客观上起到破解、至少缓解东亚区域经济合作路径之争的效果,有助于在最大程度上凝聚合作共识。

第三,从供给客体看,RCEP 有助于供给部分高质量区域公共产品,但同时具有灵活性和渐进性的特点。RCEP 以统一的区域贸易投资合作机制为建设目标,其自由化程度高于既存的 5 个"10+1"自贸

---

① 贺平、沈陈:《RCEP 与中国的亚太 FTA 战略》,《国际问题研究》2013 年第 3 期;赵江林等:《中国崛起与亚洲地区市场构建》,社会科学文献出版社 2014 年版。

② 王玉主:《亚洲区域合作的路径竞争及中国的战略选择》,《当代亚太》2010 年第 4 期。

区;但考虑到地区内各国经济发展程度和开放程度的差距,RCEP谈判不得不充分考虑各项议题的灵活性和渐进性,例如对东盟"新成员"(柬埔寨、缅甸、老挝、越南)采取了区别对待政策。《RCEP谈判指导原则和目标》明确指出,RCEP谈判将"承认参与国的个体差异和所处的不同环境",并将为欠发达国家提供适当灵活的参与方式和特殊待遇。①

2. RCEP与东亚公共产品供给困境的突破

RCEP是既有东亚区域公共产品供给模式的延续和发展,其成员国仍聚焦于传统贸易政策与规则,尤其是商品市场准入问题,对东亚高质量区域公共产品供给有积极影响,但对更具针对性和紧迫性区域消费市场和区域基础设施建设推动效果有限。

首先,从贸易领域来看,RCEP有助于形成统一的、低水平的区域贸易合作机制,但对全面的区域消费市场的建设作用很有限。RCEP旨在构建一个包含16个国家、30亿人口、17万亿美元经济总量的区域贸易合作机制,RCEP注重关税减让,推动90%—95%的商品降为零关税,最终目标是逐步消除所有货物的关税和非关税壁垒,这对于形成统一的区域贸易合作机制建设有积极影响;更重要的是,RCEP能够把在双边框架上无法达成FTA的国家放在一个统一的地区框架内,如中印、中日韩等。② 但是,这个统一的区域贸易合作机制水平较低,例如:在服务贸易方面,RCEP将与WTO的《服务贸易总协定》保持一致,但要以"东盟+1"FTA中的承诺为基础,但在中国—东盟自贸协议中,仅新加坡、马来西亚、菲律宾和泰国的承诺水平高于GATS,越南和柬埔寨未作出任何承诺,韩国—东盟自贸协议与此类似;又如:在争端解决方面,强有力的争端解决机制必然要求参与国让渡部分经济主权,在主权意识浓重的东亚地区,这一机制的效率和约束力仍有待于观察;而劳动和环境保

---

① 贺平、沈陈:《RCEP与中国的亚太FTA战略》,《国际问题研究》2013年第3期。

② 张蕴岭:《在理想与现实之间——我对东亚合作的研究、参与和思考》,中国社会科学出版社2015年版,第47页。

护、政府采购等议题更是由于发展中国家的反对而未纳入谈判议程。①

从区域消费市场建设方面来看,虽然 RCEP 旨在建立一个"现代的、高水平的、全面的"自由贸易区,但货物贸易市场开放仍然是重点内容,但即便如此,从货物贸易市场开放来看,RCEP 也并非一个高水平的自由贸易区,其自由化程度和开放范围仅略高于 5 个既有的"10+1"FTA,对于构建全面区域消费市场的议题涉及不多,力度也很不够。在已经签订的 5 个"10+1"FTA 中,东盟已有 6 国承诺将在过渡期后对超过 90% 的商品免税,有 3 国承诺将在过渡期后对将近 90% 的商品免税,但是印度尼西亚却需要大幅降低关税;在东盟的对象国中,除印度外所有国家都承诺将对 90% 以上的商品免税,但是印度恰恰是本地区市场潜力非常大的地区大国。因此,尽管 RCEP 的目标是推动东亚地区市场的开放、构建区域统一市场,但从实际内容来看,它对区域消费市场建设的推动内容很有限。

表 4.19 "东盟+1"自贸协定零关税商品税目比较

	国家	东盟—澳新	东盟—中国	东盟—印度	东盟—日本	东盟—韩国	平均
东盟	文莱	99.2	98.3	85.1	97.7	99.2	95.9
	柬埔寨	89.1	89.9	88.4	85.7	97.1	90.0
	印度尼西亚	93.7	92.3	48.7	91.2	91.2	83.4
	老挝	91.9	97.6	80.1	86.9	90.0	89.3
	马来西亚	97.4	93.4	79.8	94.1	95.5	92.0
	缅甸	88.1	94.5	76.6	85.2	92.2	87.3
	菲律宾	95.1	93.0	80.9	97.4	99	93.1
	新加坡	100	100	100	100	100	100
	泰国	98.9	93.5	78.1	96.8	95.6	92.6
	越南	94.8	—	79.5	94.4	89.4	89.5

---

① 全毅、沈铭辉:《区域全面经济伙伴关系(RCEP)的中国视角》,《国际贸易》2014 年第 6 期;郑学党、庄芮:《RCEP 的动因、内容、挑战及中国对策》,《东南亚研究》2014 年第 1 期。

续表

	国家	东盟—澳新	东盟—中国	东盟—印度	东盟—日本	东盟—韩国	平均
对象国	澳大利亚	100					
	新西兰	100					
	中国		94.1				
	印度			78.8			
	日本				91.9		
	韩国					90.5	
	平均	95.7	94.7	79.6	92.8	94.5	

资料来源:汤婧:《区域全面经济伙伴关系:整合困境及其对中国经济福利与产业的影响分析》,《财贸经济》2014 年第 8 期。

其次,从投资领域来看,RCEP 有助于形成统一的、低水平的区域投资合作机制,但对区域基础设施建设影响有限。吸引外来直接投资是 RCEP 的核心议题之一,其谈判目标是在东亚地区创建自由、便利和竞争的投资环境,并纳入了投资促进、投资保护、投资便利化和投资自由化四项投资议题,旨在促进各成员国放宽外资准入限制。但是,从东盟与 RCEP 其他成员国已签订的 5 个"10+1"FTA 来看,虽然其中多数都包含投资协议或投资章节,但内容仍以投资促进和投资保护为主,对于投资便利化涉及不多,更没有涉及较多的投资自由化内容,较少给予外资实质性的开放待遇。[①] 此外,5 个"10+1"FTA 中的投资规则标准并不一致,如在东盟—澳新自贸协定中,澳大利亚和新西兰出于自身利益考虑对东盟提出了很高的要求,如对透明度的要求,在 RCEP 谈判中,发达国家势必对发展中国家提出更高的投资促进和投资保护规则,发展中国家恐怕难以接受。总之,RCEP 在整合 5 个"10+1"FTA 中的投资规则时很难达成一致,其区域投资合作机制注定是低水平的。[②]

---

① 全毅、沈铭辉:《区域全面经济伙伴关系(RCEP)的中国视角》,《国际贸易》2014 年第 6 期。

② 郑学党、庄芮:《RCEP 的动因、内容、挑战及中国对策》,《东南亚研究》2014 年第 1 期。

对于东亚各国深度经济一体化最重要的一项区域公共产品——区域基础设施建设,RCEP 几乎没有涉及,这不能不说是它的一大缺陷;也就是说,RCEP 只能通过低水平的投资合作机制对区域基础设施建设给予最基本的保障。以上种种说明了:RCEP 只是传统意义上的区域经济合作形式,也是传统意义上的区域经济一体化路径,对区域投资体系建设和区域基础设施建设的推动效果有限,只能在一定程度上为突破东亚高水平区域公共产品的供给困境提供助力。

二、"一带一路"倡议:中国引领区域公共产品全面供给的新模式

面对东亚深度经济一体化的困境和域外大国的全面干预,东亚主要经济体纷纷调整合作战略,我国也开始思考在全新的形势下深入发展与周边国家的合作,这种思考的结果是我国开始对自身的区域经济合作战略进行突破性调整,而在这种战略调整中,亚洲特别是东亚地区成了"试验田"和"突破点"[①],具体而言就是提出了"一带一路"倡议,并辅之以新的自由贸易区战略。

在"一带一路"建设过程中,中国处于"引领但不主导"的地位,其所提供的区域公共产品也不再局限于区域贸易投资合作机制,而是涵盖了社会、文化、开发、援助等诸多领域,因而是一种新型的区域公共产品供给模式。从合作内容来看,传统的区域经济合作一般指拆除妨碍经济活动的制度性藩篱,合作范围亦较为狭窄,"一带一路"实际上拓宽了传统区域经济合作的概念,并着重于解决影响区域经济一体化的自然障碍,以互联互通推进中国与周边国家经济的深度整合,具有多层次、综合性的含义。[②]

---

① 张蕴岭:《中国的周边区域观回归与新秩序构建》,《世界经济与政治》2015 年第 1 期。

② 马学礼:《重塑规则还是整合地缘:亚太经济深度一体化的模式之争》,《东南亚研究》2015 年第 5 期。

1．"一带一路"引领区域公共产品供给的特点

从区域公共产品供给角度来看，"一带一路"是以区域基设施建设为突破口，以多元化供给机制为特征，以打造命运共同体为目标的区域公共产品供给模式。

首先，从供给主体看，"一带一路"横跨数十国，涉及经济外交、产业投资、国际经济合作和社会人文交流等诸多方面，体现了中国对外开放战略乃至整体经济发展战略的升级。共建"一带一路"是我国新时期对外战略的重大调整，它按照"以点带面、以面促线、连线成区"的建设思路逐步促进区域合作新格局，构建新的区域公共产品供给模式是"一带一路"服务中国经济可持续发展的关键，而中国与东亚各国合作供给区域公共产品是"一带一路"的重点方向。

其次，从供给机制看，"一带一路"并未拘泥于某一个（或某几个）供给平台，而是灵活运用多元化机制，不仅积极利用现有的多双边合作机制，如上海合作组织、"10+X"机制、亚太经合组织、大湄公河次区域（GMS）经济合作等，而且主导筹建了新的多边开发机构，如金砖国家银行、亚投行等，这种多元化的合作机制突破了传统区域经济合作以FTA为主导的形式。此外，针对不同地区的特点，中国采用了不同的合作机制，如东北亚的中俄蒙朝次区域合作机制、东南亚的中国—东盟自贸区升级版、南亚地区的孟中印缅经济走廊等。

最后，从供给客体看，"一带一路"以加强区域基础设施供给为重点，辐射多类型区域公共产品供给。中国高度重视包括"政策沟通、设施联通、贸易畅通、资金融通、民心相通"在内的地区全方位、立体化、网络状链接，以基础设施建设与对接整合区域生产网络，以制度规章等软件建设降低生产要素和商品跨境流动的成本和时间，以人文交流夯实经济一体化的社会根基。传统的区域经济合作一般只包括贸易投资、货币金融和政策协调等内容，合作范围较为狭窄，"一带一路"力推全方位的功能性合作，基础设施联通和人文交流等内容就

突破了传统区域经济合作内容的限制,其特点在于依赖地缘优势强化中国与周边国家的经济联系,深入整合地区经济网络。因此,"一带一路"尽管以区域基础设施为优先领域,但在互联互通的基础上可以为东亚地区提供更为丰富多样、符合地区发展水平的区域公共产品。

2. "一带一路"与东亚区域公共产品供给困境的突破

"一带一路"倡议是既有东亚区域公共产品供给模式的创新,其特点在于以成员的广泛性、机制的渗透性、供给的针对性全面而有重点地破解东亚高质量区域公共产品的供给困境。

首先,区域基础设施是"一带一路"优先提供的区域公共产品,因而有助于突破东亚区域基础设施的供给困境。区域基础设施互联互通是"一带一路"建设的先导领域,旨在突破阻碍地区市场形成的自然障碍,带动其他领域的合作,在更大的区域内实现规模经济效应和投资促进效应,从而推动沿线各国走向深度的经济相互依赖。互联互通最早在东盟内部提出,是东盟共同体建设的重要内容,该建议提出后,我国政府给予高度重视,互联互通建设已经成为我国与东盟合作的优先领域,此后双方成立了中国—东盟互联互通合作委员会。[1]近期成立的亚洲基础设施投资银行(Asian Infrastructure Investment Bank,简称"亚投行")的主要业务范围就是援助本地区的区域基础设施网络建设。根据近几年的实践和 2014 年 11 月中国与东盟国家联合发表的《加强互联互通伙伴关系对话会联合新闻公报》可以看出,"一带一路"是以亚洲国家为重点方向,优先关注和实现亚洲的互联互通,交通基础设施,尤其是陆路交通基础设施建设是区域基础设施建设的重点部门[2],优先部署公路、铁路、油气管道及光缆等基础设施项目。

---

① 邵峰:《互联互通战略与东亚区域一体化的推进》,《人民论坛》2014 年第 34 期。

② 人民网:《加强互联互通伙伴关系对话会联合新闻公报》,2014 年 11 月 8 日。

　　其次,区域基础设施建设还将带动区域贸易合作机制建设,促进区域消费市场的全面形成,因而有助于全面突破东亚高质量贸易类区域公共产品的供给困境。在区域贸易合作机制建设和全面的区域消费市场建设方面,"一带一路"将逐步构筑起辐射沿线地区的高标准自由贸易区网络。2015 年 12 月,中国发布了《关于加快实施自由贸易区战略的若干意见》,其中明确指出:要"全方位参与自由贸易区等各种区域贸易安排合作,重点加快与周边、'一带一路'沿线以及产能合作重点国家、地区和区域经济集团商建自由贸易区";①而在此之前,中国已经开始与东盟商谈升级 CAFTA,高标准区域贸易合作机制的建设有助于实现标准一致化,降低商务人员流动和监管环境等非关税壁垒,从而大幅度降低人员、商品、资金跨境流动的成本和时间,促进深度链接的区域消费市场的形成,从而在更大的区域范围内实现规模经济,深化区域经济合作,最终实现强劲、可持续的增长。

　　最后,"一带一路"建设还将带动高水平区域投资合作机制的供给,有助于全面突破东亚高质量投资类区域公共产品的供给困境。在区域投资合作机制建设方面,中国将在"一带一路"倡议指导下"加快自由贸易区投资领域谈判,有序推进以准入前国民待遇加负面清单模式开展谈判;在维护好我国作为投资东道国利益和监管权的前提下,营造更好的市场准入和投资保护条件,实质性改善中国与自由贸易伙伴双向投资准入"。② 而区域基础设施建设本身也要求适当提高地区投资合作机制的正式性和约束力,在投资市场准入、投资者权利义务、投资争端解决、法律法规透明度、中小企业合作等领域作出严格的规定,并要求各国政府就更高水平的投资合作框架展开磋商,适当调整、完善

---

　　①　中华人民共和国中央人民政府:《国务院关于加快实施自由贸易区战略的若干意见》,2015 年 12 月 6 日。

　　②　中华人民共和国中央人民政府:《国务院关于加快实施自由贸易区战略的若干意见》,2015 年 12 月 6 日。

区域内各国的法律法规和监管框架,这对于构建统一的区域投资合作机制有重大意义。

此外,区域基础设施建设还将带动其他类型区域公共产品的供给,包括稳定的区域金融体系和高效的区域发展援助体系。金融是现代经济的发动机,但也是大多数东亚经济体经济发展的短板,"一带一路"沿线各国在金融体系发展状况、应对金融风险能力等方面差异较大,互联互通建设的有序开展需要东亚各国充分利用已有的区域金融风险防范机制的同时,增强区域力量的联合、以集体的方式建立并推动多边化的金融风险防范机制,或者组建新的区域金融合作组织,全面应对金融风险。区域基础设施网络建设还将推动区域发展援助体系的建设,"一带一路"沿线各国多为发展中国家,在减少贫困、应对全球与区域公害、气候变暖等方面缺少相应的资金和能力,为了使区域基础设施网络惠及沿线各国并使其福利效应最大化,中国和沿线各国势必加强在其他社会领域的合作,适时探讨建立区域发展援助机制,在推动沿线各国基础设施联网和经济发展的同时,解决更严峻的区域发展失衡、社会发展失调等问题。

综合来看,作为一种新型的区域公共产品供给模式,"一带一路"并非传统意义上的区域经济一体化路径,其对区域基础设施供给困境的解决是直接的,其对区域贸易合作机制、区域消费市场和区域投资合作机制等高质量区域公共产品供给困境的解决是间接的,并能带动其他领域区域公共产品的供给,因而有助于全面突破东亚高水平区域公共产品的供给困境。

三、"基础设施系统出口战略":日本推进区域基础设施供给的新渠道

1."基础设施系统出口战略"的提出与主要内容

从 20 世纪 70 年代开始,日本就通过官方层面的政府开发援助等

方式参与发展中国家的基础设施建设，并与民间层面的企业对外直接投资形成了较强的互补局面；①但是，此阶段日本的基础设施出口主要服从和服务于对外援助战略的大框架，日本并未在官方层面形成独立的、系统的、着眼长远的基础设施出口战略。伴随着亚洲地区新兴经济体的崛起，日本日益重视亚太地区的发展潜力；2009 年以来，为了顺应企业寻找海外商机的需求和最大限度地发挥资本输出的政治经济功效，在麻生太郎、菅直人等多届政府努力的基础上，安倍晋三将基础设施出口上升为国家级战略。②

　　作为一项国家级战略，日本基础设施海外投资必然得到政府力量的引导和支撑，而政府各部门之间在政策的议程设立、方案制定、内容执行和效果评估等环节实现良性互动是最大限度地发挥国家政治力量的关键。③ 2013 年 1 月，安倍内阁提出"基础设施系统出口战略"；同年 3 月，日本政府设立了"经济协作基础设施战略会议"（简称"经协会议"），以此作为促进基础设施和海外投资的"总司令部"，并将投资目标主要锁定在亚洲地区。"基础设施系统出口战略"的核心内容是：在政企关系方面，促进政府与商界的协作，同时强化日本企业的全球竞争力，从顶层设计和长远角度推动日本基础设施体系的海外扩张；在经营主体方面，民间企业和地方政府都要成为日本基础设施产业海外扩张的主要载体，同时要注重发掘和培育国际开发人才；在技术标准方面，要充分将日本的技术和经验渗透到基础设施项目当中，从而将日本国内标准发展成为国际标准；在尖端领域方面，推进新型尖端的基础设施行业对外投资，并将基础设施合作与经济技术合作充分结合起来；在能源矿产领域，要通过基础设施海外投资稳定且廉价地获得海外大宗资

---

①　刘华英：《从 ODA 看日本与亚洲经济的互补性》，《现代日本经济》2002 年第 4 期。

②　杨伯江、刘瑞主编：《"一带一路"推进过程中的日本因素》，中国社会科学出版社 2016 年版，第 207 页。

③　陈庆云：《公共政策分析（第 2 版）》，北京大学出版社 2011 年版，第 1—5 页；崔健：《日韩"环境城市"出口模式比较》，《环境保护》2012 年第 15 期。

源产品,以此确保本国的资源供应。① 此后,日本全面动员现有的对外经济合作机构来建立所谓的"高质量基础设施合作伙伴关系"。②

表 4.20   日本政府"基础设施系统出口战略"的具体内容

五大方面	具体措施
促进官民协作	第一,多渠道、大力度推销本国基础设施产品,例如"首脑推销"等方式;第二,深化经济合作战略,充分动员国内力量,有效利用各种支持政策,如日元贷款、国际协力银行、国际协力机构、日本贸易保险等;第三,强化官民协作体制,驻外使领馆、公私各部门、政府各省厅、JICA 和 JETRO 等相关机构要定期讨论,实现信息共享,关注重点国家,系统管理和跟进相关项目;第四,开展广域开发,不仅要支持区域和跨区域的基础设施项目建设,而且要将交通基础设施建设和周边地区开发、基础设施建设和城市开发相结合,同时拓展日本信息通信系统的应用;第五,从上游(项目设计和确定)、中游(设备出口和工程建设)到下游(项目运营和维护管理)等各环节全面支持基础设施海外投资;第六,输出软实力,完善经营环境,特别是法律制度等商业环境基础设施的海外扩张,如构建基础设施海外投资的法律法规体系、派遣本国人才等
培育海外经营主体	第一,不仅要重视系统化的大型基建项目,还要重视东道国地方和核心城市的中小型基建项目,为此要促进中小企业和地方政府的基础设施海外出口;第二,与基础设施建设相关联,要促进全球人才的培养,促进本国和东道国的人力资源开发,构筑与伙伴国的人才网络,同时进一步加强并有效利用亲日的人才网络;第三,通过本地化生产的方式进一步获取订单、增强价格竞争力、增强生产能力和设计能力、获得东道国的优惠政策,为此要进一步加强当地人才的培养、强化双边关系、完善当地的法律制度等商业环境
推广日本技术标准	第一,加强国际标准的采集,强化认证基础设施,普及节能基础设施、ICT 和下一代汽车等领域的"日本方式";作为标准化的形式,除了关注国际标准和国家标准,还要重视事实标准;推广"高质量的基础设施体系";第二,支持高效火力发电、核能发电、下一代汽车和低碳城市建设等日本先进低碳技术的海外出口;第三,利用先进的防灾经验和技术,引领防灾领域的主导地位,向海外推广日本的防灾基础设施

---

① 日本第 24 回经协会议:基础设施系统出口战略(2016 年修订版),https://www.kantei.go.jp/jp/singi/keikyou/dai24/kettei.pdf,2016 年 5 月 23 日。

② 2015 年 11 月,日本正式公布了该计划的实施细则,主要包括四个方面内容:第一,通过日本国际协力机构(JICA)推进亚洲基础设施建设援助工作;第二,通过日本国际协力银行(JBIC)等机构增加对高风险项目的援助;第三,深化与亚洲开发银行(ADB)的合作(如通过PPP 等模式支持私人资本参与基建项目、JICA 与 ADB 将提供联合贷款);第四,积极参与国际规则的制定。参见国际财经中心:《日本公布"高质量基础设施合作伙伴关系"实施细则》。

续表

五大方面	具体措施
利用信息通信技术优势	第一,开展新型基础设施领域的对外投资,在医疗领域,支持日本医疗技术和医疗设备的"走出去";在农业领域,促进日本高效的农业基础设施的出口;在航空航天领域,支持卫星系统和使用系统一体化的航空航天系统,利用航空航天基础设施进行资源勘探和国土规划;此外,支持供水和污水处理行业、防灾产业、海洋基础设施、生态城市、超传导电磁石等尖端领域的海外开拓;第二,利用信息通信技术加强基础设施竞争力,如利用日本ICT领域技术能力强、人才众多的特点,促进信息通信技术在"高质量的基础设施"中的应用,以此进一步提高效率、改善服务、维护管理
确保获取海外资源	将基础设施系统出口与经济合作,特别是能源领域的合作结合起来,确保日本的海外能源供应;具体而言,强化获取液化天然气的政策支持体系,推进相关制度改革;确保日本的海外石油权益,最大限度地加强日本公司海外石油权益的政策支持体系;确保矿产资源的获取,构建多元化的矿产资源获取渠道,重点支持战略性矿产资源的获取,对具有资源潜力的国家进行人才培养,通过知日派和亲日派人士强化双边关系,并为其提供开发技术,特别是在非洲地区;强化多元化的煤炭供应体系

资料来源:日本第24回经协会议:基础设施系统出口战略(2016年修订版),https://www.kantei.go.jp/jp/singi/keikyou/dai24/kettei.pdf,2016年5月23日。

2."基础设施系统出口战略"带动东亚区域公共产品供给的特点

"基础设施系统出口战略"是日本政府带动东亚区域公共产品供给的新渠道,供给重点是高质量的区域基础设施。从日本官方的表述看,"高质量"的含义主要指五个方面:经济性、安全性、强韧性、环保性和扩散性;其中,"经济性"指的是基础设施的经久耐用、生命周期长;"安全性"强调的是日本建造的基础设施的安全可靠;"强韧性"指的是日本式基础设施具备较强的抗灾害能力;"环保性"指的是基础设施建设将能够最大限度地保护当地自然环境;"扩散性"指的是能够辐射当地的经济发展,并对当地社会作出更广泛的贡献,如向东道国转移相关技术,培养当地的技术人才、开发当地人力资源等。① 实际上,日本"以

---

① 日本第21回经协会议:https://www.kantei.go.jp/jp/singi/keikyou/dai21/gijisidai.html,2015年11月9日。

质量为中心"的营销策略还有更深一层的意图,就是向国际社会推广以其技术、经验和制度为核心的"日本方式",并通过此途径不断向国际社会渗透日本的技术标准,从而占据国际基础设施产业竞争的制高点。日本"基础设施系统出口战略"涉及了大量战略性新兴产业,比如高速铁路、新一代汽车、医疗技术、医疗器械、海洋开发设施、可再生能源等,这些产业具有技术复杂和战略性双重特点,因而在其诞生之初就面临着强大的国际竞争压力,因此,日本在基础设施产业国际拓展的过程中高度强调日本标准国际化的重要性,并将其视为基础设施海外拓展事业的重要支柱。

实际上,日本大力推进的"基础设施系统出口战略"并非着眼于一国一地的单个基础设施项目,而是推动在东道国的"广域开发",也就是不仅要以此为基础开展区域基础设施建设,而且要将基础设施项目与周边地区和城市其他领域的开发相结合。这说明,"基础设施系统出口战略"着眼的是由国家间基础设施互联互通造就的区域基础设施网络,其背后则是东亚地区的深度经济一体化进程。

但是,由于与中国竞争色彩浓厚,日本供给高质量区域基础设施的效果恐将大打折扣。从区域公共产品供给视角看,日本的"基础设施系统出口战略"有着明显的与中国竞争的战略意图,这增大了日本的供给成本。基础设施投资的东道国乐于看到中日对其项目展开博弈,这样东道国就能够不断试探最有利的优惠条件,并挤压投资方收益,从而出现了基建领域的"亚洲溢价";而日本更是不惜牺牲短期利益,拼尽全力竞争重要的基础设施项目,很多日本竞标的基础设施项目甚至不能够用经济理性加以解释。①

---

① 基础设施建设融资的一个重要方面是贷款利率,也就是资金成本方面,以泰国高速铁路竞争为例,中国为泰国提供的贷款利率在铁路建设方面是 2.5%,在铁路运营方面是 4%,而日本向泰国提供的建设资金利率仅为 1%。参见张艾莲、刘柏:《亚洲基建投资格局背后的中日经济博弈与制衡》,《日本学刊》2015 年第 4 期。

第五章 东亚区域公共产品供给的前景:确定性与不确定性

第一节 东亚区域公共产品供给前景的确定性

一、供给主体广泛化且不可避免

1. 东盟主导"泛东亚化"的区域公共产品供给

在相对收益竞争、供给成本高昂、美国全面干预的大背景下,东盟必须构建更具吸引力的区域公共产品供给平台,这不仅关系到东盟的发展和稳定,更关系到东盟在区域公共产品供给格局中的地位。2011年,东盟提出建立以自身为中心的 RCEP,结束了东亚区域经济合作的"10+3"和"10+6"之争,正式将东亚经济合作的范围扩大到"10+6"。

目前,RCEP 不仅包括严格地理意义上的"东亚"("10+3"),还包括南亚的印度和大洋洲的澳大利亚、新西兰,虽然学术界有时也将其称为"东亚区域经济合作",但相对于之前的"10+3"而言,其合作主体的地理范围已经泛化;而印、澳等东亚域外国家也一直主动参与东亚地区事务,积极扩大自身的影响力,例如:印度提出了"东向战略",目的是通过发展与东亚国家的关系,为经济建设争取到更多的资金、技术和市场;澳大利亚也积极通过推动亚太地区的一体化,逐渐融入亚洲。[①]

---

① 沈铭辉:《东亚经济体 FTA 战略比较》,载张蕴岭、沈铭辉主编:《东亚、亚太区域合作模式与利益博弈》,经济管理出版社 2010 年版,第 96—102 页。

2. 日本推进"印太化"的区域公共产品供给

从日本方面来看,以市场力量与政策力量为双重驱动力、构建以日本为中心的地区价值链分工体系、实现规则导向与功能导向并重的深度经济一体化,已经成为其区域经济合作战略的根本目标。

日本自 2009 年以来大力推动其"基础设施系统出口战略",强调从物理层面、制度层面和人员技术层面实现日本与印度洋、太平洋地区的深度相互依赖。日本非常重视亚洲区域内部基础设施网络的整合以及与此相关的贸易投资便利化、技术标准和认证体系的统一,这有利于强化地区内部的商品贸易、资金流动和人员交流网络[1],其经济目的在于促进地区内的零部件和产品贸易,进而确保日本企业始终位于区域供应链的上游地位;特别是东盟和印度,由于其地理位置和在地区格局中的重要性,日本加紧了与两者在各个领域的合作。但日本并没有满足于此,日本甚至在没有美国参与的情况下独自支撑 TPP。2015 年 10 月,TPP 谈判终于宣告结束,从成员方看,除美国、日本外,其余经济规模都较小;然而,也正是随着日本的加入,TPP 在经济上成为具有重要意义的区域贸易协定(RTA),同时也具备了将东亚区域公共产品供给泛化的实力。2016 年年末,日本国会众议院终于批准了 TPP 相关法案,但是 2017 年 1 月,刚刚就职美国总统的特朗普宣布"退出 TPP",这对于日本的区域经济合作战略是一次重大打击。不过,日本显然不愿意放弃,日本政府表态:"即使没有美国参与,也要继续推动这项贸易协议";2017 年 11 月,日本与原 TPP 10 个成员国达成新的框架协议,即"全面且先进的跨太平洋伙伴关系协定"(Comprehensive Progressive Trans-Pacific Partnership,CPTPP)。可以看出,日本已经不再满足于"10+6",而是将制衡中国的希望寄托在所谓的"印太"地区,也就是通过区域基础设施建设和 CPTPP 平台发挥自身在印度洋和太平洋地区

---

① 日本第 24 回经协会议:基础设施系统出口战略(2016 年修订版),https://www.kantei.go.jp/jp/singi/keikyou/dai24/kettei.pdf,2016 年 5 月 23 日。

的引领作用。

3. 中国引领"亚洲化"的区域公共产品供给

自 2013 年中国提出"一带一路"合作倡议以来，已经有 60 多个沿线国家和国际组织表达了积极态度；同年，中国提出筹建亚洲基础设施投资银行的倡议也得到了多国的广泛支持，创始成员国多达 57 个。必须说明的是，"一带一路"倡议涵盖的地理范围远远超出东亚和亚太，我们当然不否认它最终具有多边属性，但至少其起步阶段应该是区域合作机制①，加之限于本书的研究范围，笔者将主要分析其在区域层面产生的影响。

从区域经济合作角度观察，"一带一路"建设的重要目标之一就是全面发展同周边国家的经济合作关系，比如六大经济走廊都位于周边，因而周边经济外交色彩浓厚；从国际公共产品角度看，"一带一路"要通过"政策沟通、设施联通、贸易畅通、资金融通、民心相通"解决区域性的公共问题，因而属于区域公共产品的供给平台。② 因此，有些学者提出，这意味着中国周边区域观的回归，即：超越"东亚中心"的认知，把周边大地缘区域作为一个整体来营造。③ 总之，"一带一路"是立足于大周边区域，以适应亚洲各国的发展需求为最优先目标，推进亚洲命运共同体建设。

值得注意的是，在"一带一路"倡议影响下，中国—东盟自贸区（CAFTA）已经被赋予了新的意义。中国—东盟自贸区是东亚地区最重要的合作机制之一，2013 年 9 月，我国提出打造 CAFTA 升级版的倡议，这一升级版将通过更新和扩充协定的内容与范围，削减非关税措施，提出新一批服务贸易承诺，形成宽领域、高层次、高水平、全方位合

---

① 李向阳：《"一带一路"：区域主义还是多边主义?》，《世界经济与政治》2018 年第 3 期。

② 陈明宝、陈平：《国际公共产品供给视角下"一带一路"的合作机制构建》，《广东社会科学》2015 年第 5 期。

③ 张蕴岭：《中国的周边区域观回归与新秩序构建》，《世界经济与政治》2015 年第 1 期；刘振民：《坚持合作共赢携手打造亚洲命运共同体》，《国际问题研究》2014 年第 2 期。

作格局。目前,CAFTA 升级版已经成为"一带一路"倡议的重要组成部分;更一般地说,升级区域贸易协定已不再简单的是东亚区域公共产品供给和东亚经济一体化的范畴,而是中国引领的亚洲区域公共产品供给和亚洲深度经济一体化进程的重要组成部分。

二、供给产品多层次化且无法完全替代

东亚、亚太或印度洋地区国家发展程度差异非常大,不同的合作安排和不同层次的区域公共产品适合于不同发展程度的国家及其不同类型的需求,最终形成了多层次区域公共产品共存的局面,相互之间无法完全替代。

从市场开放度和规则约束力等方面考察,RCEP 所供给的区域公共产品水平仅略高于东亚原有的区域公共产品:从贸易合作来看,RCEP 的自由化程度高于既存的 5 个"10+1"自贸区,但考虑到地区内各国经济发展程度和开放程度的差距,RCEP 谈判将继续对东盟"新成员"(柬埔寨、缅甸、老挝、越南)采取差异化的优惠政策;①从投资合作来看,尽管日本、澳大利亚、韩国等发达国家一直试图构建包含高水平投资规则的区域投资合作机制,但从东盟已签订的 5 个"10+1"自贸协议来看,虽然其中多包含投资协议或投资章节,但开放水平较低,而且比较而言,东盟国家对于服务业的自由化程度要低于制造业的自由化程度。② 因此,RCEP 供给区域公共产品的特征是牺牲"质量"以满足地区发展中国家的要求。

"一带一路"的核心内容是以区域基础设施消除合作的自然阻

---

① 贺平、沈陈:《RCEP 与中国的亚太 FTA 战略》,《国际问题研究》2013 年第 3 期。
② 在东盟—澳新自贸协定中,澳大利亚和新西兰出于自身利益考虑对东盟提出了很高的要求,如在"业绩要求禁止条款"上就要求在涉及建立、收购、兼并等活动时各方不得违反 WTO 框架下《与贸易有关的投资措施协议》(TRIMS)的要求,但对透明度的要求更高。参见郑学党、庄芮:《RCEP 的动因、内容、挑战及中国对策》,《东南亚研究》2014 年第 1 期;全毅、沈铭辉:《区域全面经济伙伴关系(RCEP)的中国视角》,《国际贸易》2014 年第 6 期。

碍，以制度规章建设降低合作的交易成本，以人文交流夯实合作的社会根基，因此，"一带一路"起步期重点提供区域基础设施，并以此带动其他种类区域公共产品的供给。在很多研究中，区域基础设施被称为开发类区域公共产品，这凸显出基础设施在改善地区发展环境、增强地区发展"后劲"方面的根本性作用。从作用来看，区域基础设施着重于解决影响区域经济一体化的自然障碍，以全方位、立体化、网络状的互联互通推进中国与周边国家经济的深度融合，并可以带动区域贸易合作机制、区域投资合作机制、区域开发援助机制、区域金融合作机制等一系列区域公共产品的供给，尽管其质量可能并不高，但是符合地区发展中国家的多样化需求，且范围广泛，发展空间巨大。

日本大力推进的"基础设施系统出口战略"和 CPTPP 将重点提供高质量的区域基础设施和高标准的区域经济规则。日本政府正在以健全的政策支持体系全面推动"日本方式"的走出去，即通过技术合作、首脑推销、公共融资、完善认证基准等手段助推日本式基础设施标准的区域化，这意味着日本不仅注重整个工程体系的移植，更加注重产业发展方向的锁定。CPTPP 是 TPP 的变形，日本认为区域深度经济一体化的关键在于为各个国家确立明确的、有约束力的经济规则，用以界定各方的权利和义务。具体来看，CPTPP 所提供的大多是高质量的区域经济规则，这不仅涉及贸易领域，而且涵盖了投资领域，例如：虽然世界各国已在 WTO 框架下达成了《金融服务协议》，但日本等发达国家认为，各国之间仍存在较多的投资和服务贸易壁垒，发展中国家更是没有实质性的金融市场开放进展，因此需要在此基础上以更大的力度开放金融服务市场。总体来看，作为区域公共产品供给平台，CPTPP 所提供区域贸易合作机制和区域投资合作机制都是高水平的，这符合发达国家的利益诉求，因此将成为高标准区域经济规则的主要供给平台。

三、供给机制多元化且长期并进

小国联盟主导型供给机制。根据"斯奈德模型",在相对收益竞争下,各国依然可以达成合作,只是要将合作范围泛化,这是小国联盟主导型供给机制由"10+3"转向"10+6"的内在逻辑。中印两国经济存在产业结构差异,在服务业领域印度强于中国,在制造业领域中国强于印度,急于发展制造业的印度担心向中国开放市场导致本国制造业受到冲击,因此,尽管中国提出研究构建中印FTA,但印度一直不太积极,但是可以通过更多的合作主体和更大的合作框架进而更广阔的市场以促成两国的相互开放。① 日韩之间也是如此,两国在汽车产业、电子产业的竞争足以使得双边FTA的供给成本高昂到无法承受,但在RCEP框架下,日韩的上述两大支柱产业便有了足够的获利空间,16个国家合作创建的统一市场可以实现更大的贸易创造效应,提高所有国家的福利。同样重要的是,RCEP"以质量换时间"的特点符合地区内众多发展中国家的实际情况,尤其是符合东盟既要维护其中心地位又要避免承担过多供给成本的近乎矛盾的需要。

地区大国引领型供给机制。随着RCEP等巨型RTA谈判不断推进,东亚区域公共产品供给机制逐渐显现出一种分裂化和碎片化的趋势,"一带一路"建设虽然无法在制度层面解决这一问题,但通过深化功能性合作可以在硬件、软件和人文等多个层面为深度区域经济一体化的发展奠定基础。在合作机制选择上,"一带一路"灵活运用多元化机制,不仅积极利用现有的双多边合作机制,如上海合作组织、"10+X"合作、亚太经合组织、大湄公河次区域经济合作等,而且主导筹建了新的多边开发机构,如亚投行等。此外,针对不同地区的特点,中国采用了不同的合作机制,如东北亚的中俄蒙朝次区域合作机制、东南亚的中国—东

① 张蕴岭:《在理想与现实之间——我对东亚合作的研究、参与和思考》,中国社会科学出版社2015年版,第47页。

盟自贸区升级版、南亚地区的孟中印缅经济走廊和中巴经济走廊、在西亚与海湾阿拉伯国家合作委员会重启自贸区谈判等。① 中国将区域基础设施建设等互联互通议题"渗透到"多元化的合作机制中,这既是对小国联盟主导型供给机制的支持,同时有效规避了与域外国家的潜在冲突。

日本推进"基础设施系统出口战略"和坚持 CPTPP 是地区大国引领型供给机制另一代表,具有功能合作和制度重构并行的特点。随着中国经济实力超越日本且国际经济影响力与日俱增,日本感到:如果继续在东亚范围内推进区域经济合作战略,那么必然使中国成为最大获益方,因此要扩大合作范围和深化合作领域来"稀释"中国的影响力。"基础设施系统出口战略"对投资的目标国做了细致的划分,其中印度洋和太平洋地区占有至关重要的地位。② 印度拥有庞大的人口规模和巨大的发展潜力,但是基础设施很落后,日本政府和民间企业都看到了巨大的商机,因此,日本一方面强调日印拥有共同的价值观("价值观外交"),另一方面通过争取高铁等基础设施项目加强双边经贸关系,试图形成"印太"区域的海洋伙伴联盟("印太战略")。③ 特别是最近几年,日本加紧了在印度等重点国家的布局,争夺重要基建项目订单,如2015年年底拼尽全力拿下了印度首条高铁(孟买—艾哈迈达巴德高铁)的项目订单。

第二节　东亚区域公共产品供给前景的不确定性

一、东盟:供给中心地位的不确定性

东盟国家因经济发展水平差异本身就存在"老东盟"与"新东盟"

---

① 李向阳:《论海上丝绸之路的多元化合作机制》,《世界经济与政治》2014 年第 11 期。

② 日本第 24 回经协会议:基础设施系统出口战略(2016 年修订版),https://www.kantei.go.jp/jp/singi/keikyou/dai24/kettei.pdf,2016 年 5 月 23 日。

③ 朱清秀:《日本的"印太"战略能否成功?》,《东北亚论坛》2016 年第 3 期。

之分,而一部分东盟国家已经选择了加入 TPP,而另一部分留在 TPP 之外,这样东盟就被区分为"TPP 成员国"与"非 TPP 成员国",东盟内部将被分裂。① 从目前来看,东盟将澳大利亚、新加坡和印度拉入合作框架,不惜"以质量换时间"推动 RCEP 谈判,将"东亚经济合作"供给扩大为"泛东亚经济合作",同时适度提高合作水平,意在重建东亚各国对区域经济合作的信心,同时维护自身在区域公共产品供给的中心地位。

与此同时,东盟已经深刻地意识到,要继续成为区域公共产品供给的中心就必须加强内部的公共产品供给,因此加快推动东盟经济共同体建设。② 尽管东盟经济共同体建设面临着诸多结构性障碍和技术性困难③,学界都对能否如期建成东盟经济共同体也大多持怀疑态度,但在东盟各方的努力下,东盟 10 国领导人终于在 2015 年年末正式建成以东盟安全共同体、东盟经济共同体和东盟社会文化共同体为支柱的东盟共同体。与东盟自贸区相比,东盟经济共同体的合作水平有巨大的提升,见表 5.1。

表 5.1 东盟自贸区与东盟经济共同体的比较

	东盟经济决策	东盟自贸区(AFTA)	东盟经济共同体(AEC)
决策机制	决策机构	东盟峰会、东盟经济部长会议	东盟峰会、东盟经济部长会议
	决策方式	共识	共识
	机制保障	东盟贸易争端解决机制,WTO 贸易争端解决机制	东盟-X

---

① 李向阳:《跨太平洋伙伴关系协定:中国崛起过程中的重大挑战》,《国际经济评论》2012 年第 2 期。

② 2007 年东盟制定了《东盟经济共同体蓝图》,随后以更加立体、全面的《东盟商品贸易协定》取代了《东盟自贸区——共同有效优惠关税协定》,全球金融危机后,东盟明显加快了东盟经济共同体的建设速度,先后发表了多个宣言。

③ 宋颖慧:《东盟经济共同体建设现状及其前景》,《现代国际关系》2014 年第 11 期。

续表

东盟经济决策		东盟自贸区（AFTA）	东盟经济共同体（AEC）
决策执行	主要目标	吸引外资、经济发展	单一市场和制造业基地；增强国际竞争力；均衡发展；与世界经济充分对接
	工具保障	共同有效优惠关税方案	《东盟商品贸易协定》《东盟综合投资协定》《东盟服务业框架协定》《东盟矿业合作行动计划》《东盟单一空运市场协定》《东盟区域互联互通计划》《东盟一体化倡议行动计划》等
	完成年限	原东盟六国（2010），新成员（2015）	2015 年

资料来源：The Association of Southeast Asian Nations；ASEAN Economic Community；周玉渊：《从东盟自由贸易区到东盟经济共同体：东盟经济一体化再认识》，《当代亚太》2015 年第 3 期。

　　实际上，东盟之所以能成为东亚公共产品的供给中心，是基于三个条件：一是比起其他国家，东盟更具推进地区合作的经验，"东盟模式"已经成为东盟最重要的软实力；[①]二是东亚和亚太地区尚未形成大国协调机制，需要借助东盟搭建的制度平台；三是东亚和亚太地区也没有其他更具吸引力的合作平台，也就是没有"替代品"。[②] 只要这三项条件同时具备，东盟就能最大限度地发挥其主导作用，而缺少一项条件，东盟就将缺少一分主动权。但是，这三项条件在深度经济一体化和大国提出竞争性的合作倡议的情况下逐渐弱化了：第一，中国和日本虽然无法形成类似欧洲的法德轴心，但是各自的区域经济合作战略目标日益背离，东盟无法在其间维持"脆弱的平衡"；第二，美国主导的 TPP 恰恰是对东盟主导的供给平台的替代品，即使美国退出了 TPP，但日本仍

---

　　① "东盟模式"的核心是"东盟规范"，主要包括两方面的内涵：第一是"硬规范"，即处理国际关系的刚性原则和行为准则，主要指相互尊重主权、互不干涉内政、不使用武力、和平解决争端等；第二是"软规范"，即东盟独特的组织风格和外交文化，包括宽容、安静外交/留面子、非正式性、关切其他国家的利益、循序渐进、协商和寻求共识等。参见张云：《国际政治中"弱者"的逻辑》，社会科学文献出版社 2010 年版，第 20—53 页。

　　② 张伯伟、彭支伟主编：《全球视角下的东亚经济合作研究》，南开大学出版社 2014 年版，第 102 页。

然坚持,东盟内部至少有一半国家已经参加或有意参加 TPP 谈判。因此,东盟能否继续成为东亚/泛东亚区域公共产品的供给中心具有不确定性;即使成为名义上的供给中心,东盟能否在实际供给进程中真实地享有供给中心的收益,也是不确定的。

二、中日:竞争性供给影响的不确定性

相对收益竞争使日本越来越警惕中国在东亚区域公共产品供给中的地位和作用,而高昂的供给成本,尤其是政治成本壁垒限制了中日之间的有效联合;[①]于是日本力推以"10+6"为机制的区域公共产品供给格局,这一构想除了得到澳大利亚、印度和新西兰的支持以外,一些东盟国家也给予了大力支持。在这一背景下,中国不得不采取更为开放灵活的态度,无论是"10+3"还是"10+6"只要可行均能接受[②],这就减轻了东盟推动 RCEP 的政治成本,而开启 RCEP 谈判,虽然不可避免地导致了供给主体范围的泛化,但终究延续了东亚区域公共产品的供给进程。

如果说在"10+3"与"10+6"的路径竞争中,日本还是以消极的态度(即防止中国成为东亚区域公共产品的供给中心)来应对中日之间相对收益竞争的话,那么,在区域基础设施等最具发展潜力的区域公共产品的供给问题上,日本则采取了更为积极的态度,即全力争夺供给中心的地位。2014 年 10 月,中国与印度、新加坡等 21 个国家共同决定成立亚投行,旨在促进各国基础设施的互联互通化和深度经济一体化进程,并且加强中国及其他亚洲国家和地区的合作,法定资本为 1000 亿美元;时隔数月,日本首相安倍晋三就宣布将在今后五年内提供约 1100 亿美元成立亚洲基建基金,用以支持亚洲国家的基础设施建设,

---

① 莽景石:《东北亚一体化:政治成本与演进路径》,《世界经济与政治》2005 年第 9 期。
② 张蕴岭:《在理想与现实之间——我对东亚合作的研究、参与和思考》,中国社会科学出版社 2015 年版,第 47 页。

安倍还表示,日本可以通过亚洲开发银行、日本政府系统的"国际协力银行"和"国际协力机构"三条渠道向亚洲国家提供资金的支持,从而为亚洲基础设施建设贡献一份力量。①

可以看出,中日双方不仅在供给意向上高度一致,就连亚投行和亚洲基建基金的资金量也高度相近。如果说建立亚投行和提供亚洲基建基金只是中日两国对区域基础设施建设的隐性竞争,那么在亚洲高铁项目上中日则将这种竞争公开化。早在2012年,中泰两国就曾提出"高铁换大米"计划,但因泰国政局变化而搁浅,2014年,两国签署《中泰铁路合作备忘录》,但2015年5月,泰国与日本签署铁路合作备忘录,确认两国开展政府间合作,引进日本新干线技术承建从曼谷到清迈高铁等内容,中国则承接了泰国复线铁路建设,尚未涉及高铁。② 此外,在建设成本方面,中国为泰国提供的贷款利率在铁路建设方面是2%,在铁路运营方面是4%,而日本向泰国提供的建设资金利率仅为1%。由此可见,在中国与泰国高铁建设合作上的变数一定程度上来自日本的竞争压力。③ 不仅如此,在印度和印度尼西亚等国,中国和日本同样存在竞争④,这意味着,在东亚区域基础设施建设中,中日已经形成竞争性供给的格局。

实际上,由于紧密的地缘联系和复杂的历史纠葛,中日之间的关系从来都是竞争与合作并存,至于哪一种色调占据主导地位,则首先取决于双方对自身战略利益的认知。在对中国发起的"一带一路"倡议的战略认知上,日本始终抱有戒备心理:从政界层面来看,日本官方在经

① 张艾莲、刘柏:《亚洲基建投资格局背后的中日经济博弈与制衡》,《日本学刊》2015年第4期。

② 新华网:《泰日签高铁合作备忘录 中日博弈泰国高铁白热化》,http://news.xinhuanet.com/world/2015-06/05/c_127879693.htm,2015-06-05。

③ 张艾莲、刘柏:《亚洲基建投资格局背后的中日经济博弈与制衡》,《日本学刊》2015年第4期。

④ 联合早报网:《中国与印度尼西亚正式签署高铁合约》,2015年10月16日;中新网:《印度拟成立新公司 推动日本新干线模式高铁计划》,2016年2月26日。

历了相对忽略与轻视、探寻与表态、慎重与"骑墙"等几个阶段后,最终确定了"以'局外人'身份加强博弈"的政策取向;①一些日本学者认为,中国正在借由"一带一路"倡议在印太地区和欧亚大陆内部构建"无缝连接"的区域基础设施网络,这种互联互通虽然具有国际公共产品属性,但同时也与沿线国家的战略利益和国内经济命脉息息相关,而中国正是期望借助这种庞大的跨国基础设施网络有效拓展其在亚洲地区的影响力。出于对"一带一路"倡议的防范心理,日本不仅在基础设施项目上与中国展开直接竞争,而且加强与"一带一路"沿线国家的战略性外交,积极介入地区安全事务;但同时又不关闭与中国合作的大门,态度犹疑不定。总之,日本积极竞争亚洲基础设施建设的主导权,是从属于其对华"竞争与合作并举、以竞争为主"的国家战略的;可以预见的是,中日之间的区域公共产品竞争性供给绝不会局限在高铁等区域基础设施建设领域,而是将继续扩大,但仍不排除合作的可能。中日两国对区域公共产品的竞争性供给将走向何方? 这种竞争性对东亚区域公共产品供给格局有哪些影响? 这些都具有极大的不确定性。

三、美国:全面干预影响的不确定性

美国干预东亚区域经济合作可以分为两个阶段,即奥巴马时代和特朗普时代。奥巴马时代美国全面干预东亚区域经济合作的主要抓手就是推动 TPP 谈判。尽管美国已经退出 TPP,但其对东亚经济合作的负面效应和潜在威胁仍然存在。实际上,即使不考虑美国退出因素,TPP 本身仍然有不确定性。这主要体现在:第一,内部纷争制约了其影响力的发挥,因为 TPP 其他成员国早已出于不同的政治经济考量而分别采取了支持或反对 TPP 扩容的差异立场,例如:澳大利亚、加拿大、日本等国支持加速 TPP 成员的扩容步伐,而越南、马来西亚等发展中

---

① 杨伯江、刘瑞主编:《"一带一路"推进过程中的日本因素》,中国社会科学出版社 2016 年版,第 25—34 页。

国家成员则反对 TPP 继续快速扩容。① 第二，战略目标复杂，美国意在为其"亚太再平衡"战略提供经济支撑；日本既有经济利益诉求，也有政治利益诉求，还掺杂着战略利益诉求，其他国家也各有打算，因此各成员不得不努力寻求利益的交汇点，这就增加了其决策的难度和不确定性。第三，规则执行的不确定性。TPP 确立了更具约束力的经济规则，特别是在知识产权、劳动标准、环保标准等领域，很可能导致主权与治权之间的冲突②，从而影响了 TPP 的发展前景。

特朗普对奥巴马时期的美国东亚政策进行了大幅度调整，特别是在经济领域，特朗普认为美国与中日韩等东亚国家的贸易关系和已经签署的一些自贸协定不仅不能充分打开这些国家的市场，而且恶化了美国国内的就业情况和制造业的发展；因此，特朗普不再热衷于推动巨型区域自贸协定（Mega RTA），转而推行了基于"美国优先"理念的极端贸易保护主义政策，不仅迅速退出 TPP，而且侧重与中、日、韩等东亚主要经济强国开展双边贸易谈判，具体包括修订美韩自由贸易协定，启动美日双边自由贸易协定谈判，发起对中国的"301 调查"等。

东亚经济的崛起得益于全球化，其"世界制造中心"的地位源于区域生产网络，这也是东亚区域经济合作的经济基础；其中：发达国家的核心技术和关键零部件、东亚区域内部的中间品贸易和发达国家提供的最终产品市场是东亚生产网络形成和发展的关键因素。目前来看，东亚缺乏区域内部自主发展所需的技术和内需市场，这种经济发展模式使得东亚各国对全球贸易特别是美欧等发达国家的贸易非常敏感；而特朗普政府的贸易保护主义政策不仅会导致东亚各国在美国最终产品市场份额的萎缩，而且价值链的"长度"也将会"缩短"③，甚至可能

---

① 李文韬：《TPP 扩员的复杂性及中国战略选择》，《天津社会科学》2014 年第 3 期。
② 徐秀军：《TPP 六大短板与中国应对》，http://www.cssn.cn/dzyx/dzyx_llsj/201602/t20160229_2888150.shtml，2016 年 2 月 29 日。
③ 李向阳：《特朗普经济政策评估》，《国际经济评论》2017 年第 4 期。

引起连锁反应,如欧洲某些民粹主义思潮就有意模仿特朗普。①

因此,虽然特朗普政府退出 TPP 协定给东亚地区的深度经济一体化提供了难得的"机会窗口",但是美国的贸易保护主义势必给东亚区域生产网络的继续发展带来巨大挑战,中日韩等地区经济强国要应对美国的贸易保护主义,而美国下一步极有可能利用其市场优势寻求与其他东亚国家开展贸易谈判②,从而给东亚区域经济合作带来负面影响。

同时需要强调的是,虽然美国的贸易保护主义已经给东亚地区带来极大的负面影响,但也存在着将这种负面影响降低的可能性,其根本原因就在于:从市场层面看,东亚经济离不开美国,美国经济也离不开东亚,美国和东亚之间早已结成紧密的复合相互依赖关系,市场经济的强大力量已经使美国和东亚之间形成了"你中有我,我中有你"的"经济共生关系"。③ 因此,美国的极端贸易保护主义也是有其政策极限的,但这个极限在哪里? 在达到这个极限之前美国的全面干预对东亚经济合作的负面影响还将持续多久? 东亚各国能否在这种极端贸易保护主义来临之际加强团结从而加速区域内部合作? 这些都具有不确定性。

第三节 东亚区域公共产品供给前景的决定因素

一、收益因素:预期收益分化下的再整合

目前来看,由于美国的退出,TPP 和 CPTPP 难以再成为东亚区域

---

① 张慧智:《特朗普新政下的东亚区域经济合作挑战与展望》,《山西大学学报(哲学社会科学版)》2017 第 3 期。

② 宋志勇:《特朗普当选后东亚区域经济合作展望》,《东北亚论坛》2017 年第 3 期。

③ 刘君涵:《中美经济共生关系及其调整》,西南财经大学 2013 年博士学位论文,第 56—94 页;唐小松:《中美经济共生关系下的战略互需及选择》,《现代国际关系》2007 年第 2 期。

公共产品的主要供给平台,RCEP 和"一带一路"成为东亚地区最主要的区域公共产品供给平台,以区域贸易协定为载体的区域贸易投资合作机制和以互联互通为特征的区域基础设施成为最具发展潜力的区域公共产品。

区域贸易投资合作机制仍然是现阶段东亚所需的重要区域公共产品,目前主要由 RCEP 平台进行供给。目前 RCEP 尚处于谈判阶段,各国之间的讨价还价过程尚未结束,皮特里(Petri)等对 RCEP 进行了实证研究,表 5.2 显示:RCEP 对各成员的预期经济收益也存在较大差异,获益最多的是韩国、越南和印度,而新加坡、文莱、澳大利亚获益较少,甚至是负收益,各国收益差别较大。

表 5.2　RCEP 对亚太地区各国的宏观经济效应　　　(单位:%)

	GDP 变化		出口变化		进口变化	
	2020 年	2025 年	2020 年	2025 年	2020 年	2025 年
成　员　国						
中国	1.01	1.48	10.7	13.9	11.8	15.1
日本	0.00	0.17	13.4	18.0	14.4	18.9
韩国	4.00	6.46	17.1	24.2	16.2	22.5
印度尼西亚	-0.31	-0.04	5.1	10.5	5.3	10.8
马来西亚	0.18	1.21	2.6	6.0	2.9	6.5
泰国	0.41	1.68	3.2	7.3	3.3	7.4
菲律宾	0.43	1.58	3.0	6.6	2.8	6.3
新加坡	-1.27	-1.14	-2.4	-2.2	-1.7	-0.9
越南	3.97	11.05	4.2	12.5	4.1	12.4
文莱	-0.16	0.20	6.1	10.5	6.3	10.4
印度	2.27	4.26	20.7	27.4	18.9	26.1
新西兰	0.11	0.25	3.0	4.4	2.8	4.2

续表

	GDP 变化		出口变化		进口变化	
	2020 年	2025 年	2020 年	2025 年	2020 年	2025 年
澳大利亚	-0.07	-0.04	10.2	12.9	9.3	11.9
非 成 员 国						
美国	-0.05	-0.09	-0.1	-0.1	0.0	0.0
加拿大	-0.05	-0.09	-0.3	-0.4	-0.2	-0.2
墨西哥	0.10	0.18	-0.2	-0.1	-0.2	-0.1

注:以 2010 年为基期,以 2007 年美元不变价为基准。

资料来源:Peter A.Petri, Michael G.Plummer and Fan Zhai, *The Trans-Pacific Partnership and Asia-Pacific Integration*: *A Quantitative Assessment*, *Policy Analysis*, Peterson Institute for International Economics and East-West Center。

亚洲基础设施互联互通对东亚区域经济的发展具有全方位、多层次的影响,中国的"一带一路"倡议和日本的基础设施海外拓展战略都将区域基础设施联通作为重点内容。亚洲开发银行(2009)相关模型测算结果显示,如果实现交通、通信与能源基础设施的泛亚联网,仅从东亚地区看,中国、印度尼西亚和泰国将获得最多的收益,分别为 3.55万亿美元、1.28 万亿美元和 1.24 万亿美元;而日本、菲律宾和越南获益最少,仅分别为 1977 亿美元、2241 亿美元和 3954 亿美元。具体结果见表 5.3。

表 5.3　东亚基础设施互联互通的宏观经济收益

(单位:10 亿美元)

国家/地区	交通			交通与通信			交通、通信与能源		
	2010—2020 年	2020 年后	合计	2010—2020 年	2020 年后	合计	2010—2020 年	2020 年后	合计
中国[a]	1016.10	1829.20	2845.20	1047.90	1887.40	2935.30	1247.70	2301.50	3549.20
印度尼西亚	251.60	490.40	742.00	371.00	754.20	1125.20	415.40	869.20	1284.50

续表

国家/地区	交通			交通与通信			交通、通信与能源		
	2010—2020 年	2020 年后	合计	2010—2020 年	2020 年后	合计	2010—2020 年	2020 年后	合计
马来西亚	201.70	398.40	600.10	261.80	511.20	773.00	278.00	551.90	829.90
菲律宾	70.40	129.20	199.70	69.80	129.30	199.10	77.90	146.20	224.10
泰国	206.60	425.90	632.50	362.00	738.80	1100.80	402.60	832.80	1235.40
越南	97.10	171.40	268.50	119.60	220.80	340.50	136.50	258.90	395.40
日本	64.90	118.70	183.60	70.10	128.00	198.10	68.50	129.70	197.70
亚洲"四小龙"[b]	248.80	445.50	694.30	275.20	484.90	760.20	268.20	472.20	740.40

注：计算的是泛亚联网收益的折现值，以贴现率为 5% 的 2008 年美元现值计算；a 未计入我国的港澳台地区；b 包括中国香港、中国台湾、韩国和新加坡。

资料来源：Francois J.F., Rana P.B., Wignaraja G., et al., *Pan-Asian Integration：Linking East and South Asia*, Palgrave Macmillan, 2009, pp.439-486；亚洲开发银行研究院编：《亚洲基础设施建设》，智银凤、邹湘译，社会科学文献出版社 2012 年版，第 77 页。

　　以上仅是对 RCEP 和"一带一路"等平台所提供区域公共产品所带来的经济收益的计算，结果已经明确告诉我们：在未来的深度经济一体化进程中，各国所获得的收益是有很大差异的；更重要的是，在国家战略利益复合化的现实约束下，预期收益分化现象不仅存在于经济收益领域，政治收益领域和规则收益领域同样存在着较大的预期收益分化现象。

　　从规则收益来看，RCEP 平台所提供的区域贸易投资合作机制的规则水平较低，带有明显的"最弱环节供给"特征，即最弱的国家决定了 RCEP 框架下区域贸易投资体系的质量，因此规则收益较小。"一带一路"平台提供的区域公共产品尚处于初步供给阶段，但中国已经意识到国际经济规则所能带来的收益，例如：自贸区战略已经被中国定位为"积极参与国际经贸规则制定、争取全球经济治理制度性权力的重要平台"①,未来中国将以"全面参与,重点突破"的方式逐步构筑起立足周边、辐射"一带一路"、面向全球的高标准自由贸易区网络,其基本原则就是提高开放水平和质量,深度参与国际规则制定。

从政治收益来看,各国都将通过区域公共产品供给发挥和增强自身在地区事务上的影响力作为最重要的政治收益,各国都将东亚地区视为发挥国际影响力的舞台,并积极展开相对政治收益的竞争。东盟一直是东亚区域公共产品供给的"功能性中心",RCEP 尽管不能大幅度提高东盟所获得的经济收益,但可以继续维持东盟在区域公共产品供给中的地位,维持区域公共产品供给进程中东盟优先(自己先开会)、东盟为基(在东盟开会)和东盟主导(东盟设计议程和规则)的结构,这是东盟维持其地区影响力的重要方式②,从历史上看,这一方式确实使东盟获得了远超其经济实力的政治收益。"一带一路"倡议以供给区域基础设施为重点,短期来看其目标是形成"安全高效的陆海空通道网络",以区域基础设施建设为优先的互联互通建设不仅可以使沿线各国经济联系更加紧密,而且客观上还将起到增加政治互信、增强人文交流的作用,这对周边局势日趋复杂的中国而言,无疑能为其发展提供更为和平友好的地区环境,获取极重要的政治收益,因此,尽管中国竭力声明自身对东亚经济合作的建设性作用,但是西方国家和某些东亚国家仍然对中国可能获得的政治收益深怀戒心。

可以看出,尽管 RCEP 和"一带一路"都将给各成员国的个别领域带来积极作用,但不可忽视的是,各成员的综合性预期收益存在很大差异;在相对收益竞争的大背景下,如何将已经分化的预期收益进行再整合,兼顾各方利益和关切,寻求利益契合点和合作最大公约数,是决定

---

① 《加快实施自由贸易区战略 加快构建开放型经济新体制》,《人民日报》2014 年 12 月 7 日。

② 张蕴岭:《如何认识和理解东盟——包容性原则与东盟成功的经验》,《当代亚太》2015 年第 1 期。

东亚区域公共产品能否可持续供给的重要条件。

二、成本因素:地区经济大国的联合支付

供给成本高昂越来越成为东亚区域公共产品供给的重要制约因素,这不仅包括贸易投资市场开放的经济成本,也包括规则成本和政治成本。对于贸易和投资领域的供给成本的衡量,目前还没有一个被广泛接受的指标体系,常用的贸易限制指数(Trade Restrictiveness Index, TRI),通过对这一指数的分析可以粗略描述各国在未来贸易投资市场开放时所需要支付的经济成本、规则成本和国内政治成本。

贸易限制指数理论是由安德林、内亚里通过长期研究构建的用以刻画贸易保护水平的指标[1],其方法是将所有贸易保护政策都刻画为一个统一的关税,该关税下的福利水平或进口量与给定贸易政策的福利水平或进口量相等,被构造出来的统一关税即可以被称为"整体贸易政策的贸易限制指数";2009 年,希奥·罗伊·绮等学者综合已有研究成果,重新定义了整体贸易限制指数(Overall Trade Restrictiveness Index, OTRI),并构造出了市场准入整体贸易限制指数(Market Access of Trade Restrictiveness Index, MA-OTRI)。[2] 服务贸易领域同样存在限制政策,世界银行开发出了一套衡量服务贸易限制政策效果的指标,即服务贸易限制指数(Services Trade Restrictions Index, STRI),我们可以

---

① Anderson J.E., Trade Restrictiveness Benchmarks, *Economic Journal*, Vol.449, No.108, 1998; Anderson, James and J.Peter Neary, "The Mercantilist index of Trade Policy", *International Economic Review*, Vol.44, No.2, 2003;汪明珠:《我国农产品进口贸易政策的保护水平与结构——基于贸易限制指数的研究》,山东大学 2015 年博士学位论文,第 26—52 页。

② TRI、OTRI 和 MA-OTRI 的关系是:TRI 旨在刻画国内贸易政策给国内福利水平带来的低效率,OTRI 则更进一步,旨在刻画该国出口商所面临的贸易政策限制,MA-OTRI 是 OTRI 的"反面",旨在刻画他国政府施加给该国出口商的贸易政策程度。参见 Hiau Looi Kee, Alessandro Nicita and Marcelo Olarreaga, "Estimating Trade Restrictiveness Indices", *World Bank Policy Research Working Paper No.3840*, 2009;汪明珠:《我国农产品进口贸易政策的保护水平与结构——基于贸易限制指数的研究》,山东大学 2015 年博士学位论文,第 26—52 页。

借此考察亚太各国在服务贸易领域的限制政策。

除贸易限制政策之外,各国还设有投资限制政策,尽管目前尚未有准确衡量投资限制政策的指标体系,但从各国实践看,投资类区域公共产品的供给成本也很高昂,例如:美国实行的是相对自由的流动政策,但美国的《投资法》不仅限制非居民对核能、海洋、通信和空运等产业的投资,还限制非居民在其境内购买这些行业的股票或有参股性质的其他证券;同时限制外国共同基金在境内出售和发行股票以及具有参股性质的其他证券,也限制其境内出售和发行货币市场工具,对美国境内直接投资如被认为威胁国家安全,将被暂停或禁止。①

我们关心的是,各国要实现高质量区域公共产品供给就必须逐渐去除各自的贸易投资限制政策,这就是各国为此支付的供给成本,而这对于限制措施原本就比较严格的国家而言绝非易事,即使是限制措施比较宽松的国家,也必须考虑到国内相关利益集团的抵制。进一步说,即使取消了全部的贸易投资限制政策,还必须考虑到如何规制具体的贸易投资行为,因而涉及规则的制定和执行。总之,各国取消贸易投资限制政策不仅事关经济成本的大小,还关系到国内政治成本(利益集团的压力)和规则成本。

从表5.4可以看出:第一,亚太各国的贸易限制指数差别很大,从包括关税壁垒的TRI值来看,新西兰仅为0.046,而最高的日本却是0.660;在大部分发达国家中,贸易限制指数都较低,发展中国家则出现了分化,印度、马来西亚和文莱的TRI值高于大部分发达国家,但总体看,日本、部分东盟国家和印度的贸易限制指数普遍较高;第二,非关税壁垒已经成为限制各国贸易的重要因素,其影响程度在很多国家甚至已经超过关税壁垒,对于发展中国家和发达国家皆是如此,在包含关税壁垒与非关税壁垒的TRI值中,日本、印度等地区大国和强国

---

① 苏宁等:《全球经济治理——议题、挑战与中国的选择》,上海社会科学院出版社2014年版,第118—119页。

的指数都较高。

表 5.4 亚太主要国家的贸易限制指数

国家	关税壁垒			关税壁垒和非关税壁垒		
	OTRI	MA-OTRI	TRI	OTRI	MA-OTRI	TRI
加拿大	0.029	0.028	0.076	0.063	0.072	0.191
印度尼西亚	0.046	0.049	0.086	0.080	0.136	0.202
澳大利亚	0.061	0.095	0.099	0.119	0.147	0.250
泰国	0.113	0.039	0.175	0.139	0.132	0.259
美国	0.026	0.064	0.051	0.104	0.130	0.294
新西兰	0.028	0.063	0.046	0.133	0.355	0.305
中国	0.140	0.024	0.211	0.204	0.066	0.343
菲律宾	0.030	0.015	0.061	0.170	0.076	0.361
印度	0.261	0.048	0.303	0.327	0.162	0.469
马来西亚	0.058	0.018	0.263	0.242	0.067	0.476
文莱	0.130	0.018	0.551	0.185	0.056	0.596
日本	0.091	0.047	0.418	0.319	0.076	0.660

资料来源: Hiau Looi Kee, Alessandro Nicita and Marcelo Olarreaga, "Estimating Trade Restrictiveness Indices", *World Bank Policy Research Working Paper No.3840*,2009。

从表 5.5 可知,亚太各国的服务贸易领域的限制政策差异要远大于货物贸易领域,且各个行业差别极大,例如:新西兰 STRI 值最低,仅为 11,而印度 STRI 值最高,为 65.7;通信行业的服务贸易限制力度明显大于其他行业,发展中国家对金融业的服务贸易限制力度明显大于发达国家;总体来看,东盟国家和印度的服务贸易限制指数普遍较高。

表 5.5 亚太主要国家的服务贸易限制指数(STRI)

国家	总体	其中				
		金融	通信	零售	运输	专业性技术服务
新西兰	11	3.6	37.5	—	5.4	27
美国	17.7	21.4	—	—	7.9	54

续表

国家	总体	其中				
		金融	通信	零售	运输	专业性技术服务
澳大利亚	20.2	36.4	25	—	12.5	31
韩国	23.1	2.3	50	—	20.8	66
日本	23.4	1.9	25	25	15.6	56
中国	36.6	34.8	50	25	19.3	66
越南	41.5	40.8	50	50	38.6	31.5
马来西亚	46.1	44.6	25	25	55.4	73
泰国	48	49.4	50	25	47.1	74
印度尼西亚	50	23.4	25	50	66.4	76
菲律宾	53.5	45.1	50	50	44.2	80
印度	65.7	48.1	50	75	62.4	87.5

注:按照 WTO 的《服务贸易总协定》(GATS),服务贸易有四种提供方式,分别是跨境交付、境外消费、商业存在和自然人流动,世界银行的分析未包含"商业存在";"—"表示未取得相关数据。

资料来源:World Bank Development Economics Research Group:Services Trade Restrictions Database。

  面对东亚地区高昂的政治成本,地区经济大国联合支付的重要性日益凸显。从地缘政治上看,东盟不是东亚的中心,其"中心地位"仅是在把地区大国聚拢在一起开展合作上来说的。从供给意愿来看,东盟十分注重其在东亚公共产品供给中的主导作用;但从供给能力来看,东盟整体实力不足,缺乏集体资源,加上自身内部的向心力和凝聚力不足,因而对高质量区域公共产品的成本分担能力十分有限,主要依靠外来资源。换言之,东盟在东亚公共产品供给中仅充当了一种"功能性中心"的地位,并依靠这种地位获得了超过其自身实力的供给收益。但是,如果要可持续地为东亚或泛东亚地区提供区域公共产品,特别是提供高质量区域公共产品,东盟力所不及;而随着合作内容的深入化、地区局势的复杂化和经济问题的政治化,东盟不仅对维持其功能性中心地位感到越来越吃力,甚至难以支付高质量区域公共产品所要求的供给成本。

实际上，东亚地区要有效供给符合深度一体化要求的高质量区域公共产品，关键在于东北亚三国，特别是中日两国。更进一步地说，作为东亚地区最有实力的经济大国，如果中国和日本能组成犹如法国和德国那样的区域公共产品"供给核心"，是最令人鼓舞的，特别是对于区域基础设施建设这样的大型工程，中国和日本成为主要成本支付者是大势所趋，但现实问题是：日本对中国的猜忌与防范使两国难以联合起来成为类似于法德那样的"供给核心"，日本能否放下对中国的战略戒备是降低东亚深度经济一体化中的政治成本的关键因素。此外，其他地区大国率先履行责任也很重要，例如：印度不仅有较高的货物贸易限制指数，而且对于服务贸易的开放也是极为有限。

总之，未来东亚地区经济大国和经济强国能否履行大国责任，联合支付并切实降低区域公共产品的供给成本，是决定未来区域公共产品可持续供给的成本因素。

三、外部性因素：美国与东亚的互融

就地理而言，美国是一个亚太国家而非东亚国家，然而凭借着强大的政治、经济和军事实力，美国在东亚安全领域中处于绝对的领导地位，第二次世界大战结束后，美国构筑了以其为主导的双边同盟体系，在亚太地区与日韩等国签订了一系列双边同盟条约，该体系是美国东亚安全政策的支柱，也被视为东亚区域安全结构的基础。随着东亚地区格局的巨大变化，美国主张搭建新的机制化架构，与东亚国家的安全合作逐渐升温，这严重影响了东亚自主性合作的轨道。[①] 在未来的区域公共产品供给进程中，各主要供给平台之间存在着极强的利益相关性，各个供给机制之间的外部性关系将更为复杂。从总体来看，RCEP

---

① 范斯聪：《东亚经济一体化的困境与出路——国际比较的视角》，人民出版社 2015 年版，第 102—105 页。

倾向于构建"守势"的区域贸易投资体系,因而很难给美国带来负外部性;而"一带一路"倾向于构建"兼容"的区域贸易投资体系,因而能给美国带来正外部性。如何在竞争与互融中实现各供给平台外部性的内在化,成为决定区域公共产品可持续供给的外部性因素。

从目前的区域公共产品供给平台来看,无论是RCEP还是"一带一路",都以东亚为核心地区,因此,东亚区域公共产品可持续供给的前景就取决于以上构想或框架与东亚地区经济(特别是地区生产网络)的匹配程度。RCEP是东亚已有供给平台的拓展,"一带一路"充分利用已有东亚供给平台,它们都天然地与地区生产网络相匹配,并且有助于地区生产网络的进一步强化,因此,问题的关键在于美国主导的亚太区域公共产品供给平台能否与东亚地区经济,尤其是与地区经济的"枢纽国家"——中国实现互融。

在贸易领域,虽然中国已经取代美国成为东盟10国、日本和韩国的最大出口国,但美国仍以其发展水平、规模、与东亚经济的内在联系等优势成为东亚最主要的外部市场;[①]在投资领域,美国已经与亚太地区主要经济体建立了紧密的投资关系,截至2014年,亚太各经济体对本地区国际投资头寸达到3.78万亿美元,对本地区投资的主要经济体是中国香港(11922亿美元)、日本(8494亿美元)、美国(5473亿美元)、东盟(4592亿美元)和中国大陆(4391亿美元)。美国跨国公司不仅在本地区拥有大量的资产,而且分布广泛,其中,美国在东盟5国(印度尼西亚、马来西亚、菲律宾、新加坡和泰国)共有国际直接投资头寸1517亿美元,占美国在本地区总额的四分之一强,这意味着:美国跨国公司已经深度融入地区生产网络,甚至其本身就是东亚地区生产网络的"缔造者"之一,这种"事实上的一体化"既是美国将东亚区域公共产品泛化成亚太区域公共产品的经济基础,也是将美国主导的亚太区

---

① 周小兵主编:《亚太地区经济结构变迁研究(1950—2010)》,社会科学文献出版社2012年版,第3页。

域公共产品负外部性有效内在化的经济基础。[①]

　　要有效减轻特朗普政府贸易保护主义对东亚区域经济合作的负面影响，最为关键的是实现中美之间更为平衡的互融，特别是美国如何看待中国发展。东亚与美国之间的经济共生关系是以中国为"枢纽"的（所谓"新三角贸易模式"[②]），而且在这种关系中，美国处于主导地位，因而是一种不对称、不平衡的"共生"，2008 年全球金融危机及其后的一系列事件破坏了美国的单方主导姿态，被迫寻求与中国的战略对话，而中国也开始逐渐使这一关系更加平衡化[③]，贸易保护主义就是美国利用其市场优势发起的。因此，如何实现中美之间在"共生关系平衡化"的前提下、更进一步地构建新型大国关系是东亚区域公共产品能否得到可持续供给的关键性因素。

　　总而言之，美国与东亚、美国与中国之间已然形成一种日益相互依赖的经济和金融关系，尽管这是一种以分工与交易关系为基础的市场自组织行为，并且有着高度不对称的本质特征，但这也使得客观上存在着降低美国贸易保护主义的可能性，如何在各国关系更加平等的基础上将这种可能性转化为现实性，是决定东亚区域公共产品可持续供给的外部性条件。

---

　　① 亚太各经济体对本地区的国际直接投资头寸数据来自"IMF-CDIS Database"；其中，东盟包括印度尼西亚、马来西亚、菲律宾、新加坡和泰国。

　　② 李晓：《中日经济关系在东亚经济发展中的地位与作用》，《世界经济与政治》1995 年第 1 期；李晓、冯永琦：《中日两国在东亚区域内贸易中地位的变化及其影响》，《当代亚太》2009 年第 6 期。

　　③ 唐小松、邓凤娟：《中美经济共生关系趋向对称性》，《国际问题研究》2010 年第 2 期。

第六章　我国参与区域公共产品供给的战略选择

第一节　周边命运共同体建设中的区域公共产品供给

2012年前后,我国突破了原有的区域经济合作战略,开始把周边地区作为一个整体来布局,并以新的区域合作倡议("一带一路")统领未来的经济外交实践,这是中国综合实力和国家利益需求发展到一定阶段的产物,也是中国主动塑造周边环境的长期系统性工程。作为新时期中国对外开放以及周边乃至全球的大战略,"一带一路"以互惠合作的方式主动向世界提供国际公共产品,而指导理念就是"命运共同体"思想,特别是中国与周边国家的命运共同体。我国已经充分意识到,"无论从地理方位、自然环境还是相互关系看,周边对我国都具有极为重要的战略意义",因此需要以立体、多元、跨越时空的视角开展周边经济外交,让命运共同体意识在周边国家落地生根。

在命运共同体思想和新的区域经济合作战略指导下,我国将更加主动地承担大国责任,同时意味着我国与周边国家和域外大国关系的重大转变,我国已经决定将"大周边"地区作为走向大国、强国之路的战略依托带,中国的区域公共产品供给战略也出现了与之相应的调整:

首先,我国对高质量区域公共产品的需求越来越大,将更加能突出自身在区域公共产品供给中的"比较优势"。一方面,我国经济实力日益增强,已经成长为地区第一大经济体,对高质量区域公共产品的需求越来越大,例如,据 IMF 测算,我国全部产能利用率不超过 65%,而通常健康且创利的产业产能利用率应当在 85% 以上,美欧日等传统市场开拓得比较充分,这就需要统一的地区消费市场;[①]另一方面,我国已经具备了主动承担大国责任的"比较优势",在未来构建区域消费市场、建立亚洲货币基金和加强投资领域的合作当中,我国无疑具备了更强的实力,在未来东亚区域公共产品供给中的优势将更加凸显出来。[②]

其次,我国将更加主动、更加积极地承担区域公共产品的供给成本,切实履行大国责任。在未来东亚和亚洲地区的高质量区域公共产品供给中,我国有能力、有意愿承担更大的成本,无论是基础设施互联互通还是筹建亚洲基础设施投资银行(AIIB),我国都已经并将继续承担更多的合作成本,但"一带一路"并非刻意地要"另起炉灶",而是将新倡议融入到已有合作机制之中。[③] 这说明,我国承担对地区和平与发展的更大责任不是对地区事务的更大垄断,而是在追求自身利益时兼顾他方利益,在寻求自身发展时促进共同发展。

最后,作为新的区域公共产品供给平台,"一带一路"将给世界其他地区带来更大的正外部性,可以更加从容地面对域外大国的压力。"一带一路"不仅将影响沿线国家和地区,而且还将对全球其他地区产生极大的正外部性,如互联互通和周边大市场建设将带来更大的规模经济效应,为世界经济增长提供新的增长点,是以"共商、共建、共享"为特征的、符合区域共同利益的新型区域公共产品供给模式。对于域外大国的全面干预,我国在推进东亚深度经济一体化的同时,坚持开放的区域主义,仍致力于推进跨区域合作。

由此可见,我国在区域公共产品供给中应该将新兴经济体的发展

---

① 王义桅:《"一带一路":机遇与挑战》,人民出版社 2015 年版,第 10 页。

② 以产能合作而言,尽管过剩产能给中国经济运行带来了很大的问题,但是对很多发展中国家来说这可能就是优质产能。参见王义桅:《"一带一路":机遇与挑战》,人民出版社 2015 年版,第 10 页。

③ 李向阳:《论海上丝绸之路的多元化合作机制》,《世界经济与政治》2014 年第 11 期。

态势和发展中国家的实力进行综合权衡,充分认识我国综合实力发展对有效提供区域公共产品的助推力,坚持合作共赢、共同发展、平等协商,而这就决定了:未来我国在参与区域公共产品供给中的战略定位将是"引领者",而非"主导者";也就是说,我国将更加主动地承担大国责任,在议题设置、资金筹措、具体建设过程中提供更大力度的支持,但并不会以此谋求地区主导者的地位。

第二节　我国参与区域公共产品供给的路径选择

一、以重点供给为突破口,逐步向全面供给拓展

从理论上分析,我国未来供给区域公共产品既有优势,也有劣势;既面临着重大机遇,也存在着挑战。以经典的 SWOT 模型来看,我国的优势在于强劲的经济增长势头、进出口需求旺盛、强大的基础设施等大型工程建设能力、国内高储蓄率和巨额外汇储备;劣势在于尚不具备成为东亚"最终产品市场提供者"的实力、在国际经济规则制定中处于劣势、市场经济制度不完善;机遇在于东亚乃至周边发展中国家对基础设施建设需求旺盛、我国与地区主要国家的贸易、投资关系日益深化;挑战在于能否提出适合地区发展中国家的融资机制、有效应对地区大国的竞争和域外大国的干预。[1] 综合以上分析可以得出,未来我国要在区域公共产品供给中扬长避短,就必须突出庞大的市场潜力和强大的基础设施建设能力,同时避免独立承担区域公共产品的供给成本,关注各国对经济持续增长的迫切需求,促使各国联合起来互相开放市场,加强投资保护和要素流动的有序自由化。

---

① 李俊久、陈佳鑫:《中国在东北亚经济合作中的地位与作用——区域性公共产品的视角》,《吉林师范大学学报》(人文社会科学版)2014 年第 2 期。

表 6.1　我国供给区域公共产品的 SWOT 分析

优势（Strength）	劣势（Weakness）	机遇（Opportunity）	挑战（Threat）
1. 强劲的经济增长势头，庞大的市场潜力； 2. 我国与地区主要国家的贸易、投资关系日益深化，进出口需求旺盛； 3. 强大的基础设施等大型工程建设能力； 4. 高储蓄率和巨额外汇储备	1. 尚不具备独自支撑东亚最终消费品市场的实力； 2. 市场经济制度不完善； 3. 在国际经济规则制定中处于劣势	1. 东亚乃至周边发展中国家对区域消费市场需求旺盛； 2. 东亚乃至周边发展中国家对基础设施建设需求旺盛	1. 能否提出适合地区发展中国家的融资机制； 2. 有效应对地区大国的竞争； 3. 有效应对域外大国的干预

资料来源：笔者根据李俊久、陈佳鑫：《中国在东北亚经济合作中的地位与作用——区域性公共产品的视角》，《吉林师范大学学报》（人文社会科学版）2014 年第 2 期整理、修改得到。

第一，在贸易类区域公共产品方面，我国与东亚国家具备了更深厚的共同贸易利益，这有利于区域消费市场建设。全球金融危机过后，外需导向型的东亚发展中国家普遍受到冲击，互为市场已经成为东亚经济合作的主要方向，地区内部消费市场的整合不仅有助于增强各国抵抗外部风险的能力，促进区域内生增长机制的发展，同时也将改变东亚地区的国际分工地位，有利于更进一步推进各国其他领域的合作。[①] 作为地区经济发展的"火车头"，我国应当将共建区域消费市场作为引领区域公共产品供给的重点内容；我国虽不能完全填补美国、欧洲等发达国家需求萎缩留下的空白，但国内市场空间的成长态势也不容忽视。根据经济产业研究所（Research Institute of Economy，Trade and Industry，RIETI）提供的数据，2013 年美国在日本最终产品出口中所占比例已降至 24.52%，同期内中国则升至 16.07%，差距在缩小；美国在韩国最终产品对外出口中占比为 18.55%，同期中国则升至 23.37%。

---

① 赵江林等：《中国崛起与亚洲地区市场构建》，社会科学文献出版社 2014 年版，第 130 页。

第二,在投资类区域公共产品方面,亚洲发展中国家存在巨大的潜在需求,这有利于高水平区域基础设施的建设。从国际比较来看,为了促进区域基础设施建设,欧盟已就铁路与公路的互联互通达成一致,欧盟铁路公司的成立就是为了实施铁路网互通方案,其中包括有关设计、施工、服务范围、升级、改造、运行和维护、工作人员资格等内容,更深层次的是协调一致的发展战略和符合国际惯例的监管框架。[①] 但东亚至今没有一个完整的投资合作框架,这阻碍了很多国家融入地区生产网络,也无法有效实现供应链的无缝对接、降低生产和运输成本,这些都说明,未来我国在区域基础设施建设方面可以发挥更为积极的作用,要将我国国内基础设施产能的消化与亚洲地区跨国基础设施的互联互通相结合,提供技术和资金援助。[②]

总之,从长远来看,我国应引领更全面的区域公共产品的供给,具体而言就是区域消费市场、区域基础设施及其合作机制的建设,按照功能主义的"外溢"理论,经济合作可以增强政治互信,有利于我国与地区各国开展更广泛的合作,也就是不仅要构建高水平的经济开放体系,而且要构建全方位的合作关系。

二、以区域层次为立足点,逐步向全球层次过渡

我国应充分利用战略机遇期,进一步推动区域合作,积极参与区域公共产品供给,并将其作为我国参与全球区域公共产品供给的起点。

一方面,我国应根据实际情况提供与自身能力相符合的区域公共产品。从目前的综合实力和政治地位来看,我国是亚洲最重要的地区大国,也是地区格局中的重要力量,确实应该在地区事务中发挥

---

① 亚洲开发银行研究院编:《亚洲基础设施建设》,智银风、邹湘译,社会科学文献出版社2012年版,第87—108页。

② 樊勇明、钱亚平、饶云燕:《区域国际公共产品与东亚合作》,上海人民出版社2014年版,第236—237页。

更积极的作用,这也是国际社会对我国的期待。但同时,我国也面临着大量的国内问题和现实困难,因此,我国在参与区域公共产品供给时应客观地定位,不要盲目负担与自身能力不相符合的责任;①更何况,我国与周边国已经有着深度的经济相互依存关系,如果提供超过自身能力承受范围的国际公共产品,不仅会拖累自身的经济发展,而且不利于区域经济的长久繁荣。因此,现阶段我国应以供给亚洲地区的区域公共产品为主,以有效推动我国与周边各国的深度经济一体化为落脚点,夯实我国走向全球公共产品供给大国的区域基础。

另一方面,我国应根据事态的发展逐步将区域公共产品供给过渡到全球公共产品供给。2008年全球金融危机的影响并未完全散去,其对国际政治经济格局的影响还未完全显现,国际经济合作和竞争已经走到一个转折点,而我国已经成为世界第二大经济体,肩负着促进世界共同繁荣的重要国际责任,况且我国与世界各国早已存在着广泛且深厚的共同利益。我们应把握住历史机遇,为全球公共产品供给作出更大贡献。更重要的是,亚洲事务的“全球性”决定了我国不可能脱离全球公共产品供给的大背景仅仅提供区域公共产品,因为20世纪90年代以来,世界主要大国的利益就在亚洲,全球金融危机后世界政治经济格局的调整进一步凸显了亚洲在全球治理中的战略地位,各主要大国的利益进一步汇聚到亚洲,特别是向东亚地区汇集②,在此背景下,我国向东亚或亚洲地区提供的区域公共产品就具有了浓厚的全球公共产品色彩。

---

① 樊勇明、钱亚平、饶云燕:《区域国际公共产品与东亚合作》,上海人民出版社2014年版,第245—246页。

② 樊勇明、钱亚平、饶云燕:《区域国际公共产品与东亚合作》,上海人民出版社2014年版,第246页。

第三节　我国参与区域公共产品供给的政策建议

一、加快完善区域基础设施合作机制

我国应对东亚区域公共产品供给困境的战略是在更广的地理范围上实现重点突破,即超越东亚地区,在亚洲或大周边的范围内重点供给有助于推动经济发展的区域公共产品。由于其先行性和基础性,区域基础设施已经成为东亚地区最为重要的区域公共产品;而随着地区生产网络和地区价值链的进一步拓展,区域基础设施及其合作机制的缺乏已经成为区域投资发展的一大障碍,加之东盟大部分国家的市场制度较不完善,政策环境较差,仅以低廉的劳动力成本无法吸引跨国公司更大规模、更为持续的投资;[①]因此形成一个互联互通的区域基础设施网络对改善地区投资环境,促进地区经济可持续发展必不可少。但是当前东亚各国在区域基础设施领域的合作不仅严重滞后于贸易合作和金融合作,而且严重滞后于经济发展的实际需求,也与其经济实力严重不符(见表6.2)。

更重要的是,区域基础设施建设可以为区域消费市场建设提供契机。与继续消除关税和非关税壁垒相比,改善基础设施将更有利于降低贸易成本进而提高贸易量,如果基础设施质量提高使得运输成本下降10%,亚洲贸易量将增加3%—4%;如果计入基础设施改善导致的收入增加效应和投资环境优化效应,那么对地区经济增长的作用还将更大,也就是说:未来东亚区域内贸易的发展将越来越需要最大限度地利用区域基础设施带来的溢出效应。因此,"一带一路"以区域基础设

　　[①]　一项对亚洲10个国家的研究发现,在距离确定的情况下,基础设施质量是跨国贸易流量的决定性因素之一。参见亚洲开发银行研究院编:《亚洲基础设施建设》,智银风、邹湘译,社会科学文献出版社2012年版。

施建设为重点,不仅能够有效降低物流成本,而且能使更多的人口融入到深度经济一体化进程,把原来不可贸易或受制于基础设施"瓶颈"的不可贸易品变成可贸易品,从而促进东亚地区与其他地区的经济往来,形成更大的规模经济效应和贸易创造效应。①

表 6.2 东亚部分发展中经济体的陆运指标

指标 年份 国别	公路网总长 (千米/100 平方千米)			硬化公路 (占公路总长的百分比)			铁路线总里程 (千米/100 平方千米)		
	1991	2000	2005	1991	2000	2005	1991	2000	2005
中国	12.82	14.61	20.11	78.00	80.00	82.50	0.56	0.61	0.65
柬埔寨	19.76	20.02	21.13	7.50	16.20	6.29	0.33	0.33	0.36
印度尼西亚	16.48	18.69	19.34	45.30	57.10	58.00	1.90	1.91	1.93
老挝	5.95	9.17	13.18	16.00	44.50	14.41	0.19	0.20	0.21
马来西亚	27.31	19.98	29.94	73.00	75.30	81.32	0.67	0.60	0.60
缅甸	3.77	4.13	4.13	11.20	11.44	11.44	0.33	0.38	0.38
泰国	10.20	11.19	11.19	88.40	98.50	98.50	0.75	0.79	0.79
越南	29.60	65.49	67.47	23.90	25.10	25.10	0.86	0.95	0.81

资料来源:亚洲开发银行研究院编:《亚洲基础设施建设》,智银风、邹湘译,社会科学文献出版社 2012 年版,第148—149 页。

加快区域基础设施合作机制的建设,重点在于充分发挥合作的互惠性。基于区域基础设施的公共产品属性,实现中国—东盟互联互通、APEC 互联互通、泛亚能源网、泛亚铁路网、GMS 互联互通、孟中印缅经济走廊,可以有效构建横贯东西、连接南北的海陆立体大通道,所有沿线国家和次区域都将从中获益。据世界银行测算,基础设施投资每增加 10%,GDP 就将增加一个百分点,而世界经济论坛估计,如果全球供应链壁垒能够降低到最佳水平的一半,则全球 GDP 将增加 4.7%,贸易

---

① 王玉主:《区域一体化视野中的互联互通经济学》,《人民论坛·学术前沿》2015 年第5 期。

量增加14.5%,远远超过了削减关税带来的福利收益。① 但是,区域基础设施建设可能造成沿线地区与非沿线地区收益分配的不平衡,区域基础设施促进生产要素的自由流动理论上有助于国家间和国家内部各地区间经济发展水平的收敛,但在实践中往往造成地区发展不平衡,因此区域基础设施合作要求更为细致的前期评估,特别应强化基础设施互联互通对东南亚发展中国家的内陆地区的辐射效应,并通过有效的制度化沟通和人文社会交流增加发展中国家边远地区、内陆地区的社会福利。

区域基础设施建设还应充分注意争端解决机制的建设。国际社会本质上是无政府状态,因此,富有活力的国际组织和有效的区域合作都需要争端解决机制加以保障,比如WTO有独立完整的解决贸易争端的司法系统,有裁决实体法和程序法、专门的裁决机制及执法机制,这对于维护WTO的顺利运转和国际贸易的顺利开展至关重要;世界银行也建立了"解决投资争端国际中心",其职责是专门为外国投资者和东道国政府提供投资争端的解决途径。目前,支撑"一带一路"建设的国际机构主要是亚投行,但亚投行本质上只是一个多边金融机构,主要业务是融资,本身无法独立提供区域基础设施建设的制度规则体系。因此,在"一带一路"推进中应充分注意争端解决机制的重要性,将其纳入区域基础设施合作机制,使其成为区域基础设施长期良好运营的基本保障。

二、渐进提高供给机制的制度化水平

目前来看,"一带一路"供给机制的制度化水平较低,这集中表现为规则的低水平化和软约束力两个方面:

首先,"一带一路"是低制度化的区域合作安排。"一带一路"并未

① 王震宇:《全球共赢:亚太基础设施与互联互通》,外文出版社2014年版,第19页。

拘泥于某一个合作机制,也不把构建高标准的自贸区或更高水平的区域经济组织(如关税同盟、共同市场等)作为最优先目标,而是具有多元化特征,即:不仅积极利用现有的多双边合作机制(如"10+X"机制、APEC、大湄公河次区域经济合作),而且主导筹建了新的多边开发机构(如金砖国家合作银行、亚投行等)。在具体实施中,"一带一路"针对不同地区的特点采用了不同的合作机制,如东北亚的中俄蒙朝次区域合作、东南亚的中国—东盟自贸区(CAFTA)升级版、南亚的孟中印缅经济走廊和中巴经济走廊等。这种正式化合作与非正式化合作并存、双边机制与多边机制共存的制度设计是基于亚洲复杂的地缘政治经济环境的选择,这固然使"一带一路"极具灵活性、包容性和开放性,但同时也凸显出了其合作机制不统一、组织机构不完善的低制度化特征,如中国—东盟自贸区是所有合作机制中制度化水平最高的,但也没有独立稳定的组织机构为其提供行政支持。

其次,"一带一路"的规则标准和规则约束力都比较低。尽管"一带一路"并不排斥高质量的贸易投资规则,但其本身的规则标准甚至低于 RCEP,当然,东亚经济合作机制的多层重叠态势决定了它不可能以高标准的经济规则约束合作方;更重要的是,"一带一路"沿线各国在发展水平、法律制度和文化传统等方面千差万别,这进一步降低了"一带一路"采取高标准规则的可能性。在执行力方面,亚洲区域合作"照顾各方舒适度"的原则决定了"一带一路"不可能以强有力的执法形式约束各国行为,例如,CAFTA 也设有争端解决机制,但在实践中,我国和东盟各国往往采用私下协商等传统方式进行调解,争端解决机制既无权威,利用率又低。[1] 目前来看,"一带一路"的前期推进会比较迅速,因为各国都面临着基础设施建设的巨大资金缺口,但是当推进到需要加强规则建设以保障各方合作的果实时,经济规则低标准和软约

---

[1] 孙志煜:《区域经济组织争端解决模式研究》,西南政法大学 2011 年博士学位论文,第38—41页。

束特征将成为主要障碍。

因此,以"一带一路"为平台的区域公共产品供给机制建设的制度化路径应该是"渐进式整合",也就是应接受并充分利用既存的多层次机制和最小限度的制度保障,以功能性建设为重点,以地缘经济关系的深度整合与拓展为主要内容;与此同时,适度推进制度建设,注重依赖于市场机制和政策协商形成的规则,使规则建设服务于功能性合作,而不是简单地提升规则的约束力。对于我国来讲,互联互通不仅是与东盟各国在经济领域的深度一体化,更在于"交朋友"①,在考虑一体化经济收益和组织运作效率的同时,要更加注重增强地缘政治互信和各方的舒适度,促成互利共赢的局面。当然,规则建设也是"一带一路"供给机制中必不可少的内容,具体而言:应该适当扩大规则覆盖面,把产品标准、技术标准、认证制度、债券评级标准和企业社会责任等自愿约束型规则和双边投资保护协定等协商约束型规则作为重点领域,以适当形式增强各国经济政策的协调性。

实际上,在我国参与的深度区域经济一体化进程中,以深化功能性合作为主而非着力推进制度性建设的根源在于美国在东亚的双边同盟体系等结构性因素的制约;②更重要的是,不断平行、嵌套、重叠、低水平的区域经济制度环境并未从根本上制约我国与东盟的区域经济合作,规则约束从来都不是我国与东盟合作的前提,而是双方不断互动融合的结果,这与欧美等发达国家在开展区域经济合作时将制度建设放在首位有根本不同,今后只有通过更为扎实的双边外交、更有深度的功能合作和更为密切的地缘经济联系才能为未来的高水平区域经济制度建设奠定坚实的基础。

---

① 张文木:《千里难寻是朋友　朋友多了路好走——谈谈"一带一路"的政治意义》,《太平洋学报》2015年第5期。
② 宋伟:《中国的东亚区域一体化战略:限度、方式与速度的反思》,《当代亚太》2011年第5期。

三、警惕区域公共产品供给的规则风险

"一带一路"不仅面临着自然条件差异、地质条件复杂、施工条件恶劣等自然障碍导致的风险,而且面临着复杂的制度环境和软约束规则等制度障碍导致的摩擦,后者可以统称为"规则风险"。[①]

我们认为,自然障碍导致的风险处于可控范围之内,这是因为:第一,我国在大型工程建设方面已经是世界一流水平,项目施工过程中的自然障碍可以得到有效解决;第二,"一带一路"可以借鉴其他区域开发机构中成熟的人才使用和项目管理机制,吸取其经验教训,因此大部分建设困难都可以得到妥善处理。但是,与美欧等发达国家倾向于创建统一的合作框架、创立完善的组织机构、推行高标准经济规则的制度导向型区域合作模式不同,"一带一路"是在各国国情差别极大、社会基础设施不完善、法律法规不健全、区域整体性合作框架缺失的限制下展开的,这使得我国在处理与沿线国家的合作关系、管理日益密切的经贸往来、解决贸易投资争端等方面缺乏强有力的制度规则支撑;更重要的是,"一带一路"覆盖的领域越是全面、我国与沿线国家的合作越是深入具体,就越是受到规则风险的制约。

"一带一路"所面临的规则风险具有主体层面多样性和影响层面多样性两大特点。首先,带来规则风险的主体具有多样性。"一带一路"建设不仅是我国与沿线各国的重大事件,也是影响国际经济体系和地区经济秩序的重大事件,涉及亚太区域主要大国,并将国际经济体系、各国政府和投资企业紧密联系在一起,任何一方都会使"一带一路"面临规则风险,主体间也会相互影响,产生连锁反应。因此,我国在政策推进过程中应审慎处理三者的关系,分清主次,妥善解决。其次,规则风险的影响具有多样性。"一带一路"所面临的风险不仅局限

---

① 马学礼:《"一带一路"倡议的规则型风险研究》,《亚太经济》2015年第6期。

于规则风险,在地缘政治、传统安全、非传统安全、贸易政策、投资政策、产业政策、社会人文等诸多领域同样面临着挑战,而规则风险往往是其他领域风险的触发点、导火线。换句话说,规则风险不是独立存在的,"五通"的每一个层面都存在一定程度的规则风险。因此,对于规则风险的分析不应局限于"规则"本身,应透过现象看到风险背后的多重因素及其连锁性影响。

1.体系层面的规则风险

首先,现行国际体系内已经存在着一个由发达国家主导的,以联合国经济和社会理事会为中心,以世界银行、WTO、IMF 作为专门运作机构,以私人机构、NGO 为侧翼的国际开发援助网络,在亚洲还有美日主导的亚洲开发银行等地区性机构,它们在合作理念、合作模式、发展方向上都有一套成熟的制度规则体系;而"一带一路"和亚投行虽然有部分发达国家参与,但本质上属于"南南合作"的性质,因而更加强调发展模式的多样化,强调"共同但有区别的责任",强调生存权和发展权的首要地位,这些都与现有国际开发援助体系的价值理念不一致,如何处理好与现行国际体系的关系、提高与现有国际开发援助体系的契合度,是关系"一带一路"成败的关键因素之一。

其次,亚洲地区尚未形成覆盖整个区域的自贸协定,相互交织的自贸协定都有自己的规则标准且水平相对较低,致使亚洲地区的"意大利面条碗"现象尤为突出①,而目前国际经济规则体系进入重构调整期,新一代国际经贸规则将注重开放的全面性、管制的深入性和约束的强制性,不仅需要解除边界管制,而且需要就边界内问题进行规制,涉及诸多领域②,这种高标准的经济规则体系正在亚洲内部(尤其是东亚)划线,并改变着各国之间的经贸交往规则,在客观上已给"一带一

---

① 竺彩华、韩剑夫:《"一带一路"沿线 FTA 现状与中国 FTA 战略》,《亚太经济》2015 年第 4 期。

② 东艳:《全球贸易规则的发展趋势与中国的机遇》,《国际经济评论》2014 年第 1 期。

路"向纵深方向拓展形成压力。

最后,国际贸易领域的规则体系比较健全,正处于重构升级的阶段,但在投资领域却远未形成统一的国际投资规则体系,各国在投资准入、投资保护、环境保护、劳工使用、政府采购、国企运营等方面并无一致标准,这对以基础设施投资为重点的"一带一路"尤为不利。根据联合国贸发会议统计,截至 2012 年年底,全球共有 3196 个国际投资协定,而到 2013 年年底已有 2857 个双边协定处于"随时终止阶段",这为国际投资规则的整合提供了机遇。目前来看,全球投资规则的整合与升级方向将由美欧等发达国家所主导,例如美国坚持的投资者—东道国争端解决机制和竞争中立原则等高标准投资规则很可能被越来越多的国家所接受。因此,"一带一路"将受到没有统一的国际投资规则体系的困扰。

2. 国家层面的规则风险

第一,制度差异。"一带一路"是各国合作深化、影响加深的过程,互联互通项目所涵盖的范围甚广,各国的经济体制、运行机制、发展水平、开放程度、管制政策和稳定程度相差极大,需要面对的具体风险也各不相同,而涉及多边合作的区域性项目上,情况会更加复杂。[①] 其实,在以往的区域合作中也会碰到制度差异问题,其解决方法是建立相应的组织机构,健全各国法律体系;但"一带一路"涉及的国家超过 60 个,由此产生了制度信息和法律信息严重不对称的问题,而很多发展中国家立法不够完备,法律条款经常修改,在执行上也往往对外资有所歧视,因而成为国家层面的规则风险。

第二,外资限制。"一带一路"与亚投行将重点支持亚洲地区的基础设施建设,并为资源开发和产业合作等有关项目提供融资支持。为了促进深度一体化和基础设施互联互通,"一带一路"需要宽松的经济

---

① 王义桅:《"一带一路":机遇与挑战》,人民出版社 2015 年版,第 130 页。

法规和审批程序,但是出于经济安全等方面的考量,亚洲很多国家在某些重要行业或敏感行业往往对外国投资者进行严格限制,如公共事业部门的投资范围和控股比例限定,有些情况甚至会直接导致东道国出台临时立法限制我国企业的跨国并购①,这将限制"一带一路"建设的深度和广度。

第三,协调不足。"一带一路"涉及很多区域和次区域项目,如东盟内部已完成的项目很少是双边的,而正在被认真考虑的项目也都覆盖多个国家(像跨国公路、输电网、电信等),很多研究认为,要实现亚洲地区的基础设施"无缝连接",首要任务就是完善和整合现有的次区域计划;而这种跨越多国的项目需要各方在贸易、投资、公用事业、交通、能源、私人参与、项目设计和施工等领域形成统一的标准,同时需要建立有效的多边协调机构和透明的地区监管框架,例如:南亚和中亚各国在区域经济合作中都曾提出了构建跨国监管框架的政策建议,但都在实施过程中遇到了问题,项目进展缓慢。实际上,目前亚洲大多数次区域项目的组织机构、合作机制都比较薄弱,除东盟外,很多机构都是非正式的,它们存在的问题包括:法律框架不足、治理能力欠缺、业务效率低下、缺乏完善的合作机制②,因而无力承担区域层次基础设施互联互通中的政策协调工作。

3. 企业层面的规则风险

企业经营中的规则风险有主客观两个方面,主观上是由于我国企业"不懂规矩"带来的投资风险与损失,客观上是由于东道国政府及相关企业"不守规矩"可能给我国企业带来投资损失。

从主观方面来看,我国企业刚刚开始迈向国际化经营,经验不够丰富,法律意识薄弱,可能由于不了解、不重视东道国法律法规,从而在经

---

① 王义桅:《"一带一路":机遇与挑战》,人民出版社 2015 年版,第 139 页。
② 亚洲开发银行研究院编:《亚洲基础设施建设》,智银风、邹湘等译,社会科学文献出版社 2012 年版,第 82—100 页。

营过程中会触犯相关规定；也可能由于并不熟悉投资东道国的国内经济规则，从而带来经营不善、效益低下等问题。例如，"一带一路"和亚投行明确要求投资企业要注重沿线生态环境的保护，构建"绿色增长"机制，然而，我国企业长期受粗放型经济增长方式的影响，环境保护意识较为薄弱，而矿业等环境保护要求高的行业又是我国海外投资的重要行业①，加之我国绝大部分"走出去"的企业都没有设置环保安全部门或专员，金融机构本身同样缺乏在矿业、林业以及其他影响环境的工程方面的相关标准②，由此可能影响企业自身的发展和我国的国际形象。

从客观方面来看，亚洲各国的政治生态可能使企业面临商业腐败等风险。亚投行在成立之初即宣称"对腐败零容忍"，但亚洲很多发展中国家政治体系中腐败盛行，经常出现索贿现象，如何应对此类事件不仅关系项目进展，更关系"一带一路"的声誉。从东道国企业的角度来说，我国企业在基础设施建设、大型工程项目建设等方面具有显著优势，这会给当地相关企业带来较大的竞争压力，如果这些企业采取不正当竞争的方式对抗相关项目，也会带来极为严重的规则风险，这不仅不利于项目的顺利进行，也妨碍了民心相通。

此外，公司治理中的很多具体规则，如认证制度、会计准则、社会责任和治理标准等，在全球范围和亚洲地区内部也并无统一模式，我国企业将受到两方面的限制：在必须遵守当地政府制定规则的同时，还必须兼顾全球主流的公司治理模式的发展趋势。特别需要注意的是，美国等发达国家一直致力于在全球范围内推进其公司治理模式，我国对外投资企业在经营管理中需要充分考虑未来全球公司治理模式的演进方向。

---

① 韩秀丽：《中国海外投资中的环境保护问题》，《国际问题研究》2013 年第 5 期。

② 章轲：《中国千亿美元海外投资急需"环境保险阀"》，http://www.yicai.com/news/2014/12/4055834.html，2014-12-24。

四、全面优化区域公共产品的供给路径

1. 融入国际经济规则体系

第一,理顺与现有国际经济体系的关系。"一带一路"及相关合作机制应与联合国(经社理事会)、多边贸易体制(WTO)、多边经济协调机构(如IMF)和多边开发援助机构(如世行、亚行)建立密切的合作关系,按照国际惯例办事,以深度合作规避理念冲突。目前,国际多边发展机构已形成了一套较为成熟的行为规则,如2005年签署的《巴黎宣言》,我国需要对这些已有规则进行新的阐释,发展其中蕴含的国际共识,促进亚投行等新设机构融入到国际和地区发展议程当中,以平衡、补充和完善现有的国际经济规则体系为目标。此外,"一带一路"应树立更为具体的工作理念,如平等互信的协商性原则、议程内容的科学性原则、项目施工的可操作性原则、发展模式的包容性原则[1]、责任承担的能力性原则和经济发展的可持续性原则,尤其需要保持经营运作的透明度,以积极争取自身在国际经济体系和国际发展援助体系中的制度空间。[2]

第二,积极争取在亚太区域经济合作中的规则话语权。我国在"一带一路"推进中应采取更为主动的态度,在平衡我国与沿线各国利益的基础上,推出区别于美国等发达国家版本的新型国际贸易规则。东亚区域经济一体化的基础一直是区域生产网络[3],"一带一路"也致力于沿线生产网络的建立,因此,中国版的新型经贸规则需要充分体现以区域生产网络为特点的全球贸易新模式,充分体现强化区域供应链的客观需求,充分体现构建利益共同体的深度整合特点。

---

① 徐奇渊:《亚投行如何融入现有国际体系?》,中国社会科学院世界经济与政治研究所经济发展研究中心、国际经济与战略研究中心,Policy Brief No.15.008,2015-03-31。
② 马学礼:《"一带一路"倡议的规则型风险研究》,《亚太经济》2015年第6期。
③ 张晓静:《亚太区域合作深度一体化与生产网络的关联性》,《亚太经济》2015年第1期。

第三,美国版的新型国际贸易规则所体现的很多高标准与"一带一路"的发展方向并不矛盾,在很多方面具有一致性,如亚投行倡导的"绿色增长"就可以与美国一直倡导的环境标准兼容,而技术转移、劳工标准、环境标准、企业社会责任、投资准入、国有企业、政府采购等方面也与美国倡导的国际经贸新规则有利益契合点,对此我们不应一概排斥,需要及时纳入,化解外部压力并使之转化为前进动力。

2. 加强跨国协调与监管

对于宏观经济层面的规则风险,由于各国经济体制在短期内难以改变,因此加强各国在区域、次区域和双边层次的政策沟通就成了保障"一带一路"顺利进行的重要手段。我们应在促进政治互信、达成合作共识的前提下,以政策沟通深化利益融合,适当提高合作机制的正式性和约束力,适当调整、完善区域内各国的法律法规和监管框架。

第一,组建亚洲基础设施论坛,达成协调一致的基础设施发展战略和政策协调框架。我国与"一带一路"沿线各国需要制定全面具体、协调一致的基础设施战略,尤其是交通和能源等关键部门的政策协调。我国可以考虑组建一个能进行多层次政策协调的论坛,成员应包括各国的政府官员、投资企业的代表、亚投行负责人和智库学者,通过这一论坛,相关各方可以共同讨论和推动各项基础设施项目的建设和制度规则的设计,提高亚洲整体的互联互通程度。除了制定完善健全的区域政策协调机制之外,还应考虑在该论坛框架内加强双边协调和次区域协调,这样既可以使特殊问题得到特别关注,又可以使次区域和双边的互联互通成为实现亚洲深度经济一体化的有机组成部分。

第二,帮助沿线各国完善监管机构,尤其是跨境交通和跨境能源合作项目。对于政局不稳、政策不连贯的发展中国家,我国和亚投行应鼓励其制定连贯一致的监管法律,健全组织机构,简化不必要的监管措施,降低不稳定的政治环境对市场信心的负面效果。此外,针对部分国家监管部门能力不足和体制缺陷的问题,我国应鼓励各国参考国际通行标准和最佳国际惯例,建立健全制度法规,加强对监管人员的培训,比如设立专门的培训机构,提高各国管理层的监管能力,营造法治化营商环境;为了提高信誉,还可以邀请亚洲开发银行、世界银行和美洲开发银行等国际机构作为技术顾问,提供专业建议,分享相关经验教训,并根据各国的需求提供具体知识。①

3. 整合沿线地区的投资规则和市场规则

如果说建立跨国政策协调机制对于完善各国国内法律法规、强化互联互通中的软件建设具有重要意义,那么对于投资领域和公司经营中的规则风险,则应同时运用政策协调机制和市场机制,尤其注重发挥市场机制的作用。

第一,加强政策协调,鼓励沿线各国放宽外资准入限制。国际投资规则发展的重要趋势是以"负面列表"方式界定外资准入范围,也就是"不列入即开放"原则,对于公共事业等发展中国家限制较为严格的部门,我国应提出自己的投资协定谈判范本,以签署双边或次区域投资协定的方式重点纳入负面列表、安全审查、国民待遇形式、部门开放程度、审慎监管措施、本地采购要求等内容,最终形成符合各方利益的投资准入标准。尤为重要的是,在"一带一路"推动下,我国的国有企业将以更大步伐走出国门,但发达国家和部分发展中国家对国有企业投资较为敏感,美国和欧盟提出的用以规范国企行为的"竞争中立"原则标准过高,且范围模糊,主观性极强②,如果发展中国家接受这一原则将严重制约我国国企的对外投资。对此,我们应抢先与"一带一路"沿线各国就国有企业投资和运营达成一致意见,降低针对国企的投资壁垒,切实维护我国国企的海外利益。

---

① 亚洲开发银行研究院编:《亚洲基础设施建设》,智银风、邹湘等译,社会科学文献出版社2012年版,第82—100页。

② 陈志恒、马学礼:《美国"反国家资本主义"思潮:缘起、政策实践及战略意图》,《国外社会科学》2015年第5期。

第二,加强市场机制在区域经济规则整合中的作用。与一般认识相反,世界市场交易活动所遵循的大多数规则是自愿约束型的,主要依赖于市场机制的作用——遵守规则就将获得收益,违背规则就将受到惩罚(见表6.3)。[①] 例如:全球很多国家、跨国公司和进口商协会都以SA8000作为企业社会责任的评价标准,符合这一标准的企业及其产品就能得到消费者的认可,而没有达到这一标准的企业则会受到无形的歧视和市场壁垒,但是这一标准并非官方制定,而是由总部设在美国的非政府组织"社会责任国际"(Social Accountability International)发起并联合欧美跨国公司和其他国际组织制定的。[②] 事实上,很多被广为接受的国际经济规则并非主权国家所制定,而是在无数次市场交易之后自然形成的,市场接受程度、企业交易能力和非政府组织往往是主要的影响因素,因此,"一带一路"在实际运行中应借助于市场机制的作用,有效降低区域经济整合的交易成本,从根本上化解互联互通的规则风险。

表 6.3　国际经济规则的类型、特征及代表性规则

类型	特征	代表性规则
自愿约束型	依赖于市场机制,范围广泛,为世界市场上的大多数交易者所遵循(如果不遵循就会受到市场的惩罚或其他国家的报复)	产品标准、技术规章与认证制度等,如SA8000(环境与社会标准)、巴塞尔协定、穆迪债券评级标准,公司治理标准等
协商约束型	依赖于成员国间的谈判机制,确定共同认可的国际条约,或加之以独立的国际机构监督实施	双边投资保护协定、多边国际协定,如《伯尔尼公约》《京都议定书》;布雷顿森林体系(大国协商+IMF)
强制约束型	依赖于独立的仲裁机构,成员国之间有明确的权利和义务,有一套或多套明确的裁决机制	WTO框架内的规则;欧盟内部的规则,北美自由贸易区内部的规则

资料来源:笔者根据李向阳:《国际经济规则的实施机制》,《世界经济》2007年第12期整理得到。

---

① 李向阳:《国际经济规则的实施机制》,《世界经济》2007年第12期。
② 姜启军、贺卫:《SA8000认证与中国企业发展》,《中国工业经济》2004年第10期。

　　总之,"一带一路"是我国真正走向全球的重要事件,是我国真正引领亚洲发展的重要事件,也是我国发挥全球大国角色、承担大国责任的尝试,它不仅反映了我国和亚洲发展中国家的利益诉求,惠及亚洲地区的长期可持续发展,而且有助于改善全球经济治理结构,对于建立公正、合理、公平的国际经济秩序有重大意义;而在运营过程中,"一带一路"需要妥善处理各种矛盾,充分估计未来必然遇到的各类风险,在风险防范和化解上多管齐下,做到与现行国际体系相融合,与地区大国和其他开发机构良性竞争,加强区域层面的软件建设以保障功能性合作的果实,从而与周边国家形成"命运共同体"。

主要参考文献

[1]安东尼·埃斯特瓦多道尔、布莱恩·弗朗兹、谭·罗伯特·阮:《区域公共产品:从理论到实践》,张建新、黄河、杨国庆等译,上海人民出版社2010年版。

[2]奥尔森:《集体行动的逻辑》,格致出版社、上海三联书店、上海人民出版社2014年版。

[3]白当伟、陈漓高:《区域贸易协定的非传统收益:理论、评述及其在东亚的应用》,《世界经济研究》2004年第6期。

[4]白云真:《区域主义与国际政治经济学》,《教学与研究》2011年第2期。

[5]保罗·肯尼迪:《大国的兴衰:1500—2000年的经济变迁与军事冲突》,陈景彪等译,国际文化出版公司2006年版。

[6]彼得·罗布森:《国际一体化经济学》,戴炳然译,上海译文出版社2001年版。

[7]伯纳德·霍克曼等:《世界贸易体制的政治经济学》,刘平等译,法律出版社1999年版。

[8]布鲁斯·拉西特、哈维·斯塔尔:《世界政治》,王玉珍等译,华夏出版社2001年版。

[9]查晓刚、周铮:《多层公共产品有效供给的方式和原则》,《国际展望》2014年第5期。

[10]柴非:《双边FTA谈判中的经济分析方法和工具》,上海社会科学院2009年博士学位论文。

[11]陈峰君:《亚太安全析论》,中国国际广播出版社2004年版。

[12]陈光武:《东亚区域经济一体化研究》,吉林大学2009年博士学位论文。

[13]陈汉林、涂艳:《中国—东盟自由贸易区下中国的静态贸易效应——基于引力模型的实证分析》,《国际贸易问题》2007年第5期。

[14]陈明宝、陈平:《国际公共产品供给视角下"一带一路"的合作机制构建》,《广东社会科学》2015年第5期。

[15]陈淑梅、赵亮:《广域一体化新视角下东亚区域合作为何选择RCEP而非TPP?》,《东北亚论坛》2014年第2期。

[16]陈文理:《区域公共产品的界定及分类模型》,《广东行政学院学报》2005年第

2 期。

[17]陈霞:《区域公共产品与东亚卫生合作(2002—2009)》,复旦大学 2010 年博士学位论文。

[18]陈小鼎、王亚琪:《战后欧洲安全公共产品的供给模式》,《世界经济与政治》2015 年第 6 期。

[19]陈志恒、马学礼:《美国"反国家资本主义"思潮:缘起、政策实践及战略意图》,《国外社会科学》2015 年第 5 期。

[20]陈志恒、马学礼:《美国"竞争中立"政策:平台、特点与战略意图》,《吉林师范大学学报》(人文社会科学版)2014 年第 5 期。

[21]陈志恒:《东北亚区域经济一体化研究:以交易费用理论为视角》,吉林人民出版社 2006 年版。

[22]崔戈:《美国对东亚经济一体化进程的影响》,《国际论坛》2010 年第 2 期。

[23]大卫·A.鲍德温主编:《新现实主义和新自由主义》,肖欢容译,浙江人民出版社 2001 年版。

[24]东艳:《全球贸易规则的发展趋势与中国的机遇》,《国际经济评论》2014 年第 1 期。

[25]樊勇明、薄思胜:《区域公共产品理论与实践——解读区域合作新视点》,上海人民出版社 2011 年版。

[26]樊勇明、钱亚平、饶云燕:《区域国际公共产品与东亚合作》,上海人民出版社 2014 年版。

[27]樊勇明:《从国际公共产品到区域公共产品——区域合作理论的新增长点》,《世界经济与政治》2010 年第 1 期。

[28]樊勇明:《区域性国际公共产品——解析区域合作的另一个理论视点》,《世界经济与政治》2008 年第 1 期。

[29]樊勇明:《西方国际政治经济学》,上海人民出版社 2001 年版。

[30]范斯聪:《东亚经济一体化的困境与出路——国际比较的视角》,人民出版社 2015 年版。

[31]傅梅冰:《国际区域经济合作》,人民出版社 1993 年版。

[32]富景筠:《一体化次序视角下的东亚合作》,《世界经济与政治》2012 年第 6 期。

[33]高程:《非中性产权制度与大国兴衰:一个官商互动的视角》,社会科学文献出版社 2013 年版。

[34]高程:《区域公共产品供求关系与地区秩序及其变迁——以东亚秩序的演化路径为案例》,《世界经济与政治》2012 年第 11 期。

[35]高程:《区域合作模式形成的历史根源和政治逻辑——以欧洲和美洲为分析样本》,《世界经济与政治》2010 年第 10 期。

[36]耿明:《中日合作与相对收益博弈分析》,山东大学 2010 年硕士学位论文。

[37]耿协峰:《新地区主义与亚太地区结构变动》,北京大学出版社 2003 年版。

[38]宫占奎主编:《亚太区域经济合作发展报告》,高等教育出版社 2011 年版。

[39]关权:《东亚经济一体化和 TPP——中日之间的博弈》,《东北亚论坛》2012 年第 2 期。

[40]河合正弘、加乃山·维格拉加主编:《亚洲的自由贸易协定》,社会科学文献出版社 2012 年版。

[41]贺平、沈陈:《RCEP 与中国的亚太 FTA 战略》,《国际问题研究》2013 年第 3 期。

[42]贺平:《跨区域主义:基于意愿联盟的规制融合》,《复旦国际关系评论》2014 年第 2 期。

[43]贺平:《区域性公共产品、功能性合作与日本的东亚外交》,《外交评论:外交学院学报》2012 年第 6 期。

[44]贺平:《区域性公共产品与东亚的功能性合作——日本的实践及其启示》,《世界经济与政治》2012 年第 1 期。

[45]贺平:《日本的东亚合作战略评析——区域性公共产品的视角》,《当代亚太》2009 年第 5 期。

[46]贺平:《新型跨区域主义的重要一环:日本—欧盟 EPA/FTA 初探》,《日本学刊》2014 年第 2 期。

[47]贺平:《作为区域公共产品的善治经验——对日本"一村一品"运动的案例研究》,《日本问题研究》2015 年第 4 期。

[48]胡爱清:《区域公共产品视角下的东盟旅游合作研究》,《东南亚纵横》2015 年第 4 期。

[49]胡望舒、寇铁军:《区域性国际公共产品研究评述》,《地方财政研究》2016 年第 9 期。

[50]黄河、吴雪:《环境与国际关系:一种区域性国际公共产品的视角》,《国际展望》2011 年第 2 期。

[51]黄河:《公共产品视角下的"一带一路"》,《世界经济与政治》2015 年第 6 期。

[52]黄河:《区域公共产品与区域合作:解决 GMS 国家环境问题的新视角》,《国际观察》2010 年第 2 期。

[53]黄河:《区域性公共产品:东亚区域合作的新动力》,《南京师范大学学报》(社会科学版)2010 年第 3 期。

[54]姬广坡:《论经济一体化的逻辑构成》,《财贸经济》1999 年第 9 期。

[55]姜运仓:《东亚区域经济合作研究》,中共中央党校 2005 年博士学位论文。

[56]金熙德:《东亚合作的进展、问题与展望》,《世界经济与政治》2009 年第 1 期。

[57]卡赞斯坦:《地区构成的世界:美国帝权中的亚洲和欧洲》,秦亚青、魏玲译,北京大学出版社 2007 年版。

[58]孔繁斌:《公共性的再生产——多中心治理的合作机制建构》,江苏人民出版社

2012 年版。

[59]李光辉:《东北亚区域经济一体化战略研究——基于东亚区域经济合作框架的思考》,中国商务出版社 2011 年版。

[60]李娟娟、樊丽明:《国际公共品供给何以成为可能——基于亚洲基础设施投资银行的分析》,《经济学家》2015 年第 3 期。

[61]李娟娟、樊丽明:《金砖国家开发银行成立的经济学逻辑——基于国际公共品的视角》,《中央财经大学学报》2015 年第 5 期。

[62]李娟娟:《集体行动视角下的国际公共品供给研究—— 一个理论分析框架及应用》,山东大学 2015 年博士学位论文。

[63]李俊久、陈佳鑫:《中国在东北亚经济合作中的地位与作用——区域性公共产品的视角》,《吉林师范大学学报》(人文社会科学版)2014 年第 2 期。

[64]李俊久:《区域性公共产品理论:一个文献综述》,《经济视角》2013 年第 10 期。

[65]李巍:《东亚经济地区主义的终结?——制度过剩与经济整合的困境》,《当代亚太》2011 年第 4 期。

[66]李向阳:《东北亚区域经济合作的非传统收益》,《国际经济评论》2005 年第 5 期。

[67]李向阳:《国际经济规则的实施机制》,《世界经济》2007 年第 12 期。

[68]李向阳:《跨太平洋伙伴关系协定:中国崛起过程中的重大挑战》,《国际经济评论》2012 年第 2 期。

[69]李向阳:《论海上丝绸之路的多元化合作机制》,《世界经济与政治》2014 年第 11 期。

[70]李向阳:《区域经济合作中的小国战略》,《当代亚太》2008 年第 3 期。

[71]李向阳:《全球化时代的区域经济合作》,《世界经济》2002 年第 5 期。

[72]李向阳:《特朗普经济政策评估》,《国际经济评论》2017 年第 4 期。

[73]李向阳:《新区域主义与大国战略》,《国际经济评论》2003 年第 7 期。

[74]李晓、冯永琦:《中日两国在东亚区域内贸易中地位的变化及其影响》,《当代亚太》2009 年第 6 期。

[75]李晓、付竞卉:《现阶段的国际货币体系改革:东亚的困境与战略选择》,《世界经济与政治论坛》2010 年第 4 期。

[76]李晓、付竞卉:《中国作为东亚市场提供者的现状与前景》,《吉林大学社会科学学报》2010 年第 7 期。

[77]李晓、周学智:《美国对外负债的可持续性:外部调整理论的扩展》,《世界经济》2012 年第 12 期。

[78]李占一:《博弈视角下的国际公共品供给困境与破解之道——以国际环境治理为例》,山东大学 2015 年博士学位论文。

[79]李志斐:《水问题与国际关系:区域公共产品视角的分析》,《外交评论》2013 年

第 2 期。

[80] 刘昌明、孙云飞:《安全公共产品供求矛盾与东亚安全困境》,《当代世界社会主义问题》2014 年第 1 期。

[81] 刘丰:《国际利益格局调整与国际秩序转型》,《外交评论》2015 年第 5 期。

[82] 刘静烨:《相对收益与国家间博弈:政治竞争关系与东亚区域贸易协定》,外交学院 2015 年博士学位论文。

[83] 刘君涵:《中美经济共生关系及其调整》,西南财经大学 2013 年博士学位论文。

[84] 刘中伟:《东亚生产网络、全球价值链整合与东亚区域合作的新走向》,《当代亚太》2014 年第 4 期。

[85] 陆建人、王旭辉:《东亚经济合作的进展及其对地区经济增长的影响》,《当代亚太》2005 年第 2 期。

[86] 陆建人:《论亚洲经济一体化》,《当代亚太》2006 年第 5 期。

[87] 马学礼、陈志恒:《老龄社会对日本经济增长与刺激政策的影响分析》,《现代日本经济》2016 年第 4 期。

[88] 马学礼:《"一带一路"倡议的规则型风险研究》,《亚太经济》2015 年第 6 期。

[89] 马学礼:《重塑规则还是整合地缘:亚太经济深度一体化的模式之争》,《东南亚研究》2015 年第 5 期。

[90] 莽景石:《东北亚一体化:政治成本与演进路径》,《世界经济与政治》2005 年第 9 期。

[91] 莽景石:《日本与中国:"奇迹"的政治经济学》,《南开日本研究》2011 年第 1 辑。

[92] 莽景石:《中日关系的政治经济学——非均衡发展、理性冲突与"底层结构"的构筑》,《日本学刊》2015 年第 6 期。

[93] 孟夏主编:《亚太区域经济合作发展报告(2012)》,高等教育出版社 2012 年版。

[94] 孟夏主编:《亚太区域经济合作发展报告(2014)》,高等教育出版社 2014 年版。

[95] 庞绍堂:《公共物品论——概念的解析延拓》,《公共管理高层论坛》2007 年第 1 期。

[96] 庞珣:《国际公共产品中集体行动困境的克服》,《世界经济与政治》2012 年第 7 期。

[97] 彭述华:《东亚经济一体化主导问题研究》,人民出版社 2011 年版。

[98] 秦亚青主编:《东亚地区合作:2009》,经济科学出版社 2010 年版。

[99] 曲博:《国家政策偏好与地区公共产品供给不足——以东亚货币合作为例》,《复旦国际关系评论》2009 年第 1 期。

[100] 全毅、沈铭辉:《区域全面经济伙伴关系(RCEP)的中国视角》,《国际贸易》2014 年第 6 期。

[101] 全毅:《东亚区域合作的模式与路径选择》,《和平与发展》2010 年第 3 期。

[102] 全毅主编:《十字路口的东亚区域合作——东亚经济合作新思维》,经济科学出

版社 2011 年版。

[103]史伟成:《区域性公共产品与东亚外汇储备库建设》,复旦大学 2011 年博士学位论文。

[104]史晓丽:《〈中日韩投资协定〉的构建》,《东北亚论坛》2011 年第 1 期。

[105]宋国友:《东亚区域贸易协定的发展与美国霸权的变迁》,《世界经济与政治》2004 年第 7 期。

[106]宋伟:《美国霸权和东亚一体化——一种新现实主义的解释》,《世界经济与政治》2009 年第 2 期。

[107]苏宁等:《全球经济治理——议题、挑战与中国的选择》,上海社会科学院出版社 2014 年版。

[108]孙学峰、黄宇兴:《中国崛起与东亚地区秩序演变》,《当代亚太》2011 年第 1 期。

[109]孙云飞、刘昌明:《不完全生产者:美国在东亚安全公共产品供应中的角色》,《教学与研究》2014 年第 11 期。

[110]孙云飞:《从"搭便车"到"被搭便车":中国供应地区安全公共产品的选择》,《太平洋学报》2015 年第 9 期。

[111]孙志煜:《区域经济组织争端解决模式研究》,西南政法大学 2011 年博士学位论文。

[112]唐国强、王震宇:《亚太自由贸易区:路线图与优先任务》,《国际问题研究》2015 年第 1 期。

[113]唐国强、王震宇:《亚太区域经济一体化的演变、路径及展望》,《国际问题研究》2014 年第 1 期。

[114]唐小松、邓凤娟:《中美经济共生关系趋向对称性》,《国际问题研究》2010 年第 2 期。

[115]唐小松:《中美经济共生关系下的战略互需及选择》,《现代国际关系》2007 年第 2 期。

[116]田野:《国际制度的形式选择——一个基于国家间交易成本的模型》,《经济研究》2005 年第 7 期。

[117]汪明珠:《我国农产品进口贸易政策的保护水平与结构——基于贸易限制指数的研究》,山东大学 2015 年博士学位论文。

[118]王佳佳:《中国对外区域经济合作的战略目标和模式选择》,中国社会科学院 2002 年硕士学位论文。

[119]王珏等:《区域经济一体化:东亚地区的实践》,科学出版社 2015 年版。

[120]王明国:《国际制度复杂性与东亚一体化进程》,《当代亚太》2013 年第 1 期。

[121]王义桅:《"一带一路":机遇与挑战》,人民出版社 2015 年版。

[122]王玉主:《RCEP 倡议与东盟"中心地位"》,《国际问题研究》2013 年第 5 期。

[123]王玉主:《区域公共产品供给与东亚合作主导权问题的超越》,《当代亚太》2011年第6期。

[124]王玉主:《区域一体化视野中的互联互通经济学》,《人民论坛·学术前沿》2015年第5期。

[125]王玉主:《显性的双框架与隐性的双中心——冷和平时期的亚太区域合作》,《世界经济与政治》2014年第10期。

[126]王震宇:《全球共赢:亚太基础设施与互联互通》,外文出版社2014年版。

[127]王正毅、迈尔斯·卡勒、高木诚一郎主编:《亚洲区域合作的政治经济分析:制度建设、安全合作与经济增长》,上海人民出版社2007年版。

[128]王正毅:《国际政治经济学通论》,北京大学出版社2010年版。

[129]王子昌:《东盟外交共同体》,时事出版社2011年版。

[130]王子昌:《国际政治经济学新论》,时事出版社2010年版。

[131]温祁平:《东亚区域经济一体化的结构及其演变》,南开大学2014年博士学位论文。

[132]吴志成、李金潼:《国际公共产品供给的中国视角与实践》,《政治学研究》2014年第5期。

[133]吴志成、李金潼:《中国在国际公共产品供给中的作用日益重要》,《南开大学学报》(哲学社会科学版)2015年第2期。

[134]肖欢容:《地区主义理论的历史演进》,中国社会科学院2002年博士学位论文。

[135]肖长培:《东亚经济一体化发展模式与路径研究》,厦门大学2008年博士学位论文。

[136]熊炜:《国际公共产品合作与外交谈判:利益、制度和进程》,世界知识出版社2014年版。

[137]徐婧:《CAFTA对中国和东盟贸易扩大效应的实证研究》,《世界经济研究》2008年第10期。

[138]许坚:《东亚区域经济一体化研究》,南京大学2010年博士学位论文。

[139]亚洲开发银行研究院编:《亚洲基础设施建设》,智银风、邹湘等译,社会科学文献出版社2012年版。

[140]阎学通、孙学峰等:《中国崛起及其战略》,北京大学出版社2005年版。

[141]阎学通:《道义现实主义的国际关系理论》,《国际问题研究》2014年第5期。

[142]阎学通:《权力中心转移与国际体系转变》,《当代亚太》2012年第6期。

[143]阎学通:《无序体系中的国际秩序》,《国际政治科学》2016年第1期。

[144]阎学通:《中国国家利益分析》,天津人民出版社1996年版。

[145]阎学通:《中国崛起的实力地位》,《国际政治科学》2005年第2期。

[146]杨海燕:《区域公共产品的供给困境与合作机制探析——基于合作博弈模型的分析》,《复旦国际关系评论》2015年第1期。

[147]英吉·考尔主编:《全球化之道——全球公共产品的提供与管理》,张春波、高静译,人民出版社 2006 年版。

[148]苑基荣:《东亚公共产品供应模式、问题与中国选择》,《国际观察》2015 年第 3 期。

[149]约翰·伊特韦尔等:《新帕尔格雷夫经济学大辞典》(第二卷),经济科学出版社 1992 年版。

[150]约瑟夫·M.格里科、G.约翰·伊肯伯里:《国家权力与世界市场:国际政治经济学》,北京大学出版社 2008 年版。

[151]张艾莲、刘柏:《亚洲基建投资格局背后的中日经济博弈与制衡》,《日本学刊》2015 年第 4 期。

[152]张彬等:《国际区域经济一体化比较研究》,人民出版社 2010 年版。

[153]张斌:《货币一体化理论及对东亚货币一体化的理论探讨》,中国社会科学院研究生院 2001 年博士学位论文。

[154]张伯伟、彭支伟主编:《全球视角下的东亚经济合作研究》,南开大学出版社 2014 年版。

[155]张春:《国际公共产品的供应竞争及其出路——亚太地区二元格局与中美新型大国关系建构》,《当代亚太》2014 年第 6 期。

[156]张鸿:《区域经济一体化与东亚经济合作》,人民出版社 2006 年版。

[157]张嘉明:《结构建构主义视角下的区域公共产品》,《行政论坛》2015 年第 1 期。

[158]张建新主编:《国际公共产品与地区合作》,上海人民出版社 2009 年版。

[159]张士威:《区域公共产品:概念、特征及分类》,《中共南京市委党校学报》2011 年第 2 期。

[160]张文木:《大国崛起的逻辑》,《学习月刊》2004 年第 11 期。

[161]张文木:《千里难寻是朋友　朋友多了路好走——谈谈"一带一路"的政治意义》,《太平洋学报》2015 年第 5 期。

[162]张英英:《东亚制度性区域公共产品供给模式与路径构建》,山东大学 2012 年硕士学位论文。

[163]张宇燕、李增刚:《国际关系的新政治经济学》,中国社会科学出版社 2010 年版。

[164]张宇燕主编:《跨太平洋战略经济伙伴协定文本解读》,中国社会科学出版社 2016 年版。

[165]张玉环、李巍:《自由贸易协定的政治经济学研究述评》,《国际政治研究》2014 年第 2 期。

[166]张云:《国际政治中"弱者"的逻辑》,社会科学文献出版社 2010 年版。

[167]张蕴岭、沈铭辉主编:《东亚、亚太区域合作模式与利益博弈》,经济管理出版社 2010 年版。

[168]张蕴岭:《东亚合作与中国—东盟自由贸易区的建设》,《当代亚太》2002年第1期。

[169]张蕴岭:《对东亚合作发展的再认识》,《当代亚太》2008年第1期。

[170]张蕴岭:《世界经济中的相互依赖关系》,中国社会科学出版社2012年版。

[171]张蕴岭:《在理想与现实之间——我对东亚合作的研究、参与和思考》,中国社会科学出版社2015年版。

[172]张蕴岭:《中国的周边区域观回归与新秩序构建》,《世界经济与政治》2015年第1期。

[173]张蕴岭:《中国对外关系40年:回顾与展望》,《世界经济与政治》2018年第1期。

[174]赵放:《日本FTA战略的困惑》,《当代亚太》2010年第1期。

[175]赵江林:《东亚技术供给、知识产权保护与经济增长》,经济科学出版社2007年版。

[176]赵江林主编:《东亚经济增长模式:转型与前景》,社会科学文献出版社2010年版。

[177]郑先武:《"东亚共同体"的虚幻愿景》,《东南亚之窗》2007年第1期。

[178]郑先武:《"东亚共同体"愿景的虚幻性析论》,《现代国际关系》2007年第4期。

[179]郑学党、庄芮:《RCEP的动因、内容、挑战及中国对策》,《东南亚研究》2014年第1期。

[180]周八骏:《迈向新世纪的国际经济一体化》,上海人民出版社1999年版。

[181]周小兵主编:《亚太地区经济结构变迁研究(1950~2010)》,社会科学文献出版社2012年版。

[182]朱颖:《美国与东盟国家自由贸易协定计划的提出与实施》,《东南亚研究》2007年第6期。

[183]竺彩华:《东亚经济合作何去何从?——从中美日经济实力消长谈起》,《外交评论》2012年第1期。

[184]竺彩华:《东亚投资合作发展现状及其趋势研究》,《亚太经济》2009年第5期。

[185]竺彩华:《全球化的反思与东亚经济一体化的未来》,《国际观察》2017年第3期。

[186]竺彩华:《世界经济发展新态势与"一带一路"建设》,《太平洋学报》2017年第5期。

[187] Bruce Russett, *International Regions and the International System: A Study in Political Ecology*, Chicago: Rand Mcnally & Company, 1967.

[188] Cooper C. A., Massell B. F., "Toward a General Theory of Customs Unions for Developing Countries", *Journal of Political Economy*, Vol.73, No.5, 1965.

[189] David Baldwin, eds., *Neorealism and Neoliberalism: The Contemporary Debate*, New

York: Columbia University Press, 1993.

[190] David Mitrany, *A Working Peace System*, London: Royal Institute of International Affairs, 1943.

[191] Edward D. Mansfield and Helen V. Milner eds., *The Political Economy of Regionalism*, New York: Cloumbia University Press, 1997.

[192] Ernst B. Haas, "International Integration: The European and the Universal Process", *International Organization*, Vol.15, No.3, 1961.

[193] Ernst B. Haas, *Beyond the Nation - state: Functionalism and International Organization*, California: Stanford University Press, 1964.

[194] Ernst B. Haas, *The Uniting of Europe: Political, Social, and Economic Forces, 1950-1957*, California: Stanford University Press, 1958.

[195] Grieco J. M., "Anarchy and the Limits of Cooperation: A Realist Critique of the Newest Liberal Institutionalism," *International Organization*, Vol.42, No.3, 1988.

[196] Grieco J., Powell R., Snidal D., " The Relative - Gains Problem for International Cooperation", *American Political Science Review*, Vol.87, No.3, 1993.

[197] Joseph Grieco, *Cooperation among Nations: Europe, America, and Non-tariff Barriers to Trade*, Ithaca: Cornell University Press, 1990.

[198] Kenneth N. Waltz, *Theory of International Politics*, New York: McGraw-Hill, 1979.

[199] Keohane R. O., Nye J. S. *Power and Interdependence: World Politics in Transition*, Boston: Little, Brown, 1977.

[200] Kindleberger C. P., "Dominance and Leadership in the International Economy: Exploitation, Public Goods, and Free Rides", *International Studies Quarterly*, Vol.25, No.2, 1981.

[201] Kindleberger C. P., International Public Goods without International Government, *American Economic Review*, 1986.

[202] Leon N. Lindberg, "*The Political Dynamics of European Economic Integration*", California: Stanford University Press, 1963.

[203] Olson M., Increasing the Incentives for International Cooperation, *International Organization*, Vol.25, No.4, 1971.

[204] Robert Gilpin, *The Political Economy of International Relations*, Princeton University Press, 1987.

[205] Robert Gilpin, *War and Change in World Politics*, Cambridge: Cambridge University Press, 1981.

[206] Robert Powell, "Absolute and Relative Gains in International Relations Theory", *American Political Science Review*, Vol.85, No.4, 1991.

[207] Robert Powell, "Stability and the Distribution of Power", *World Politics*, Vol.48, No.2, 1996.

［208］Samuelson P.A.,"The Pure Theory of Public Expenditure",*The Review of Economics and Statistics*,Vol.36,No.4,1954.

［209］Shujiro Urata,"The Shift from 'Market－led' to 'Institution－led' Regional Economic Integration in East Asia in the late 1990s",*Research Institute of Economy*,*Trade and Industry (RIETI) Discussion Paper*,No.04012,April 2002.

［210］Snidal D.,"International Cooperation among Relative Gains Maximizers", *International Studies Quarterly*,Vol.35,No.4,1991.

［211］Snidal D.,"Relative Gains and the Pattern of International Cooperation",*American Political Science Association*,Vol.85,No.3,1991.

［212］Snidal D.,"The Game Theory of International Politics",*World Politics*,Vol.38, No.41,1985.

［213］Snidal D.,"Coordination Versus Prisoners' Dilemma:Implications for International Cooperation and Regimes",*American Political Science Association*,Vol.79,No.4,2010.

［214］Snidal D.,"The Concept of Legalization",*International Organization*,Vol.54, No.3,2000.

［215］Walter Mattli,*The Logic of Regional Integration:Europe and Beyond*,Cambridge: Cambridge University Press,1999.